Lector in Fabula

Coleção Estudos
Dirigida por J. Guinsburg

Equipe de realização – Tradução: Attílio Cancian; Revisão de texto: J. Guinsburg;
Revisão de provas: Plínio Martins Filho; Produção: Ricardo W. Neves e Sergio Kon.

Umberto Eco

LECTOR IN FABULA
A COOPERAÇÃO INTERPRETATIVA
NOS TEXTOS NARRATIVOS

 PERSPECTIVA

Título original em italiano
Lector in Fabula – La cooperazione interpretativa nei testi narrativi

Copyright © 1979 Casa editrice Valentino Bompian & C. S.p.A.

Dados Internacionais de Catalogação na Publicação (CIP)
(Câmara Brasileira do Livro, SP, Brasil)

Eco, Umberto
   Lector in fabula : a cooperação interpretativa
nos textos narrativos / Umberto Eco ; [tradução
Attílio Cancian]. -- São Paulo : Perspectiva,
2011. -- (Estudos ; 89 / dirigida por J. Guinsburg)

   Título original: Lector in fabula : la
cooperazione interpretativa nei testi narrativi.
   3ª reimpr. da 2. ed. de 2002.
   ISBN 978-85-273-0298-2

   1. Análise do discurso narrativo 2. Crítica literária
3. Estruturalismo (Análise literária) 4. Leitores - Reação
crítica 5. Semiótica e literatura 6. Teoria literária
I. Guinsburg, J.. II. Título. III. Série.

08-08756   CDD-801.95

Índices para catálogo sistemático:
1. Narrativa : Análise estrutural : Teoria literária 801.95
2. Narrativa : Crítica estrutural : Teoria literária 801.95

2ª edição – 3ª reimpressão
[PPD]

Direitos reservados em língua portuguesa à
EDITORA PERSPECTIVA LTDA.

Av. Brigadeiro Luís Antônio, 3025
01401-000 São Paulo SP Brasil
Telefax: (011) 3885-8388
www.editoraperspectiva.com.br

2019

Sumário

INTRODUÇÃO IX

1. TEXTO E ENCICLOPÉDIA 1
    1.1. Teorias textuais de primeira e segunda geração 1
    1.2. Seleções contextuais e circunstanciais 3
    1.3. O semema como instrução orientada para o texto 6
    1.4. O semema como texto virtual e o texto como expansão
        de um semema 10
    1.5. Sobre o termo-guarda-chuva |pressuposição| 11

2. PEIRCE: OS FUNDAMENTOS SEMIÓSICOS DA
COOPERAÇÃO TEXTUAL 13
    2.1. Interpretante, *ground*, significado, objeto 13
    2.2. O *Ground* 15
    2.3. Objeto Dinâmico e Objeto Imediato 16
    2.4. Interpretantes do discurso e interpretantes dos termos .. 18
    2.5. A definição como enciclopédia e preceito operativo 22
    2.6. Caracteres monádicos e interpretantes complexos 24
    2.7. O interpretante final 26
    2.8. Semiose ilimitada e pragmática 28
    2.9. Rumos para uma pragmática do texto 30

3. O LEITOR-MODELO 35
    3.1. O papel do leitor 35

3.2. Como o texto prevê o leitor 38
3.3. Textos "fechados" e textos "abertos" 41
3.4. Uso e interpretação 43
3.5. Autor e leitor como estratégias visuais 44
3.6. O autor como hipótese interpretativa 46

4. NÍVEIS DE COOPERAÇÃO TEXTUAL 51
4.1. Limites do modelo 51
4.2. A escolha de um modelo de texto narrativo 53
4.3. Manifestação linear 55
4.4. Circunstâncias de enunciação 57
4.5. Extensões parentetizadas 58
4.6. Códigos e subcódigos 60
4.6.1. Dicionário de base 60
4.6.2. Regras de co-referência 61
4.6.3. Seleções contextuais e circunstanciais 61
4.6.4. Hipercodificação retórica e estilística 61
4.6.5. Inferências de encenações comuns 62
4.6.6. Inferências de encenações intertextuais 64
4.6.7. Hipercodificação ideológica 66

5. AS ESTRUTURAS DISCURSIVAS 69
5.1. A explicitação semântica 69
5.2. O *topic* 70
5.3. A isotopia 74
5.3.1. Isotopias discursivas frásticas de
disjunção paradigmática 76
5.3.2. Isotopias discursivas frásticas de
disjunção sintagmática 77
5.3.3. Isotopias discursivas transfrásticas de
disjunção paradigmática 77
5.3.4. Isotopias discursivas transfrásticas de
disjunção sintagmática 78
5.3.5. Isotopias narrativas vinculadas a disjunções
isotópicas discursivas que geram histórias
mutuamente exclusivas 79
5.3.6. Isotopias narrativas vinculadas a disjunções
isotópicas discursivas que geram histórias
complementares 80
5.3.7. Isotopias narrativas não vinculadas a disjunções
isotópicas discursivas que geram em todo caso
histórias complementares 82
5.3.8. Conclusões provisórias 82

6. AS ESTRUTURAS NARRATIVAS 85
6.1. Do enredo à fábula 85

6.2. Contração e expansão – níveis de fábula 86
6.3. Estruturas narrativas em textos não-narrativos 88
6.4. Condições elementares de uma seqüência narrativa 90

7. PREVISÕES E PASSEIOS INFERENCIAIS 93
7.1. As disjunções de probabilidade 93
7.2. As previsões como prefiguração de mundos possíveis 95
7.3. Os passeios inferenciais 99
7.4. Fábulas abertas e fábulas fechadas 100

8. ESTRUTURAS DE MUNDOS 103
8.1. É possível falar de mundos possíveis? 103
8.2. Definições preliminares 109
8.3. Os mundos possíveis como construtos culturais 110
8.4. A construção do mundo de referimento 112
8.5. O problema das "propriedades necessárias" 115
8.6. Como determinar as propriedades essenciais 120
8.7. Identidade 124
8.8. Acessibilidade 125
8.9. Acessibilidade e verdades necessárias 127
8.10. Os mundos da fábula 132
8.11. Propriedades S-necessárias 134
8.12. Propriedades S-necessárias e propriedades essenciais 137
8.13. Relações de acessibilidade entre W_O e W_N 138
8.14. Relações de acessibilidade entre W_{NC} e W_N 146
8.15. Relações de acessibilidade entre W_R e W_N 148

9. ESTRUTURAS ACTANCIAIS E IDEOLÓGICAS 151
9.1. Estruturas actanciais 151
9.2. Estruturas ideológicas 153
9.3. Os limites e as possibilidades da interpretação profunda ... 154
9.4. Estruturas profundas intensionais e estruturas profundas
extensionais 160

10. APLICAÇÕES: *O NEGOCIANTE DE DENTES* 163

11. APLICAÇÕES: *UN DRAME BIEN PARISIEN* 171
11.1. Como ler um metatexto 171
11.2. Estratégia metatextual 172
11.3. Estratégia discursiva: atos lingüísticos 174
11.4. Das estruturas discursivas às estruturas narrativas 175
11.5. *Fabula in fabula* 179
11.6. Passeios inferenciais e capítulos fantasma 180
11.7. O esquema da fábula e dos capítulos fantasma 183
11.8. O drama dos capítulos fantasma 187
11.9. Conclusão 191

APÊNDICES

1. *Un Drame Bien Parisien* 195
   Um Drama Bem Parisiense 199
2. *Les Templiers* 203
   Os Templários 207
3. O leitor-modelo de *Drame*: um teste empírico 211

REFERÊNCIAS BIBLIOGRÁFICAS 213

Introdução

Em 1962, quando publiquei o meu trabalho *Obra Aberta*, eu me perguntava como é que uma obra de arte podia postular, de um lado, uma livre intervenção interpretativa a ser feita pelos próprios destinatários e, de outro, apresentar características estruturais que ao mesmo tempo estimulassem e regulassem a ordem das suas interpretações. Conforme aprendi mais tarde, sem saber eu estava então às voltas com a pragmática do texto; ou, pelo menos, estava enfrentando um aspecto daquilo que hoje em dia se chama pragmática do texto, ou seja, a atividade cooperativa que leva o destinatário a tirar do texto aquilo que o texto não diz (mas que pressupõe, promete, implica e implicita), a preencher espaços vazios, a conectar o que existe naquele texto com a trama da intertextualidade da qual aquele texto se origina e para a qual acabará confluindo. Trata-se, pois, de movimentos cooperativos que, segundo mais tarde Barthes demonstrou, produzem o prazer e — em casos privilegiados — a fruição do texto.

Na verdade, eu não estava interessado em refletir sobre esta fruição (que estava implícita na fenomenologia das experiências de "abertura" que tentava), mas preocupava-me, antes, em estabelecer o que no texto estimulava e regulava ao mesmo tempo a liberdade interpretativa. Procurava definir a forma ou a estrutura da abertura.

Conquanto manejasse conceitos semânticos e informacionais, unidos a procedimentos fenomenológicos; conquanto me sentisse estimulado pela teoria da interpretação que me vinha da *Estetica*, de L. Pareyson, não dispunha de instrumentos suficientes para analisar teoricamente uma estratégia textual. Logo após os descobri, e foram eles: os produtos do formalismo russo, a lingüística estrutural, as propostas semióticas de Jakobson, de Barthes e de outros — e as edições sucessivas de *Obra Aberta* contêm vestígios dessas descobertas.

X   LECTOR IN FABULA

Mas, se a descoberta dos métodos estruturais me abria um caminho, fechava-me outro. De fato, naquela fase do evento estruturalista, era dogma corrente que um texto devesse ser estudado na própria estrutura objetiva, tal qual aparecia na própria superfície significante. A intervenção interpretativa do destinatário era obumbrada, quando não decisivamente expungida como impureza metodológica.

Obra Aberta fazia pouco aparecera em edição francesa, em 1965, quando Claude Lévi-Strauss, numa entrevista concedida a Paolo Caruso[1], assim se expressava:

> Há um livro muito digno de apreço, de um compatriota seu, intitulado *Obra Aberta*, o qual defende justamente uma fórmula que não posso absolutamente aceitar. *O que faz que uma obra seja uma obra, não é o fato de ela ser aberta, mas sim, fechada* Uma obra é um objeto dotado de propriedades precisas, que cabe à análise identificar e que pode ser inteiramente definida com base em tais propriedades. E quando Jakobson e eu procuramos fazer uma análise estrutural de um soneto de Baudelaire, certamente não o tratamos como uma *obra aberta* na qual pudéssemos encontrar tudo aquilo de que as épocas sucessivas nos tivessem inteirado, mas como um objeto que, uma vez criado pelo autor, possuía a rigidez, por assim dizer, de um cristal: daí que a nossa função reduzia-se a trazer à luz as propriedades.

Este trecho presta-se a duas interpretações. Se Lévi-Strauss queria dizer que não se pode afirmar que uma obra encerra tudo o que qualquer pessoa nos pode inteirar, não há outra alternativa senão concordar com isso e eu mesmo no meu livro não dizia coisa diferente. Se, ao invés, ele quer dizer que o conteúdo (também admitindo-se que ele seja unívoco e definido uma vez por todas pelo autor) é definitivamente manifestado pela superfície significante da obra, assim como a estrutura molecular de um cristal se manifesta pela análise, mesmo que realizada por um computador, e o olho de quem analisa não contribui absolutamente para a formação daquela estrutura – então não estou de acordo.

Sequer é necessário citar o que Jakobson havia escrito em 1958 sobre as funções da linguagem, para lembrar como também de um ponto de vista estruturalista categorias como Emitente, Destinatário e Contexto eram indispensáveis para tratar do problema da comunicação, ainda que estética. Será antes suficiente encontrar argumentos a nosso favor justo no estudo sobre *Les chats*, citado por Lévi-Strauss, a fim de compreender que função ativa assume o leitor na estratégia poética do soneto:

> *Les chats non figurent en nom dans le texte qu'une seule fois... Dès le troisième vers, les chats deviennent un sujet sous-entendu... remplacés par les pronoms anaphoriques* ils, les, leurs... *etc.* *

1. *Conversazioni con Lévi-Strauss, Foucault e Lacan*, aos cuidados de Paolo Caruso, Milão, Múrsia, 1969, pp. 81-82 (entrevista publicada em 20 de janeiro de 1967, em *Paese Sera*).

* Os gatos não figuram nominalmente no texto senão uma só vez... Desde o terceiro verso, os gatos tornam-se um sujeito subentendido... substituídos pelos pronomes anafóricos *eles, os, seus...* etc.

INTRODUÇÃO

Ora, é impossível falar da função anafórica de uma expressão sem invocar, quando não um leitor empírico, pelo menos um destinatário como elemento abstrato mas constitutivo do jogo textual.

No mesmo trabalho, duas páginas adiante, se diz que existe afinidade semântica entre o *Erèbe* e *l'horreur des ténèbres*. Esta afinidade semântica não se acha no texto como parte explícita da sua manifestação lingüística: mas ela é, isto sim, postulada como o resultado de operações complexas de inferência textual baseada em sua competência intertextual. E, se este é o tipo de associação semântica que o poeta queria estimular, prever e solicitar, então esta cooperação de parte do leitor constituía parte da estratégia gerativa posta em ação pelo autor.

Além do mais, segundo os autores do ensaio, parecia que esta estratégia visava provocar uma resposta imprecisa e indeterminada. Mediante a associação semântica citada, o texto associa os gatos aos *coursiers funèbres*. Jakobson e Lévi-Strauss se perguntam:

s'agit-il d'un désir frustré, ou d'une fausse reconnaissance? La signification de ce passage, sur la quelle les critiques se sont interrogés, reste à dessein ambigüe*.

Não podíamos esperar outra coisa, pelo menos de Jakobson. *Les chats* é, portanto, um texto que não só requer a cooperação do próprio leitor, mas quer também que esse leitor tente uma série de opções interpretativas que, se não infinitas, são ao menos indefinidas; e, em todo caso, são mais que uma. Então, por que não se falar de "abertura"? Postular a cooperação do leitor não quer dizer inquinar a análise estrutural com elementos extratextuais. Como princípio ativo da interpretação, o leitor constitui parte do quadro gerativo do próprio texto. Quando muito, existe apenas uma objeção à minha objeção levantada contra a objeção de Lévi-Strauss: se até as alusões anafóricas postulam cooperação da parte do leitor, então nenhum texto escapa a esta regra. Exato. Os textos que então eu definia como "abertos" são apenas o exemplo mais provocante de exploração, para fins estéticos, de um princípio que regula tanto a geração quanto a interpretação de todo tipo de texto.

Lembro estas polêmicas para esclarecer por que, afinal, aquela minha primeira tentativa de pragmática textual não me levou a ulteriores explorações. Naqueles anos, tratava-se, quase, de ver relevada a atenção dada ao momento interpretativo. E se justamente não se queria trair os próprios interesses, pelo menos se tratava de procurar fundamentá-los em suas bases estruturais. Daí a razão pela qual as minhas pesquisas seguintes foram orientadas não sobre a natureza dos textos e sobre o processo da sua interpretação, mas sobre a natureza das convenções semióticas, ou então sobre a estrutura dos códigos e sobre a estrutura mais geral dos processos comunicativos.

---

* trata-se de um desejo frustrado ou de um falso reconhecimento? A significação desta passagem, a respeito da qual os críticos se interrogaram, permanece com desígnio ambíguo.

XII   LECTOR IN FABULA

Revendo à distância o trabalho realizado nos anos subseqüentes a *Obra Aberta*, desde *Apocalípticos e Integrados* até a *Estrutura Ausente* e, desta, através de *As Formas do Conteúdo* até o *Tratado Geral de Semiótica**, percebo que o problema da interpretação, das suas liberdades e das suas aberrações sempre se atravessou ao meu discurso. A atenção se deslocara para a variedade das competências (códigos e subcódigos, diferenças entre códigos de emissão e códigos de destinação) e no *Tratado* se encarava a possibilidade de um modelo semântico em forma de enciclopédia que levasse em conta as exigências de uma pragmática, no quadro de uma semântica. Se quisermos (e uma vez cheguei a escrever sobre isto), podemos ver que todos os estudos que realizei desde 1963 até 1975 visavam (se não de maneira única, pelo menos em boa parte) procurar os fundamentos semióticos daquela experiência de "abertura", a que nos referíramos em *Obra Aberta*, mas cujas regras não tínhamos fornecido.

Por sua vez, julgo que o próprio Modelo Q, que eu propunha tanto em *Formas do Conteúdo* quanto no *Tratado* — modelo que, se tivesse de contentar tantos amigos desejosos, não hesitaria em defini-lo como bastante rizomático e sem dúvida não arborescentemente hierarquizado — constituía uma imagem de Sistema Semântico instável, construída exatamente para justificar a variabilidade das interpretações das mensagens, ou textos ou discursos que tais. Mas, indubitavelmente, todas essas pesquisas insistiam na relação entre usuário de um sistema semiótico e código, ou entre código e mensagem. A temática do texto, da sua geração e da sua interpretação, permanecia na sombra — embora alguns parágrafos do *Tratado* delineassem alguns instrumentos que de fato retomo e amplio neste livro. Por exemplo, o conceito de hipercodificação — da qual procuro agora tirar o maior proveito possível, conforme veremos, integrando-o àquele recente de *frame* ou "encenações" e depois de haver notado que ofereceu sugestões a alguns leitores justamente na direção de uma semiótica do texto.

Esta longa premissa era necessária para explicar por que reúno agora, num discurso orgânico, uma série de estudos, escritos entre os anos 1976 e 1978 sobre a mecânica de cooperação interpretativa do texto. Hoje em dia as pesquisas de semiótica textual chegaram a tal grau de difusão e requinte que seria trabalhoso e censurável dedicar-se a elas somente para não sentir-se em atraso. Tanto é verdade que nestes estudos realizo um duplo movimento: de um lado, prendo-me (e, por questão de coerência, não poderia agir de outro modo) às motivações "antigas", das quais falava, mas, de outro, assumo como coisa dada e conhecida tudo quanto se disse nos últimos dez anos sobre o texto e tento, no caso, fazer algum avanço parcial: procuro soldar as semióticas textuais à semântica dos termos e reduzo o objeto do meu interesse aos exclusivos processos de cooperação interpretativa, deixando na sombra (ou assumindo-a e enfrentando-a somente nesta perspectiva) a temática gerativa.

* Todos estes livros foram publicados em português pela Editora Perspectiva (N. da R.).

INTRODUÇÃO   XIII

O último capítulo do livro é dedicado à interpretação de uma novela de Alphonse Allais, intitulada *Un drame bien parisien*, reproduzida no Apêndice 1. Mas se verá logo que passagens desta novela também são referidas nos outros capítulos. Não se tratava apenas de escolher um único texto de referência para dimensionar aos poucos as várias propostas teóricas segundo situações textuais concretas. Acontece que todos os discursos deste livro se originam justamente da perplexidade em que, alguns anos atrás, me lançou a novela de Allais, quando a li pela primeira vez. Ou melhor, na primeiríssima vez me foi narrada, depois descobri curiosas discrepâncias entre o texto original — a sinopse que dele me fora feita — e o resumo do resumo que dela eu mesmo fazia, antes de cotejar o texto original. Por conseguinte, achava-me diante de um texto "difícil", que visava embaraçar o leitor e era capaz de produzir resumos discordantes. Ou será que não era um texto que falava justamente da textualidade e da dificuldade de resumir textos bem como da intervenção inevitável do leitor e da maneira como o texto a prevê?

Daí se iniciou uma longa freqüentação a esta novela, cuja crônica apresento, mesmo para poder pagar muitos débitos.

A história me foi narrada verbalmente por Serge Clement, que conhece quase de cor todo Allais, e ele está certo. Posteriormente eu a discuti com Paolo Fabbri. A seguir o caso veio à baila em San Diego, em 1975, com Fred Jameson, que me permitiu compulsar o próprio original. Com aquele, sempre em San Diego, realizei uma série de seminários com os estudantes locais e nos debates participaram Fred Jameson e Alain Cohen. Mal havia sido publicado o trabalho *Vers une théorie partielle du texte*, de Petoefi, no qual se propunha a análise dos textos narrativos em termos de mundos possíveis textuais, e comecei enformar o labirinto de Allais.

No ano seguinte, em Bolonha, dediquei metade do meu curso a esta história. Ettore Panizon, Renato Giovannoli e Daniele Barbieri escreveram um trabalho intitulado "Como Castrar-se com a Navalha de Ockham", que me proporcionou muitas idéias úteis. No final de 1976 dediquei um curso inteiro a *Drame* (doravante o designarei somente assim, por brevidade) com os estudantes de pós-graduação do Departamento de Francês e Italiano da Universidade de New York. Eu estava interessado na estrutura lógica da fábula, ao passo que eles ("elas", noventa por cento) na superfície discursiva, nas sutilezas estilísticas e retóricas. Entre os "ouvintes" se encontrava, bondade sua, Christine Brooke-Rose, a qual enriqueceu os debates com algumas observações que, perdoem-me a expressão cediça, eram realmente esclarecedoras.

Finalmente, nas fases finais da pesquisa dediquei ao tema todo o simpósio realizado no Centro de Semiótica de Urbino, em julho de 1977: de novo com os meus estudantes, com Paolo Fabbri, com Pierre Raccah e com Peer Age Brandt, o qual apresentou outra análise da história, diferente da minha, que ele ainda não conhecia mas que, em essência, era bastante concordante. Nessa oportunidade, demos

XIV   LECTOR IN FABULA

prosseguimento a uma experiência já iniciada em Bolonha, subme-
tendo uma amostragem de leitores à leitura do texto e controlando,
depois, seus resumos (ver Apêndice 3).

A redação definitiva da pesquisa se deu na Universidade de
Yale, no outono de 1977. Nessa ocasião, muito me valeram e esti-
mularam as críticas e os conselhos de Lucia Vaina, de cujas pesquisas
sobre os mundos possíveis do texto eu já havia recebido tantas sugestões teóricas e metodológicas — embora acredite que as minhas propostas gerais usem critérios diferentes dos dela. Visto que eu não
cessava de comentar a história durante outros seminários, Barbara
Spackman escreveu então uma crítica da minha interpretação como
*term paper** e levei em conta algumas de suas observações que me
induziram por exemplo a desenvolver o conceito de Leitor-Modelo.

Portanto, como se vê, a análise de *Drame* acompanhou todas
as pesquisas que culminam neste livro, que refunde, amplia e liga
uma série de ensaios escritos nestes três anos para várias ocasiões:
em particular o capítulo inicial ("The Role of the Reader") e o capítulo final ("Lector in Fabula"), redigidos para a coletânea dos meus
ensaios *The Role of the Reader* e *Explorations in Semiotics of Texts*,
Bloomington, Indiana University Press, 1979; o ensaio "Texts and
Encyclopedia", que abrange um volume coletivo aos cuidados de
Janos Petoefi e em vias de publicação na De Gruyter, de Berlim; uma
série de intervenções em simpósios peirceanos que redundaram no
ensaio "Peirce and Contemporary Semantics", publicado em *VS* 15,
em 1976.

Não sei se é o caso de chamar atenção para o fato de que, ao
contrário de quase todos os meus outros livros, este restringe o campo
da investigação apenas aos fenômenos verbais, ou melhor, somente
aos textos escritos e entre estes apenas aos textos narrativos. Mas o
conceito semiótico de texto é mais amplo do que aquele meramente
lingüístico, e as propostas teóricas, que apresento, aspiram, com os
oportunos ajustamentos, tornar-se aplicáveis também a textos não
literários e não-verbais. Permanece aberto, por isso, o problema da
cooperação interpretativa na pintura, no cinema, no teatro.

Para concluir, se eu tivesse de resumir o sentido dos problemas
aqui debatidos, deveria recorrer ao que escrevia, anos atrás, na apresentação do meu estudo sobre os *Mistérios de Paris*, de Sue, agora
republicado no *Il superuomo di massa*:

Que utilidades poderão ter os estudos semiológicos que consideram aquelas macroestruturas comunicativas que constituem os elementos do enredo?
Sabemos muito bem que existe um modo de ver as estruturas narrativas como
elementos neutros de uma combinatória absolutamente formalizada, que não
logra justificar o conjunto de significações que a sociedade e a história atribui-
rão, depois, à obra; nesse caso, os significados atribuídos e os resultados pragmáticos da obra-enunciado sempre continuam sendo variações ocasionais que

---

* *Term paper* = prova redacional, ensaio (N. do T.).

INTRODUÇÃO

não afetam a obra na sua lei estrutural ou até mesmo são por eles determinados (ou melhor, é determinada a vanidade deste sucessivo preenchimento de sentido diante da presença, ao mesmo tempo maciça e evasiva, do puro significante). Por outro lado, sabemos que é vão e ilusório todo esforço no sentido de definir uma forma significante sem investi-la já de um sentido, de modo que todo formalismo absoluto não passa de um conteudismo mascarado. Isolar estruturas formais significa reconhecê-las como *pertinentes* com respeito a uma hipótese global que se antecipa no verso da obra; não existe análise de aspectos significantes pertinentes que já não implique uma interpretação e por conseguinte um preenchimento de sentido.

Eis, pois, que agora se anulam as demoras e este leitor, sempre atento e assediando o texto, nele se posiciona. É uma maneira de dar-lhe crédito, mas, ao mesmo tempo, de limitá-lo e controlá-lo. Tratava-se, porém, de fazer uma opção: ou falar do prazer que o texto dá ou da razão pela qual o texto pode dar prazer. Pois bem, escolhemos a segunda via.

Julho de 1978.

1. Texto e Enciclopédia

1.1. TEORIAS TEXTUAIS DE PRIMEIRA E SEGUNDA GERAÇÃO

Desde o início, delinearam-se duas tendências no desenvolvimento das semióticas textuais. Por conseguinte, se falarmos de teorias de primeira e segunda geração, decerto a distinção não será cronológica. Pensamos, preferentemente, numa primeira geração extremista e vivamente polêmica nos confrontos da lingüística da frase (e, ainda mais, do código) e numa segunda geração que tentava, pelo contrário, uma inteligente sagaz fusão entre as duas possibilidades e estabelecia pontos de conexão entre um estudo da língua como sistema estruturado, que precede as atualizações discursivas, e um estudo (ainda que em termos *êmicos*) dos discursos ou dos textos como produtos de uma língua já falada ou, em todos os casos, que pode vir a ser falada. E se falamos, no tocante ao segundo tipo, de teorias de "segunda geração", é porque avaliamos sua complexidade semiótica, a capacidade de mediar, entre diversos universos de investigação, a tentativa de estabelecer uma abordagem unificada. O fato de tentativas de segunda geração terem, quiçá, precedido tentativas de primeira geração, constitui algo que só em parte representa uma violação das normas genéticas. À guisa de exemplo, haja vista que a semiótica de Peirce é sem dúvida uma teoria de segunda geração. Mas, certamente se tornavam necessárias as teorias de primeira geração para que aquelas de segunda, que as haviam precedido, se atualizassem plenamente (e, a bem da verdade, trata-se de um processo ainda em curso).

Seja como for, o debate se esboçava (e esboça-se ainda) entre (i) uma teoria dos códigos e da competência enciclopédica — pela qual uma língua (sistema de códigos interconexos), num nível próprio e ideal de institucionalização, permite (ou deveria permitir) prever

LECTOR IN FABULA

todas as suas possíveis atualizações discursivas, todos os possíveis usos em circunstâncias e contextos específicos   e (ii) uma teoria das regras de geração e interpretação das atualizações discursivas.

Na realidade, as teorias de ambas as gerações demonstraram que existem propriedades de um texto[1] que não podem ser propriedade de uma frase; ambas admitem que a interpretação de um texto se deve também (quando não principalmente) a fatores pragmáticos[2] e que, por conseguinte, um texto não pode ser enfrentado na base de uma gramática da frase que funcione em bases puramente sintáticas e semânticas. Via de regra, as teorias de primeira geração mantêm que o *proton pseudon* de uma gramática da frase constitui o seu limite lexicalista, donde nenhuma teoria de cunho lexicalista pode explicar o significado de uma determinada frase como a mera agregação ou amálgama de significados lexicais prévia e definitivamente codificados.

Já autores como Buyssens (1943), Prieto (1964) ou De Mauro (1970) haviam sustentado que uma expressão como dá-mo não podia ser elucidada mediante o recurso a uma simples análise gramatical de dar, me e o, porque a expressão em foco assume significados diferentes conforme as diferentes situações enunciativas   as quais envolvem naturalmente processos deíticos, menções, pressuposições de tipo diferenciado.

Nesta perspectiva, a tentativa no sentido de estabelecer uma teoria do discurso com acentuada componente pragmática acarretava o colapso de toda análise lexical conduzida em termos de componentes elementares, fossem eles semas, marcadores semânticos ou coisa quejanda, ou mesmo que fossem os membros de um conjunto finito de traços universais (construtos metalingüísticos) ou unidades lingüísticas empregadas para definir outras unidades lingüísticas, como se pressupõe uma semântica (de orientação peirceana) dos interpretantes[3].

Todas estas objeções das teorias de primeira geração são lógicas quando criticam as tentativas de análise componencial, em forma de *dicionário*, que se recusam a incluir no quadro teórico a informação *enciclopédica* (cf. a discussão em Eco, 1975, 2). Uma teoria semântica em forma de dicionário, diante de expressões como

---

1. Para a vasta literatura em discussão remetemos a van Dijk, em particular 1972a e 1977; Petoefi, 1974b, 1975; Petoefi e Rieser, 1973. Em italiano, Garevelli Mortara, 1974; van Dijk, 1976d.

2. Assume-se o termo pragmático não no sentido morrissiano, que o limitava ao estudo dos efeitos de uma mensagem, e tampouco no sentido, ainda restritivo, de interpretação da única expressão indicial, mas antes como estudo da "dependência essencial da comunicação, na linguagem natural, do falante e do ouvinte, do contexto lingüístico e do contexto extralingüístico" e da "disponibilidade do conhecimento de fundo, da prontidão na obtenção desse conhecimento íntimo e da boa vontade dos participantes no ato comunicativo" (Bar-Hillel, 1968: 271). Cf. também Montague, 1968 e Petoefi, 1974.

3. A respeito da teoria peirceana do interpretante cf. *Tratado*, 2.7 e todo o nosso Cap. 2.

TEXTO E ENCICLOPÉDIA

(1)   Deveríamos levar Pedrinho ao zoológico.

e

(2)   Deveríamos levar o leão ao zoológico.

parecem postular uma espécie de competência extralexical. Nenhum dicionário parece oferecer a maneira de estabelecer uma diferença sensível entre as duas expressões, de modo que se torna difícil decidir se o leão deve entender a expressão *(2)* como uma ameaça e se Pedrinho pode entender a *(1)* como a promessa de um prêmio. Em ambos os casos, somente uma inserção co-textual de cada uma das expressões pode permitir ao destinatário uma decisão interpretativa definitiva.

1.2. SELEÇÕES CONTEXTUAIS E CIRCUNSTANCIAIS

Todavia, parece-nos incorreto afirmar que um falante nativo seja incapaz de elucidar as duas expressões citadas, quando lhe são apresentadas fora de contexto. Qualquer um consegue compreender intuitivamente que *(1)* deveria ser enunciada por um casal de pais com propósitos didáticos, ao passo que *(2)* é enunciada provavelmente por um grupo de domadores, de apanhadores de cães vadios, de bombeiros que de qualquer modo puseram as mãos num leão que fugiu da jaula. Em outras palavras, um falante normal tem a possibilidade de inferir, da expressão isolada, o seu possível contexto lingüístico e as suas possíveis circunstâncias de enunciação. Contexto e circunstância são indispensáveis para poder conferir à expressão o seu significado pleno e completo, mas a expressão possui um significado próprio virtual que permite que o falante adivinhe o seu contexto.

É esta suspeita que gera as teorias textuais de segunda geração, as quais reconhecem que para entender um texto são indubitavelmente necessárias normas que não podem ser reduzidas às de uma gramática do enunciado, mas que ao mesmo tempo não pretendem abandonar os resultados de uma análise semântica dos termos isolados. Muito pelo contrário, as teorias de segunda geração procuram construir (ou postular) uma análise semântica que analise os termos isolados como sistemas de *instruções orientadas para o texto* Para tanto, essas teorias devem passar obviamente de uma análise em forma de dicionário a uma análise em forma de *enciclopédia* ou de *thesaurus*[4].

Conforme já foi proposto no *Tratado Geral de Semiótica* (2.11), uma análise componencial em forma de enciclopédia é fundamentalmente orientada para o texto, porque considera tanto as *seleções contextuais* quanto as *seleções circunstanciais*[5] No tocante ao que

4. Para a oposição dicionário *vs* enciclopédia cf. *Tratado*, 2.10. Para a noção de *thesaurus* cf. Petoefi, 1969.

5. A questão da seleção contextual e circunstancial, elaborada no *Tratado*, 2.11, foi amplamente retomada neste livro no Cap. 4, onde foi integrada ao exame da noção de *encenação*.

LECTOR IN FABULA

se escrevia naquele lugar, caber-nos-ia aqui esclarecer apenas uma possível confusão terminológica – esclarecimento que permitirá também uma depuração maior do bloco de categorias que em seguida usaremos. Efetivamente, pode induzir a equívoco a oposição entre a dupla *contexto/circunstância* usada no *Tratado*, na trilha de uma tradição bastante ordenada, e aquela *co-texto/contexto* empregada nas mais recentes teorias textuais. Realmente, poderia parecer que o co-texto das teorias textuais seria aquele que no *Tratado* se denominava contexto, ao passo que aquele que, lá era a circunstância de enunciação, passa a ser o contexto nas teorias textuais. Todavia, a situação é um pouco mais complexa, porque não estão em jogo dois pares, mas um trio de termos, onde o primeiro termo (co-texto) é uma categoria da teoria textual, enquanto os outros dois representam categorias de uma teoria dos códigos ou de uma teoria do sistema semântico da língua (teoria que, apresentando-se em forma de enciclopédia, leva em consideração obviamente também as possíveis condições de emprego dos termos de tal língua). Procuremos, portanto, desfazer este nó.

No *Tratado* o contexto era definido como a possibilidade abstrata, registrada pelo código, de um determinado termo aparecer em conexão com outros termos pertencentes ao mesmo sistema semiótico. Por conseguinte, uma vez dado um termo como |cão|, uma boa representação semântica deve considerar uma seleção contextual que anota como – toda vez em que o termo apareça em conexão com expressões como |fuzil|, |gatilho|, |coronha| etc. – ele significa um determinado artifício mecânico com funções de percussão. Num contexto mais amplamente biológico, em que aparecem marcas como |animado| e |similar|, o termo será explicado como algo que exprime um animal mamífero carnívoro etc. etc. Naturalmente, subsistem casos ambíguos nos quais se fala de um caçador que está atirando contra uma codorna e, mais ou menos metaforicamente, espera que o cão faça o que é de sua obrigação fazer: sem dúvida, sinal de que, conforme veremos, existem regras de interpretação textual que não podem reduzir-se às regras de código, coisa que nenhuma teoria de segunda geração procura negar. Mas, uma coisa seria negar a existência de tais regras, e outra é negar que as regras de geração e de interpretação de um texto são todas e radicalmente diferentes das regras de uma semântica dos termos. Sem contar, afinal, o fato de que também um caso como aquele citado poderia ser esclarecido com base em regras de hipercodificação (cf. também *Tratado*, 2.14.3), que abrangem também os chamados *frames* ou "encenações", conforme veremos em 4.6.5 e 4.6.6.

Portanto, uma seleção contextual registra os casos gerais em que um determinado termo poderia ocorrer em concomitância (e, por isso, co-ocorrer) com outros termos que pertencem ao mesmo sistema semiótico. Depois, quando o termo concretamente co-ocorre com outros termos (isto é, quando a seleção contextual se atualiza), eis que temos então um co-texto. As seleções contextuais prevêem possíveis contextos: quando se realizam, realizam-se num co-texto.

TEXTO E ENCICLOPÉDIA

No que diz respeito às seleções circunstanciais, elas representam a possibilidade abstrata (registrada pelo código) de que um determinado termo apareça em conexão com circunstâncias de enunciação (que, a título de alguns exemplos, um dado termo lingüístico possa ser expresso durante uma viagem, no campo de batalha, ou no funcionalismo público; que uma bandeira vermelha possa ocorrer ao longo de uma linha ferroviária ou no âmbito de um comício — razão por que um ferroviário comunista observaria com apreensão o primeiro caso e com confiança o segundo). Muitas vezes estas circunstâncias que ocorrem simultaneamente (co-ocorrentes) são elementos de outro sistema semiótico: por exemplo, a expressão verbal inglesa |aye| inserida no sistema etiquetal de uma sessão parlamentar significa voto positivo, ao passo que significa declaração de obediência, quando inserida no sistema etiquetal da disciplina naval. Regras de hipercodificação como as regras conversacionais (ou outras convenções que estabelecem as condições de êxito para atos lingüísticos) representam outras tantas seleções circunstanciais, nas quais a circunstância aparece mais ou menos semiotizada. Finalmente, em textos de tipo narrativo, também as circunstâncias, na medida em que são expressas verbalmente, têm seu brilho ofuscado nos contextos.

Em todo caso, neste ponto deveria apresentar-se bastante clara a distinção que resolvemos adotar entre co-texto contexto e circunstância.

Por conseguinte, podemos reformular alguns exemplos (já dados no *Tratado*) da seguinte maneira: o lexema |baleia| pode ser explicado como peixe ou mamífero de acordo com a seleção contextual que conjetura a sua ocorrência em duas distintas classes de possíveis co-textos, sendo que uma se refere a discursos "antigos" (Bíblia, fábulas, bestiários medievais), ao passo que a outra concerne aos discursos "modernos" (pelo menos, depois de Cuvier). Eis aí, pois, o motivo por que uma representação em termos de enciclopédia pode levar em conta, a nível de código, contextos diversos e por esta razão possíveis ocorrências co-textuais nas quais o lexema ocorre como realização concreta.

Voltemos agora ao nosso exemplo do leão que se deve levar ao zoológico. Costumeiramente (insisto no termo "costumeiramente", porquanto uma competência enciclopédica se baseia em dados culturais socialmente aceitos por causa da sua "constância" estatística) se conhecem leões em três situações: na selva, no circo e no zoológico. Qualquer outra possibilidade é fortemente idiossincrática e foge justamente da norma: como tais, quando ocorrem, põem em crise a enciclopédia e produzem textos que funcionam como crítica metalingüística do código. Selva, zoológico e circo são circunstâncias (semiotizadas enquanto registradas pela enciclopédia) em que o lexema |leão| pode ser produto. Num texto, também estas circunstâncias podem ser definidas verbalmente, de modo a tornarem-se outras tantas ocorrências lingüísticas. Então dizemos que o semema "leão", que considera uma série de marcas denotativas constantes (nos limites reduzidos do dicionário), abriga uma série de marcas conotativas

6   LECTOR IN FABULA

que variam de acordo com três seleções contextuais. Um leão que aparecesse numa classe de co-textos em que co-ocorressem termos como |selva|, |África|, e assim por diante, estabelece uma conotação para "liberdade", "ferocidade", "selvagem" etc. Num co-texto em que se mencione o circo, estabelece uma conotação para "amestramento", "habilidade" etc.; num co-texto em que se mencione o zoológico, estabelece, por sua vez, uma conotação para "prisão", "enjaulamento". Vejamos, pois, como uma representação enciclopédica de |leão| poderia dar conta destas seleções contextuais:

$$\text{``leão''} = d_1 \dots d_n \begin{cases} (cont_{\text{selva}}) & = \text{liberdade, ferocidade etc.} \\ (cont_{\text{circo}}) & = \text{amestramento etc.} \\ (cont_{\text{zoológico}}) & = \text{cativeiro etc.} \end{cases}$$

No enunciado (2), na expressão |zoológico| acha-se semanticamente incluída a marca de "cativeiro"; por um amálgama muito intuitivo com os significados das expressões co-ocorrentes, conclui-se que a expressão (2) diz respeito ao propósito de *re*conduzir o leão a uma condição de cativeiro do qual procede (o verbo |reconduzir| expressa implicitamente que o objeto da ação provém originariamente do lugar que constitui o *terminus ad quem* da própria ação). Neste ponto, por uma série de inferências, o destinatário da mensagem chega à conclusão de que o leão deve ter se afastado do zoológico fugindo e contra a vontade dos próprios guardas — e de que, com todos os fatores somados, deveria preferir a sua atual condição de latência a voltar à prisão. Estas inferências constituem matéria de interpretação textual e não são diretamente impostas pelo código; posto que, conforme veremos a seguir, quando falarmos de *frames* ou encenações, também elas podem ser produzidas, usando como premissas dados de competência enciclopédica, porquanto a renitência dos leões ao cativeiro (e também o fato de que habitualmente não gozam de franquias e férias-prêmio e que, por conseguinte, só raramente saem do zoológico e por reprováveis motivos acidentais) é prevista por uma série de informações que circulam em forma padronizada como, justamente, "encenações" de eventos possíveis e prováveis.

1.3. O SEMEMA COMO INSTRUÇÃO ORIENTADA PARA O TEXTO

Vejamos agora que conclusões podemos tirar de todas estas observações no que tange à relação entre teoria dos códigos e teoria da competência textual.

Não existe um enunciado que não requeira um co-texto, para ser semanticamente atualizado em todas as suas possibilidades de significação. Mas este enunciado necessita de um co-texto atual porque o texto possível estava incoativa ou virtualmente presente no próprio espectro enciclopédico dos sememas que o compõem. Como afirmava Greimas (1973:174), uma determinada unidade semântica como "pescador" constitui, na própria e mesma estrutura semêmica,

TEXTO E ENCICLOPÉDIA

um potencial *programa narrativo*: "O *pescador* traz consigo, evidentemente, todas as possibilidades de seu próprio fazer, tudo o que dele podemos esperar em matéria de comportamento: o fato de ser colocado em isotopia discursiva o converte num rol temático utilizável pelo relato".

Por conseguinte, diremos que uma teoria textual precisa de um conjunto de regras pragmáticas que estabeleçam como e sob que condições o destinatário está co-textualmente autorizado a colaborar para atualizar o que pode atualmente subsistir apenas no co-texto, mas que virtualmente já subsistia no semema. Peirce foi o primeiro semiólogo plenamente consciente desta dinâmica, quando pressupunha (sob rigorosas bases lógicas) que um termo é uma rudimentar asserção e que uma proposição constitui um argumento rudimentar.

Poder-se-ia agora objetar que uma representação semântica em termos de seleções contextuais e circunstanciais funciona o suficiente para os termos categoremáticos, mas tem muito menos valor para aqueles sincategoremáticos, que aparecem claramente "desambiguáveis"* só em bases co-textuais.

Contudo, a este propósito poderíamos adotar duas posições diferentes. Os que sustentam uma teoria de primeira geração poderiam dizer: afinal, por que |lutador| deveria ter significado também fora do contexto, enquanto que |todavia| só o assume em bases contextuais? É bem verdade que, sem ambiente co-textual, a genérica oposição sugerida por |todavia| não se aplica a nada, mas é contudo verdade que, sem o próprio ambiente co-textual, também não se sabe para quem e contra quem o nosso lutador luta; portanto, nenhum termo assume um significado satisfatório fora de contexto.

Mas os defensores de uma teoria de segunda geração poderiam responder: quando encontro |lutador| fora do contexto, sei ao menos (e já é um bom ponto de partida) o que tenho a fazer com um agente presumivelmente humano que se coloca em situação conflitiva (física ou psicológica) no confronto com um outro ou outros seres humanos (ou com forças naturais, no caso de uso retórico); mas, igualmente, quando encontro um |todavia| fora do contexto, sei que um possível falante está se colocando em situação conflitiva ou de alternativa no confronto de algo que anteriormente se afirmou.

Uma vez identificadas as analogias, não será mau — *todavia* — identificar as diferenças: no caso de |lutador|, o co-texto que é virtualmente sugerido parece instrumental no confronto com uma situação extra-semiótica da qual o texto fala, enquanto que, no caso de |todavia|, a mesma situação conflitiva sugerida é de conflito textual. Portanto, deveríamos dizer que, uma vez admitido que |todavia| possui um significado fora das próprias ocorrências co-textuais, este signi-

---

* O neologismo no sentido de solucionar ambigüidades se torna necessário em português como o foi em italiano, a fim de designar a operação semântica em tela. Por isso ela será empregada, sempre que aparecer, em toda seqüência do texto. (N. do R)

ficado concerne à sua operatividade textual — que é, depois, exatamente aquilo que se entende, quando se fala de termos sincategoremáticos.

Digamos então: existem operadores co-textuais que funcionam semanticamente só em relação com o seu co-texto, mas cujo destino contextual pode ser estabelecido com base numa análise componencial em forma de enciclopédia.

Analisemos um desses operadores — a expressão |em vez|. À primeira vista, |em vez| fora do contexto não significa nada. Mas isto não quer dizer que não seja possível uma representação semêmica que nos forneça instruções sobre o que poderia significar em determinadas classes de co-textos. Só para começar, sabemos que esta expressão pode ter tanto valor de advérbio quanto de preposição. O uso lingüístico nos adverte que a sua valência preposicional é marcada pela sua co-ocorrência com a preposição articulada de : "em vez de vir, manda teu irmão". E eis que uma seleção contextual inscrita na representação semêmica pode advertir-nos que em vez é preposição quando ocorre com |de|.

Há, porém, mais uma coisa: a seleção contextual que especifica o uso preposicional de |em vez| nos adverte (ou deveria advertir-nos, pois se trata de inserir uma marca sintática deste tipo no espectro componencial) que em semelhante acepção ela constitui um operador frástico. Coisa diferente acontece com |em vez|, no seu valor adverbial: ele é um operador textual.

Como tal, ele exprime oposição ou alternativa entre duas porções textuais. Examinemo-lo em ato em três diferentes expressões:

(3)   Maria gosta das maçãs, João, em vez, as detesta.
(4)   Maria gosta das maçãs e, em vez, detesta as bananas.
(5)   Maria está tocando o violino. João, em vez. come uma banana.

Intuitivamente, em todos estes exemplos, |em vez| exprime uma alternativa, significa "contrariamente a". Mas, contrariamente a que coisa? Parece que |em vez| poderia exprimir alternatividade em geral, mas que somente a sua colocação contextual nos diz a coisa. Estamos então excluídos de toda possibilidade de codificação preliminar? Tentemos fazer uma experiência. Cada uma das frases acima tem um sujeito, um objeto e um verbo que exprime uma ação. A quais destas entidades semânticas se opõe o nosso advérbio?

Na expressão (3), ele marca uma alternativa para o sujeito e para a sua ação; na expressão (4), marca uma alternativa para a ação e para o objeto; na expressão (5), finalmente, parece que tudo é questionado. Podemos então tranqüilamente afirmar que não ocorre representação semântica de |em vez| e que tudo depende de processos de interpretação textual? Mas esta conclusão sequer pode satisfazer uma teoria de primeira geração: com efeito, renunciar-se-ia a uma explicação em termos de código sem encontrar uma em termos de texto — e ficaria à disposição somente o recurso, assaz enganador,

TEXTO E ENCICLOPÉDIA

à intuição do falante (desagradável categoria a que nenhuma teoria semiótica séria deveria jamais recorrer porque, se uma teoria semiótica tem um objetivo, é justamente o de explicar como funciona a intuição do falante e de explicá-lo em termos não-intuitivos).

Pois bem, várias teorias textuais vêm em nosso socorro com uma categoria de uso muito amplo (até demasiado) que parece, todavia, funcionar de maneira satisfatória no nosso caso, ou seja, o *topic* (enquanto oposto a *comment*, ou *tema* na oposição *tema-rema*). A respeito do *topic* falaremos mais detidamente em 5.2; mas, por enquanto, basta sugerir que um dos meios propostos para identificar qual é o *topic* consiste em ver a parte expressa do texto (o *comment* ou *rema*) como a resposta a uma pergunta, inexpressa, que constitui justamente o *topic* ou *tema*. Procuremos então inserir as expressões (*3*) e (*5*) num co-texto possível e encará-las como respostas às seguintes perguntas:

(*3a*) Porém, Maria e Jão gostam das maçãs?
(*4a*) De que tipo de frutas gosta Maria?
(*5a*) Que diabo estão fazendo os rapazes? Não deveriam estar tendo sua aula de música?

Eis que, mediante a proposta de três perguntas diferentes, identificamos três diferentes temas textuais:

(*3b*) Pessoas que gostam das maçãs.
(*4b*) Frutas de que Maria gosta.
(*5b*) Aula de música.

A esta altura, torna-se claro que |em vez| em (*3*) se opõe a (*3b*) em (*4*) a (*4b*), e assim por diante. Mas, torna-se também claro que é possível uma análise semântica deste advérbio que registre uma seleção contextual do tipo: "no caso em que o argumento do texto (*topic* ou *tema*) seja x, a expressão em questão assinala uma alternativa para x". Em termos mais sintéticos (e levando em conta a dupla valência gramatical da expressão em apreço), a representação de |em vez| poderia assumir o seguinte formato (no qual a marca genérica de alternativa permanece constante para toda possível seleção contextual):

"em vez" = alternativa
- (*cont* + |de| + x) *prep.* substituição para x
- (*cont*$_{topic}$ x) *adv.* oposição a x.

Este tipo de análise componencial não substitui um conjunto de regras textuais mais complexas. Por exemplo, não ajuda absolutamente a reconhecer qual é o *topic* — operação que requer inferências baseadas em múltiplos traços co-textuais. Constitui, todavia, um razoável conjunto de instruções semânticas para colocar genericamente e para explicar interpretativamente o lexema em questão. Desta maneira, o destino e as determinações textuais da expressão não são ignora-

10 LECTOR IN FABULA

dos, porém são assumidos pela representação enciclopédica, que se coloca precisamente como uma ponte entre o lexema isolado e a sua inserção textual. Uma representação deste tipo nos diz pelo menos em que classes de co-textos |em vez| pode ser inserido e como funciona nesse lugar. Diz-nos, por exemplo, por que jamais poderíamos construir uma expressão como

(6)   Maria gosta das maçãs, em vez gosta das pêras

porque o único *topic* imaginável é justamente "a fruta de que Maria gosta" e em (6) o advérbio promete uma oposição que não se realiza. Igualmente, esta representação não exclui, antes, porém, permite

(7)   José diz que Maria gosta das maçãs e, em vez, ela gosta das pêras.

porque aqui o *topic* é claramente "opiniões de José sobre as preferências de Maria" e aqui o falante está opondo o próprio saber ao saber presumido de José.

Daí a razão por que podemos considerar este tipo de representação como instrumento de uma *Instruktionssemantik* orientada textualmente, conforme é proposta também por Schmidt (1976b:56): "Pode-se conceber teoricamente um lexema como uma *regra (em sentido amplo)* ou uma *instrução* para a produção de um dado 'comportamento' verbal e/ou não-verbal... O campo-contexto [o campo lexemático] fixa para o lexema as suas possibilidades gerais de funcionamento nos textos".

1.4. O SEMEMA COMO TEXTO VIRTUAL E O TEXTO COMO EXPANSÃO DE UM SEMEMA

Mais adiante veremos como este tipo de representação enciclopédica pode ser integrado por elementos de hipercodificação mediante o registro de "encenações" comuns e intertextuais. Assim sendo, postula-se uma descrição semântica em termos de estrutura do código que se constrói visando a compreensão de textos; e postula-se ao mesmo tempo uma teoria do texto que não nega, mas, pelo contrário, engloba (mediante a noção de enciclopédia ou *thesaurus* e a de *frame*) os resultados de uma análise componencial ampliada. Ampliada, bem entendido, de modo a satisfazer as exigências daquele Modelo Semântico Reformulado que foi proposto no *Tratado* segundo a perspectiva de uma semiose ilimitada e de um modelo de campo semântico global, dito Modelo Q. Desta maneira (e isto se entende em termos de teoria textual de segunda geração), teoria dos códigos e teoria do texto resultam estreitamente inter-relacionadas: numa semântica orientada para as suas atualizações textuais *o semema deve aparecer como um texto virtual e um texto não é senão a expansão de um semema* (com efeito, é o resultado da expansão de muitos sememas, mas teoricamente é proveitoso admitir que isso pode ser reduzido

TEXTO E ENCICLOPÉDIA 11

à expansão de um só semema central: a história de um pescador nada mais faz senão expandir tudo o que uma enciclopédia ideal poderia dizer-nos a respeito do pescador).

Pouco resta a acrescentar antes de aprofundarmos os vários pontos aqui propostos. A não ser que — conforme já fora amplamente dito no *Tratado* — uma vez aceita tal noção, amplamente abrangente, de competência enciclopédica, a noção de Sistema Semântico Global, como conjunto estruturado de informações enciclopédicas — torna-se muito abstrata, enquanto postulado da teoria e hipótese reguladora da análise. O Sistema Semântico Global precede teoricamente as suas realizações textuais, mas na prática só pode ser construído, ativado e parcialmente postulado nos momentos concretos em que se dispõem a interpretar uma dada porção textual. Os textos constituem o resultado de um jogo de unidades semânticas preestabelecidas no campo virtual da semiose ilimitada, mas o processo de semiose ilimitada só pode ser reduzido às suas descrições parciais quando se trata de um texto ou grupo de textos (veja Eco, 1971 e 1975, 2.13; Schmidt, 1976b, 4.4.2.1).

Como veremos, as próprias "encenações" hipercodificadas constituem o resultado de circulação *intertextual* precedente. A sociedade só logra registrar uma informação enciclopédica na medida em que ela tiver sido fornecida por textos precedentes. Enciclopédia ou *thesaurus* são o destilado (sob forma de macroproposições) de outros textos.

Assim, semiótica do código e semiótica do texto são dialeticamente interdependentes. Trata-se de uma circularidade, que não deve desencorajar uma pesquisa rigorosa: o problema consiste apenas em estabelecer procedimentos rigorosos para dar conta dessa circularidade.

1.5. SOBRE O TERMO-GUARDA-CHUVA |PRESSUPOSIÇÃO|

Tudo o que foi dito nos parágrafos anteriores permitiu entrever por mais vezes fenômenos que a semiótica textual, a filosofia da linguagem, a lógica das linguagens naturais e a semântica gerativa repetidamente definiram como pressuposição. Trata-se de um termo que nos capítulos seguintes será usado raramente, mas quase sempre em sentido genérico e justamente porque doravante é preciso decidir-se a considerá-lo como genérico. Embora em muitos casos tenha sido e possa ainda ser *felizmente* genérico: em resumo, trata-se de um termo-guarda-chuva, como iconismo e como, provavelmente — mas disso falaremos de novo em 5.3. — isotopia. Termos que cobrem fenômenos bastante diversos quanto à sua natureza semiótica.

Se, conforme se evidenciará paulatinamente, o texto é uma máquina preguiçosa, que exige do leitor um renhido trabalho cooperativo para preencher espaços de não-dito ou de já-dito que ficaram, por assim dizer, em branco, então o texto simplesmente não passa de uma máquina pressuposicional.

LECTOR IN FABULA

No *Tratado* (2.11.1) já se havia acenado para a multiplicidade de significados possíveis da categoria de pressuposição: existem pressuposições referenciais, semânticas, pragmáticas e muitas outras. Dizer

(8) *a Monja de Monza* era *solteira, mas* não *lhe* dava pejo o prazer de violar *o voto de castidade*

implica um bom número daquelas que a literatura corrente sobre o assunto chama de "pressuposições". Mas cada uma destas é de um tipo semiótico diferente. Ao nomear a Monja de Monza pressupõe-se que em algum mundo exista um indivíduo que responde a esta descrição definida (e antes antonomástica); e esta é pressuposição indicial, ou referencial ou extensional. Dizendo que ela era solteira, pressupõe-se que não fosse casada, mas isto é um processo de *entailment* ou implicitação, que responde a regras diversas e depende de postulados de significado. Para ligar o pronome |lhe| à Monja, cumpre acionar um processo dito então pressuposicional, mas que é de co-referência. Para determinar que o voto de castidade (pressuposto como já nomeado em virtude do artigo determinativo) se refere à sua qualidade de ser solteira, é preciso acionar mais uma vez uma co-referência, pressupondo, porém, uma regra enciclopédica para à qual as monjas proferem um voto que as compromete em dois sentidos: a não casar-se e a não ter relações sexuais — o que obriga, além disso, a ver a diferença componencial entre |solteira| e |casta| e a especular em torno de implicações verdadeiras ou falsas (não é verdade que todas as solteiras são castas, tampouco é verdade que todas as castas são solteiras, porém é verdade que todas as monjas são solteiras, ao passo que violar a castidade implica ter relações sexuais etc.). Além do fato de que aquele |mas| obriga a pressupor corretamente o *topic*, conforme acontece com o |em vez| já amplamente analisado.

Decerto, se todos estes processos são vistos como casos em que o texto deixa os próprios conteúdos em estado virtual, esperando-se que a sua atualização definitiva se dê com o trabalho cooperativo do leitor, então se pode continuar falando de pressuposição, porque finalmente algo unifica sempre estes processos tão diversos, e é precisamente o fato de que um texto é sempre, de algum modo, *reticente*. Mas o problema dos capítulos seguintes consiste justamente em distinguir graus e níveis desta reticência.

Isto equivale a dizer que todos os capítulos deste livro se referem ao fenômeno genérico da pressuposição, que sucessivamente será definido como uma modalidade diversa de cooperação interpretativa.

2. Peirce: Os Fundamentos Semiósicos da Cooperacão Textual

O semema é um texto virtual, e o texto é a expansão de um semema. A afirmação não é nova. Ela se acha implícita (quando não está explícita, em termos claros, também em contextos onde não tenderíamos procurá-la) na teoria semiótica de Peirce e chega a ser coerente com a sua perspectiva de uma semiose ilimitada e com a centralidade do conceito de interpretante.

Em nossa busca destes elementos de semiótica textual em Peirce (sem dúvida, o primeiro dos teóricos de segunda geração), deveremos abordar também outros argumentos, aparentemente excêntricos com relação ao nosso propósito. Evitar, porém, estes argumentos significaria comprometer a coerência da semiótica peirceana, coerência que existe justamente onde o nosso autor parece mais incoerente, ocasional, contraditório. Daí por que o presente estudo exploratório exige que se enfrentem vários aspectos do pensamento de Peirce, com o fito de reencontrar o nosso argumento central após peregrinações interpretativas que, por mais longas que tenham sido, jamais resultarão infrutíferas. Vezes há em que a via mais longa é a mais rápida, não só porque permite chegar de maneira mais segura, mas também porque possibilita alcançar a meta muito mais rica de experiência, tanto pela variedade dos lugares visitados ao longo do caminho, quanto pelo fato (conforme veremos, coerente com a perspectiva peirceana) de que um lugar se torna mais familiar se reconstituímos as operações a realizar para atingi-lo.

2.1. INTERPRETANTE, *GROUND*, SIGNIFICADO, OBJETO

Em 1895 (C.P., 1.339) Peirce oferecia esta definição do interpretante: "Um signo está *para* alguma coisa com vistas à idéia que

14 LECTOR IN FABULA

produz ou modifica... Aquilo para que está é chamado seu *objeto*; o que veicula, seu *significado*; e a idéia a que dá origem, seu *interpretante*". A definição soava ainda assaz mentalista, mas em 1897 (2.228) Peirce apresentava a seguinte especificação:

> Um signo, ou *representâmen*[1], é alguma coisa que está para alguém em lugar de alguma coisa em qualquer relação ou capacidade. Isso se endereça a alguém, ou seja, cria na mente daquela pessoa um signo equivalente ou talvez um signo mais desenvolvido. O signo que é criado eu o chamo de *interpretante* do primeiro signo. Este signo está para alguma coisa, o próprio *objeto*. Ele está para aquele objeto, não sob todos os aspectos, mas com referência a uma espécie de idéia, que então chamei de *ground* da representação.

Torna-se claro que no segundo texto o interpretante não constitui mais uma idéia, mas um segundo signo. Se aqui é ainda uma idéia, ela é a idéia do segundo signo, que deve ter o próprio representâmen independentemente daquela idéia. Além do mais, a idéia que intervém para reduzir a *haecceitas* (esseidade) daquele dado objeto: este objeto é tal somente enquanto pensado sob certo perfil. É pensado como abstração, como modelo de uma possível (e anguladíssima) experiência.

Nada nos autoriza a pensar que Peirce entendesse, com "objeto", uma dada coisa concreta (o que na semântica de Ogden e Richards se chama "o referente"). Não que Peirce defenda o ponto de vista de que não se podem *indicar* objetos concretos, mas isto ocorre em expressões como "este cão" (e somente em tal sentido o objeto é uma esseidade — veja 5.434). É preciso, porém, lembrar que para Peirce também |ir|, |em cima|, |em qualquer caso| (e, por conseguinte, também |em vez| e |todavia|) são representâmens. Naturalmente, para um realista como Peirce pretendia ser, também estas expressões se referem a experiências concretas; e, por outro lado, qualquer teoria semântica que procure estabelecer o significa dos sincategoremáticos, sistematiza duplas opositivas como *em cima/embaixo* ou *ir/vir*, classificando-as como elementos do conteúdo justamente enquanto eles refletem e legitimam a nossa experiência concreta das relações espá-

---

1. Em 1.540 Peirce estabelece uma diferença entre signo e representâmen: |signo| parece que ele quer entender a expressão como ocorrência, usada no processo concreto de comunicação, e por |representâmen| o tipo a que o código assinala certo significado correspondente por meio dos interpretantes capazes de traduzi-lo. Ou, como signo, os artifícios explicitamente comunicativos e, como representâmen, todo objeto que pode ser correlacionado com um conteúdo, embora não emitido intencionalmente. "Por signo entendo qualquer coisa que veicula qualquer noção definida de um objeto em qualquer modo, assim como esses veículos de pensamento nos são familiares. Pois bem, se parto desta idéia familiar e conduzo a melhor análise que se possa fazer do que é essencial a um signo, então defino como representâmen toda coisa a que esta análise se aplica... Em particular, todos os signos veiculam noções a *mentes humanas*, mas não vejo razões para que todo representâmen deva fazer a mesma coisa." Em todo caso, pode-se ler esta página como a aceitação de uma diferença entre processos concretos de comunicação e abstratas relações de significação. Não obstante, Peirce usa muitas vezes um termo pelo outro, e não se insistirá nesta diferença.

PEIRCE: OS FUNDAMENTOS SEMIÓSICOS DA COOPERAÇÃO TEXTUAL 15

cio-temporais. Mas, para Peirce |ir| é uma expressão que não tem outra identidade senão o consenso entre as suas múltiplas manifestações: portanto, o seu objeto é *a existência de uma lei*. Por outro lado, uma idéia é uma coisa, embora não tenha o modo de existência de uma esseidade (3.460). Quanto a uma expressão como |Hamlet estava louco|, Peirce diz que o seu objeto constitui somente um mundo imaginário (um mundo possível, pois) e é determinado pelo signo, ao passo que uma ordem como |Des-cansar!| tem como objeto próprio tanto a ação correspondente dos soldados quanto "o universo das coisas desejadas pelo capitão naquele momento" (5.178). O fato de que, nesta passagem Peirce misture a resposta dos soldados e as intenções do capitão mostra que existe algo de ambíguo na sua definição de objeto. Com efeito, o primeiro caso representa, antes, uma *interpretação* do signo, como veremos mais adiante. Mas, em ambos os casos, fica claro que não é necessariamente uma coisa ou um estado do mundo: é, antes, uma regra, uma lei, uma prescrição (poderíamos dizer: uma instrução semântica). É a descrição operativa de uma classe de possíveis experiências.

Na realidade, Peirce fala de dois tipos de objetos (4.536, em 1906). Há um *Objeto Dinâmico*, que de "algum modo força a determinar o signo para a sua representação", e existe um *Objeto Imediato*, que é "o objeto como o próprio signo o representa, cujo Ser está tão dependente da Representação que dele se dá no Signo".

2.2. O *GROUND*

Para compreender melhor a relação que assim se estabelece entre representâmen (ou, mais geralmente, signo), objeto, significado e interpretante, devemos examinar o conceito de *ground*. Em 2.418, o objeto é definido mais acuradamente como um correlato do signo (o signo |man| pode ser correlato ao signo |homme|, que se torna o seu objeto) e o terceiro elemento da correlação, junto com o interpretante, não é o significado mas o *ground*. Um signo se refere a um *ground* "por intermédio do seu objeto ou o caráter comum daqueles objetos". O interpretante é significativamente definido como "todos os fatos notados em torno daquele objeto". Em 1.551 (estamos em 1867) temos uma indicação que se pode explicar por que o termo *ground* nunca foi substituído por significado e vice-versa. A proposição "esta estufa é preta" assinala para a palavra |estufa| um "atributo geral". Alhures, este atributo é chamado "qualidade" e, como tal, uma Primeiridade (*Firstness*). Mas uma qualidade, embora seja em si uma pura mônada, torna-se algo de geral quando "nela refletimos" (4.226). Na linha de pensamento escotista que Peirce esposa, ela é um indivíduo, uma mônada, enquanto é uma qualidade da coisa, mas é universal, uma abstração, enquanto é colhida pelo intelecto. Uma qualidade é uma "idéia geral" e um "caráter atribuído" (1.559):

16 LECTOR IN FABULA

trata-se de um inteligível[2]. Sendo um "atributo geral" (1.551), entre todos os possíveis atributos gerais do objeto ele é o que foi escolhido para enfocar o objeto *sob algum aspecto*. Só mais tarde esta expressão é formulada de maneira explícita (veja, por exemplo, 2.228, trinta anos depois), mas já está implícita em 1867 (1.553), quando se afirma que o interpretante representa o relato "na medida em que está para" o próprio correlato. O *ground* é um atributo do objeto enquanto o objeto foi selecionado num certo modo e somente alguns dos seus atributos foram tornados pertinentes de maneira a construir o Objeto Imediato do signo. Visto que o *ground* constitui apenas um entre os possíveis predicados do objeto (a estufa poderia ser descrita também como quente, grande, suja ou outra coisa qualquer), ele é um "caráter comum" e uma "conotação" (1.559); e aqui conotação é oposta a denotação como o significado é oposto ao *denotatum*). Mais adiante veremos que este significado parece ser mais complexo do que o é *um* caráter atribuído; ele é, antes, uma espécie de "diagrama esquelético", um "esboço de perfil" do objeto, que considera "quais modificações o hipotético estado de coisas exigiria para ser realizado naquela imagem" (2.227). Poder-se-ia então sugerir, neste ponto, que o *ground* não é senão uma *componente* do significado: e na realidade se diz que os símbolos que determinam os próprios *grounds* de qualidades atribuídas (isto é, os termos) são "somas de marcas" (1.559).

Nos parágrafos seguintes o sentido desta afirmação ficará mais claro. Por enquanto, basta reconhecer que tanto *ground* quanto significado são da natureza de uma idéia: os signos estão para os próprios objetos "não em qualquer aspecto, mas com referência a uma espécie de idéia, que havíamos chamado de *ground* do representâmen"; e alhures fica esclarecido que o termo "idéia" não é entendido em sentido platônico, "mas no sentido em que dizemos que um homem capta a idéia de outro homem" (2.228).

O *ground* é aquilo que pode ser compreendido e transmitido de um dado objeto sob um certo perfil: é o conteúdo de uma expressão e aparece como igual ao significado (ou a uma componente elementar deste).

2.3. OBJETO DINÂMICO E OBJETO IMEDIATO

Resta agora estabelecer em que sentido o *ground* e o significado se diferenciam do interpretante. Em 1.338 (mas também em outras passagens) o interpretante é a idéia a que o signo dá origem na mente do intérprete (embora a presença de um intérprete efetivo

---

2. Visto que o caráter da "negritude" não é considerado em si, mas enquanto se refere à estufa, ele só pode ser um atributo geral: "Não podemos compreender um acordo entre duas coisas", mas somente "um acordo em algum aspecto" (1.551). As observações que seguem no texto foram sugeridas por Caprettini. 1976.

não seja exigida). Por esta razão, Peirce estuda o problema do interpretante, mais do que no âmbito da Gramática Especulativa, no da Retórica Especulativa, a qual se ocupa precisamente das relações entre os signos e seus intérpretes. Vimos, porém, que o *ground* é uma idéia no sentido em que uma idéia pode ser colhida durante uma relação comunicativa entre dois intérpretes: e portanto se deveria dizer que não existe grande diferença entre significado (como soma de *grounds*) e interpretante, pois que um significado só pode ser descrito por meio de interpretantes. O interpretante constitui então o meio para representar, em conseqüência de outro signo (|*man*| igual a |*homme*|), aquilo que o representâmen de fato seleciona de um determinado objeto (isto é, o seu *ground*).

A ambigüidade desaparece, todavia, se consideramos que a noção de *ground* serve para distinguir o *Objeto Dinâmico* (o objeto em si, na medida em que obriga o signo a determinar-se, para a sua representação, 4.536), do Objeto Imediato, ao passo que o interpretante serve para estabelecer a relação entre representâmen e Objeto Imediato. O Objeto Imediato é o modo pelo qual o Objeto Dinâmico é focalizado, sendo que este modo não é senão o *ground* ou significado. O Objeto Imediato é "o objeto conforme o próprio signo o representa e cujo Ser é tão dependente da Representação que se verifica no signo" (4.536). O Objeto Dinâmico motiva o signo, mas o signo, mediante o *ground*, institui o Objeto Imediato, que é "interno" (8.534), é uma idéia (8.183), uma "representação mental" (5.473). Naturalmente, para descrever o Objeto Imediato de um signo só se pode recorrer ao interpretante daquele signo:

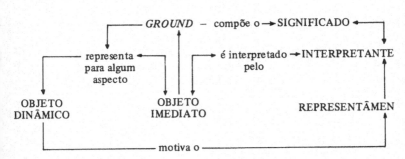

Neste sentido o significado (objeto da Gramática Especulativa) "é, na sua acepção primária, a tradução de um signo em outro sistema de signos" (4.127) e "o significado de um signo é o signo em que ele deve ser traduzido" (4.132). Por conseguinte, a interpretação através dos interpretantes é a maneira como o *ground*, como Objeto Imediato, se manifesta qual significado.

O interpretante (como objeto da Retórica Especulativa) é certamente "aquilo que o Signo produz naquela Quase-mente que é o Intérprete" (4.536), mas, visto que a presença do intérprete não é essencial para a definição do interpretante, este último deve ser con-

18   LECTOR IN FABULA

siderado "antes de tudo" como Interpretante Imediato, ou seja, como "o interpretante conforme se revela na correta compreensão do próprio Signo e costuma ser chamado o *significado* do signo" (4.536).

Logo, distintos como são enquanto objetos formais de diversas abordagens semióticas e em referência a diversos pontos de vista, *ground*, significado e interpretante são de fato a mesma coisa, dado que é impossível definir o *ground* senão como significado, e é impossível definir algum significado senão sob a forma de uma série de interpretantes. Há muitas passagens que confirmam esta idéia: "por *significado* de um termo compreendemos o inteiro interpretante geral entendido" (5.179); "parece natural usar o termo *significado* para denotar o interpretante entendido de um símbolo" (5; L 75); "o Objeto Imediato completo, ou então, o significado" (2.293).

2.4. INTERPRETANTES DO DISCURSO E INTERPRETANTES DOS TERMOS

Aprendemos, todavia, que o interpretante não é somente o significado de um termo, mas também a conclusão de um argumento inferido das premissas (1.559). Diremos então que o interpretante tem uma acepção mais vasta do que o significado? Em 4.127, quando diz que na sua acepção primária o significado é a tradução de um signo em outro signo, Peirce diz também que, em outra acepção "aplicável também aqui" (Peirce está tratando do problema de uma lógica da quantidade), o significado é "uma segunda asserção da qual tudo o que segue da primeira asserção igualmente segue, e vice-versa". Isto equivale a dizer que uma asserção "significa a outra". O significado de uma proposição, assim como o seu interpretante não exaure a possibilidade que a proposição tem de ser desenvolvida em outras proposições e, em tal sentido, é "uma lei, uma regularidade de futuro indefinido" (2.293). O significado de uma proposição abrange "toda sua necessária e óbvia dedução" (5.165).

Assim, o significado é de algum modo implicitamente expresso pelas premissas e, em termos mais gerais, é tudo aquilo que está semanticamente implicado em um signo. Não é o caso de ulteriormente se frisar o alcance destas posições de Peirce: mesmo que mediante um longo percurso por entre definições múltiplas e não raro confusas (*ground*, significado, Objeto Dinâmico, Objeto Imediato) chegamos a tratar de perto uma idéia que se liga às discussões deste livro: o significado de um termo encerra virtualmente todos os seus possíveis desenvolvimentos (ou expansões) textuais.

Não podemos, todavia, negar que neste ponto a noção de significado se tornou demasiado ampla. Não é aplicada a cada um dos termos, mas a premissas e argumentações. Em termos peirceanos podemos, porém, dizer que, além do significado de um *dicissigno* e de um *argumento*, existe também o significado de um *rema* ou então de um termo individual? A resposta depende da aceitação peirceana de

PEIRCE: OS FUNDAMENTOS SEMIÓSICOS DA COOPERAÇÃO TEXTUAL 19

que tudo o que se pode dizer de um dicissigno e de um argumento pode ser dito também dos remas que o constituem. Em outras palavras, a teoria do significado e do interpretante não diz respeito apenas aos argumentos mas também a cada termo em particular e, à luz de tal teoria, o conteúdo de um termo particular se torna algo muito mais para uma enciclopédia.

Dado o termo |pecador|, deve ser levado em consideração o fato de que ele possa ser interpretado como "miserável" por uma análise componencial própria. Mas, há mais coisa nisso: o rema |pecador| deve implicar todas as possíveis conseqüências ilativas que lhe dizem respeito. Assim, o argumento "todos os pecadores são miseráveis; João é um pecador e, portanto, João é miserável" não seria senão o desenvolvimento natural das possibilidades incoativamente contidas no rema em questão — e, além do mais, seria a única maneira de explicitar os seus interpretantes. Naturalmente, também o oposto é verdadeiro, e todo argumento não é outra coisa senão uma asserção analítica que delineia os interpretantes que devem ser assinalados para um dado termo (portanto, remas e dicissignos podem ser derivados dos argumentos, conforme se pode ver em 3.440).

Em 2.293 se diz que um símbolo *denota* um indivíduo e *significa* um caráter, sendo que este caráter não passa de um significado geral (e cumpre lembrar que o *ground* de um signo é a sua conotação e o próprio caráter atribuído — veja 1.559). A distinção entre denotar e significar depende da distinção entre extensão e intensão, *amplitude e profundidade* ou, em termos atuais, entre *referir-se a* e *significar algo*. O conceito de profundidade está ligado àquele de informação que é "a medida de predicação" e a "soma das proposições sintéticas em que o símbolo aparece como sujeito ou predicado" (2.418). Todos estes conceitos não se referem somente a proposições e argumentos, mas também a remas ou então a termos.

"Um Rema é um Signo que, para o seu Interpretante, é o signo de uma Possibilidade qualitativa" e ele identifica um *ground*, isto é, "é entendido enquanto representa tal ou algum outro tipo de possível Objeto. É possível que todo rema veicule alguma informação, mas não é interpretado sob este aspecto" (2.250). Não obstante, em outros textos Peirce aparece menos inseguro, quando diz, por exemplo, que não só "a significação de um termo é todas as qualidades indicadas por ele" (2.431), mas os termos aparecem como conjuntos de marcas (ou traços, ou relações, ou *caracteres*, cf. 2.776) regulados, justamente como as proposições, pelo princípio segundo o qual *nota notae est nota rei ipsius* (3.166). "As marcas que já são reconhecidas como predicáveis do termo incluem a inteira profundidade de outro termo, cuja inclusividade não era ainda conhecida, aumentando assim a *distinção compreensiva* do primeiro termo" (2.364). Um termo pode ter marcas tanto acidentais quanto necessárias (2.396) e estas marcas constituem a *profundidade substancial* de um dado termo, isto é, "a forma real concreta que pertence a tudo aquilo de que o termo é predicável com absoluta verdade" (a *amplitude substancial* é, pelo contrário, "o agregado de substâncias reais

20 LECTOR IN FABULA

das quais apenas um termo é predicável com absoluta verdade", 2.414).
Neste sentido, a profundidade de um termo – vale dizer a sua intensão
– é a soma das marcas semânticas que caracterizam o seu conteúdo.
Tais marcas são unidades gerais (*nominantur singularia sed universalia
significantur*, 2.433, do livro *Metalogicon*, de João de Salisbury). E
eram exatamente aqueles "caracteres atribuídos" que se chamavam
grounds.

Este conjunto de traços semânticos está destinado a crescer
com a expansão do nosso conhecimento dos objetos; o rema atrai
como um ímã todos os novos traços que o processo de conhecimento
lhe atribui: "todo símbolo é uma coisa viva, num sentido real que não
é mera figura retórica. O corpo dos símbolos muda lentamente, mas
o seu significado cresce inexoravelmente, incorpora novos elementos
e expunge os velhos" (2.222). Diríamos então que o termo é uma
voz de enciclopédia que contém todos os traços que adquire no decurso
de toda nova proposição.

Não creio que aqui se esteja forçando a interpretação. É Peirce
quem o diz diversas vezes que todo termo é uma proposição incoativa (todo rema é potencialmente o dicissigno no qual pode ser inserido)
e quem evoca mais vezes, com maior número de argumentos, a concepção semântica de um termo como predicado. O significado dos
termos lógicos constitui uma asserção rudimentar (2.342), da mesma
forma que uma proposição é uma argumentação rudimentar (2.344)
– e isto é o princípio base da interpretação, ou seja, a razão segundo
a qual todo signo produz os próprios interpretantes.

Durante muito tempo o interpretante peirceano foi entendido
como a expansão definicional de um termo, a sua capacidade de ser
traduzido para outro termo (de igual ou diferente sistema semiótico,
como se o interpretante fosse apenas um instrumento de clarificação
e explicação lexical – e a crítica envolve também as minhas leituras
peirceanas anteriores): mas não devemos esquecer que para Peirce
signo não constitui somente uma palavra ou uma imagem, porém
uma proposição e até mesmo todo um livro. A sua concepção de signo
pode ser estendida também a textos e, portanto, a noção de interpretante se refere a processos de tradução muito mais vastos e complexos do que os elementares processos de sinonímia ou definição lexical
elementar. Poderíamos dizer que entre os interpretantes da palavra
|criança| não existem apenas imagens de crianças ou definições do
tipo "macho humano não adulto", mas também, por exemplo, o
evento da matança dos inocentes. O problema consiste somente em
como fazer funcionar a semiose ilimitada a fim de percorrer-lhe todos
os trajetos e entroncamentos.

Podemos, então, compreender o alcance teórico de afirmações
como aquelas que citamos anteriormente e como as que seguem.
Um termo é uma proposição rudimentar porque ele constitui a forma
vazia de uma proposição: "por rema ou *predicado* entendemos uma
forma proposicional vazia, a qual poderia ter sido derivada cance-
lando-se certas partes de uma proposição e deixando um espaço branco
no lugar delas, pois a parte eliminada é tal que, se todo espaço vazio

PEIRCE: OS FUNDAMENTOS SEMIÓSICOS DA COOPERAÇÃO TEXTUAL 21

fosse preenchido com um nome próprio, uma proposição (ainda que destituída de sentido) seria recomposta" (4.560). Em 2.379, ao falar da forma das proposições, Peirce mostra como, dado o verbo |esposar|, este poderia ser representado como "— esposa — a —". Isto equivale a dizer que, para representar gerativamente a natureza sintática de |esposar| se deveria escrever "s(x, y, x)" (cf. também 3.64). Trata-se, pois, de um procedimento que, devidamente desenvolvido, faz com que a representação semântica de um termo diga respeito a fenômenos de implicitação e de pressuposição semântica. Em termos que evocam os postulados de significado carnapeanos, Peirce diz que $h_i < d_j$ "significa que na ocasião i, se a idéia h está definitivamente imposta à mente, então na mesma ocasião a idéia d está definitivamente imposta à mente" (2.356). Trata-se, pois, do princípio tradicional da *nota notae*, mas nas mesmas páginas insiste Peirce na possibilidade de uma lógica intensional oposta à logica ordinária que se ocupa de classes gerais de objetos. Ele separa o problema das proposições extensivas daqueles das proposições compreensivas, elaborando doze tipos de proposições cujo sujeito é uma classe de coisas, mas o predicado é um grupo de traços semânticos (2.520, 521).

Poder-se-ia observar que o método dos espaços vazios só é aplicável aos verbos e predicados que se referem a ações, de acordo com a lógica dos relativos de que fala Peirce. E, na realidade, na terminologia aristotélica rema significa somente "verbo". Peirce, porém, explicitamente identifica, repetidas vezes, rema com termo: "todo símbolo que pode ser o constituinte direto de uma proposição chama-se termo" (2.238). Existem também termos sincategoremáticos, ao passo que todo termo "apto a ser sujeito de uma proposição pode ser chamado ônoma" (2.331). Em todo caso, um nome comum é um "símbolo remático" (2.261). Em 8.337 é dito também que nomes próprios e nomes de classe são remas. A razão para a escolha de |rema| pode ser devida ao fato de que Peirce defendia o ponto de vista de que também os nomes são verbos reificados (3.440 e 8.337). Seja como for: "um rema é todo signo que não é nem verdadeiro nem falso, como quase toda palavra, com exceção de sim e não" (8.337).

Em muitos casos, Peirce recorre ao espaço vazio quando trata de adjetivos ou nomes: em 1.363 o método é aplicado a |amante| e |servidor| e em 4.438 deparamos com o seguinte exemplo de rema: "todo homem é o filho de —", que constitui um bom exemplo de representação semântica de |pai|, encarado do ponto de vista de uma lógica dos relativos. A afinidade desta perspective com aquela de uma gramática dos casos baseada numa lógica das ações (veja Fillmore) ficará mais clara no parágrafo seguinte. Obviamente, deste ponto de vista, "os nomes próprios permanecem, mas a demarcação entre nomes comuns e verbos torna-se indefensável" e "o significado dos nomes na sua lógica dos relativos, como a dos verbos, consiste numa possível ação" (Feibleman, 1946: 106-107, e justamente com referência à passagem que em breve examinaremos).

22 LECTOR IN FABULA

2.5. A DEFINIÇÃO COMO ENCICLOPÉDIA E PRECEITO OPERATIVO

Em 1.615 e 2.330 Peirce propõe um exemplo de definição das palavras |duro| e |lítio|. Em 1.615 se diz que "enquanto uma pedra permanece dura, certamente fracassará toda tentativa de escalavrá-la com a pressão de um cutelo. Dizer que a pedra é dura significa predizer que, independentemente de quantas vezes tentarmos a experiência, toda vez esta fracassará". Em 2.330 o exemplo é ainda mais convincente e o transcrevemos integralmente em inglês, não só devido à dificuldade estilística do texto, mas também porque nesta circunstância crucial (e com um assunto tão prosaico) o inglês de Peirce (costumeiramente, e também neste caso, é horrível) assume uma carga própria de poesia definitória:

> if you look into a textbook of chemistry for a definition of *lithium* you may be told that it is that element whose atomic weight is 7 very nearly. But if the author has a more logical mind he will tell you that if you search among minerals that are vitreous, translucent, grey or white, very hard, brittle, and insoluble, for one which imparts a crimson tinge to an unluminous flame, this mineral being triturated with lime or whiterite rats-bane, and then fused, can be partly dissolved in muriatic acid; and if this solution be evaporated, and the residue be extracted with sulphuric acid, and duly purified, it can be converted by ordinary methods into a chloride, which being obtained in the solid state, fused, and electrolized with half a dozen powerful cells will yield a globule of a pinkish silvery metal that will float on gasolene; and the material of *that* is a specimen of lithium. The peculiarity of this definition — or rather this precept that is more serviceable than a definition — is that it tells you what the word lithium denotes by prescribing what you are to *do* in order to gain a perceptual acquaintance with the object of the word.

Embora em forma literariamente diluída, esta definição representa um ótimo exemplo de análise semântica em termos de *gramática dos casos*. O que talvez possa tornar a identificação trabalhosa é o fato de que a definição de Peirce encerra demasiados traços difíceis de serem organizados numa estrutura de argumentos e predicados ou de actantes. Além do mais, ela carece de uma discriminação clara entre propriedades mais ou menos "necessárias — como também entre marcas explícitas e marcas inclusas ou implícitas[3]. Aqui se vê o que poderia ser uma boa definição em termos de enciclopédia, mas ainda não está dito como esta poderia ser elaborada mais formalmente e de maneira mais econômica. Por exemplo, se Peirce tivesse declarado que o lítio é um metal alcalino, algumas das propriedades expressas teriam que ser consideradas como automaticamente implicitadas. Mas Peirce não queria oferecer um exemplo de definição "econômica"; pelo contrário, queria mostrar como um termo inclui a globalidade da informação que lhe diz respeito.

Outro aspecto da definição é que ela constitui, malgrado sua aparência tão "enciclopédica", somente uma seção da possível infor-

---

3. Este tema será retomado com mais profundidade no Cap. 8, precisamente em 8.5.

PEIRCE: OS FUNDAMENTOS SEMIÓSICOS DA COOPERAÇÃO TEXTUAL 23

mação em torno do lítio. O Objeto Imediato estabelecido pela definição enfoca o Objeto Dinâmico correspondente apenas *sob algum aspecto*, isto é, leva em consideração apenas a informação semântica suficiente para inserir o termo num universo de discurso físico-químico. Pelo contrário, o modelo regulativo de uma enciclopédia prevê vários "sentidos" ou então diversas disjunções possíveis de um espectro semântico idealmente completo. Os traços semânticos aqui registrados deveriam ter aparecido sob uma precisa seleção contextual, ao passo que outras deveriam tornar-se possíveis, embora inexpressas. Por exemplo, o lítio é um mineral vítreo e translúcido que então aparece como um glóbulo de metal roseado argênteo: se o universo do discurso tivesse sido de tipo fabulístico, estes teriam sido os traços que deveriam ser particularmente enfocados, acrescentando-lhes outros que aqui inexistem. O lítio é conhecido (dizem outras enciclopédias) como o elemento sólido mais leve à temperatura normal e num outro contexto este caráter de leveza seria provavelmente fundamental.

Peirce tinha consciência destes problemas e a solução que o seu sistema filosófico apresenta, para oferecer-lhe uma resposta, concerne justamente a alguns problemas cruciais para a semântica contemporânea e particularmente: (i) se os traços semânticos são universais e finitos, e (ii) qual é o formato que a representação enciclopédica deve assumir para poder ser ao mesmo tempo manejável e satisfatória (cf. Eco, 1975, 2). Colocada a noção de interpretante assim como a reconstruímos, desaparece antes de mais nada a necessidade de operar com um conjunto finito de construtos metassemióticos. Todo signo interpreta outro signo e a condição basilar da semiose é exatamente esta condição de regresso infinito. Nesta perspectiva, todo interpretante de um determinado signo, por sua vez um signo, torna-se construção metassemiótica transitória e, somente nesta circunstância, age como *explicans* com relação ao *explicatum* interpretado, mas por sua própria vez torna-se interpretável por outro signo que age como seu *explicans*.

O objeto da representação não pode ser outro senão uma representação da qual a primeira representação é seu interpretante. Mas uma série sem fim de representações, representando cada uma aquela que a acompanha, pode ser concebida como possuidora de um objeto absoluto como seu limite. O significado de uma representação não pode ser outro senão uma representação. De fato, não é outra coisa senão a própria representação concebida como espoliada do seu revestimento irrelevante. Mas esse revestimento jamais pode ser tirado por completo: só é substituído por algo mais diáfano. Assim, aparece uma infinita regressão. Enfim, o interpretante não é outro senão outra representação, a quem é confiada a tocha da verdade: e como representação tem novamente o próprio interpretante. Eis, pois, outra série infinita (1.339)[4].

4. No quadro de uma semiótica geral, a análise componencial de um termo verbal não obriga que se considerem somente interpretantes verbais. Entre os interpretantes da palavra |vermelho| existem também esfumaturas (visíveis) de vermelho, imagens de objetos vermelhos; e entre os interpretantes de |cão| existem inumeráveis desenhos de cães à disposição na enciclopédia. Sobre as variedades dos interpretantes, veja ECO, 1975, 2.7.

LECTOR IN FABULA

Esta série infinita poderia, pois, tornar inatingível a enciclopédia, frustrando ininterruptamente as aspirações de completude do trabalho de análise semântica. Mas existe um limite lógico para a enciclopédia, que não pode ser infinita, pois o seu limite é o *universo do discurso*. A lista das doze proposições compreensivas citadas antes (2.520) pressupõe um universo limitado de traços:

> Um universo ilimitado compreenderia o inteiro reino do logicamente possível... O nosso discurso raramente se liga a este universo: nós pensamos ou no que é fisicamente possível ou historicamente existente, ou no mundo de alguma narração, ou em algum outro universo limitado. Um universo de coisas é ilimitado se nele toda combinação de caracteres, oriunda do inteiro universo dos caracteres, ocorre em algum objeto... Do mesmo modo diremos que um universo de caracteres é ilimitado, quando toda agregação de coisas, oriunda do inteiro universo das coisas, possuir em comum um dos caracteres do universo dos caracteres... Em nosso discurso comum, pelo contrário, não só ambos os universos são limitados mas, além disso, nós não precisamos nos preocupar com objetos individuais ou simples traços: assim, temos simplesmente dois universos distintos de coisas e de traços correlatos um ao outro, em geral, de uma maneira perfeitamente indeterminada (2.519, 520; e também 6.401).

A passagem não é das mais claras e bem que necessitaria de outra análise filosófica, mas, também à luz de toda a cosmologia peirceana[5], parece-nos abrir apaixonantes perspectivas sobre aquela temática dos *mundos possíveis* que tenta reduzir os repertórios enciclopédicos nos âmbitos de precisos universos do discurso e por meio de modelos que reduziam exatamente a formato manejável o número das propriedades em jogo e suas combinações[6].

2.6. CARACTERES MONÁDICOS E INTERPRETANTES COMPLEXOS

Há, todavia, outra questão. Que o lítio seja vítreo, translúcido, duro e assim por diante, isto parece, sem dúvida, constituir matéria de predicação em termos de qualidades (ou propriedades ou caracteres ou traços) gerais. Mas, que diremos a propósito do fato de que, "se triturado com cal e refundido, então se torna solúvel em ácido muriático?" Ser vítreo é uma qualidade — e, como tal, um caráter monádico, uma Primeiridade —, ao passo que reagir de certo modo a certo estímulo parece mais semelhante a um comportamento ou

---

5. Existe um mundo ideal (no qual duas proposições contraditórias são possíveis) e há um mundo real ou atual (no qual, dada uma proposição, a sua contraditória é impossível): o segundo representa uma seleção e uma determinação arbitrária do primeiro (6.192). O universo atual, com relação àquele vasto representâmen (5.119), que é o inteiro universo "perfused with signs" (5.448), é um universo de discurso que, por assim dizer, reduz todos os possíveis caracteres a um número manejável.

6. Sobre esta operação, na perspectiva de uma teoria construtivista dos mundos possíveis, falaremos no último estudo deste livro e em particular no parágrafo 6.

PEIRCE: OS FUNDAMENTOS SEMIÓSICOS DA COOPERAÇÃO TEXTUAL 25

a uma seqüência de fatos que confirma uma hipótese. Naturalmente, também esta seqüência de fatos "interpreta o primeiro signo" (isto é, o lítio se define como sendo o material que se comporta daquele modo, naquelas condições), mas isto quereria dizer somente que, se os caracteres são interpretantes, nem todos os interpretantes são meros caracteres[7]. Haja vista, por exemplo, o caso já citado em que o próprio Objeto Dinâmico parece agir como interpretante, ou seja, quando o objeto da ordem |Des-cansar!| é definido como o universo das coisas desejadas pelo capitão no momento em que dá a ordem, ou então, como a ação conseqüente dos soldados. Sem dúvida alguma, trata-se de respostas comportamentais, respostas verbais, imagens que interpretam uma didascália e didascálias que interpretam uma imagem, sendo, todas, interpretantes. São ao mesmo tempo caracteres?[8]

Ora, Peirce diz com clareza que, embora as marcas sejam qualidades, nem por isso são meras Primeiridades. Elas são "gerais" e sequer a sensação de vermelho é uma pura percepção, mas um *percepto*, vale dizer, uma construção perceptual, "a descrição feita pelo intelecto de uma evidência dos sentidos" (2.141). Para se ter uma construção intelectual, passa-se do mero *percepto* como Rema a um Juízo Perceptual, cujo Interpretante Imediato (5.568) é o fato bruto. Dizer que algo é vermelho não significa tê-lo *visto*, porquanto a imagem foi recebida, mas a afirmação de que algo possui o atributo de ser vermelho constitui já um juízo. Desta maneira, todo caráter, embora sendo uma pura Primeiridade, vem de pronto inserido numa corre-

---

7. Veja-se em 5.569 onde se diz que "um retrato, com o nome do próprio original subscrito, é uma proposição". Esta afirmação abre interessantes reflexões sobre o papel dos ícones na doutrina dos interpretantes. Em 1885 (1.372) se diz que, enquanto um termo verbal é uma descrição geral, nem índices nem ícones possuem generalidades. Mas em 1896 (1.422 e 447) essas qualidades, que são Primeiridades como ícones, são ditas gerais. Em 1902 (2.310) só um dicissigno pode ser verdadeiro ou falso, mas em 1893 (2.441) afirma-se que dois ícones podem formar uma proposição: o ícone de uma chinesa e o ícone de uma senhora formam uma proposição e funcionam, portanto, como termos gerais. Em 1902 (2.275) um ícone, embora seja a mera imagem de um objeto, produz uma idéia que a interpreta. Em 2.278 os ícones podem funcionar como predicado de uma proposição (o que parece confirmar o que foi citado no início desta nota). Para explicar estas contradições aparentes é preciso lembrar que Peirce distingue os ícones como exemplos de Primeiridades (e, por isso, meras qualidades) dos representâmens icônicos que chama também de *hipoícones*. Estes são representâmens, já são da Terceiridade e, por conseguinte, são *interpretáveis*. Eis, pois, que o retrato com nome subscrito é proposição em muitos sentidos: o hipoícone pode agir como interpretante do nome, ou o nome pode interpretar o hipoícone. Seja como for, toda esta discussão serve para reduzir a diferença entre caracteres como puras qualidades e interpretantes mais complexos, conforme se verá na seqüência do discurso.

8. "Podemos assumir um signo em sentido tão vasto que o seu interpretante não seja um pensamento mas uma ação ou uma experiência, e podemos também ampliar o significado de um signo a tal ponto que o seu interpretante seja uma mera qualidade de sentimento" (8.332).

26   LECTOR IN FABULA

lação e a sua predicação é sempre a experiência de uma Terceiridade (5.182, 5.157, 5.150, 5.183)[9].

Assim, não há diferença substancial entre dizer que o lítio se dissolve quando é triturado e dizer que é vítreo. No segundo caso temos algo como um dicissigno e no primeiro algo como um argumento, mas ambos os "signos" interpretam o rema |lítio|. Não existe diferença entre caracteres e outros interpretantes, do ponto de vista da descrição do significado de um termo. A atribuição de um caráter é matéria de juízo perceptivo, mas também os "juízos perceptivos devem ser considerados casos de inferência abdutiva" (5.153).

Por outro lado, o próprio fato de que alguns soldados, em diversas circunstâncias, executem uma determinada ação regular, toda vez em que é proferida a ordem |Des-cansar!|, significa que este comportamento já está submetido a um conceito, tornou-se uma abstração, uma lei, uma regularidade. Para poder ser inserido nesta relação, o comportamento dos soldados transformou-se, tal como a qualidade de ser vermelho, em algo geral.

2.7. O INTERPRETANTE FINAL

Resta-nos perguntar como é que, na filosofia de um pensador que pretende ser realista escotista, possa haver regressão semiótica infinita tal que o objeto que determinou o signo nunca apareça determinado por ele, salvo na forma fantasmática do Objeto Imediato — e usarmos o termo "fantasmático" com alguma razão (e alguma malícia) porque aqui nos parece observar aquela mesma impossibilidade de tornar a possuir o objeto que suscitou a percepção, que se manifesta na gnoseologia tomista onde o intelecto ativo exercita sobre o fantasma do objeto o ato de abstração, oferecendo a *species impressa* ao intelecto passivo, só que este jamais poderá possuir o objeto originário senão sob a emasculadíssima forma da *reflexio ad phantasmata.* Peirce suplanta esta dificuldade no âmbito da Retórica Especulativa e no âmbito da noção pragmática do Interpretante Final. Este ponto é definido no fim da presente discussão, porque justamente e só em tal perspectiva se verá como a semântica peirceana assume a forma de uma gramática dos casos, mesmo que ainda imprecisa.

Como pode um signo exprimir o Objeto Dinâmico que pertence ao Mundo Externo (5.45), dado que, "pela própria natureza das coisas", este não pode exprimi-lo? (8.314). Como pode um signo exprimir o Objeto Dinâmico ("o Objeto tal qual ele é", 8.183, um objeto "independente em si mesmo", 1.538) a partir do momento

---

9. Tudo isto entre 1901 e 1903. Em 1891 (fazendo um exame e comparação analítica dos *Principles of Psychology*, de James) Peirce mostrava-se mais cauteloso: "Na percepção, a conclusão não é pensada, mas vista em sua realização, de modo que não se trata propriamente de um juízo, embora equivalha a um juízo" (8.65). "A percepção aproxima-se de um juízo virtual, assume algo sob uma classe; e não só, mas virtualmente apõe à proposição o sinete da anuência" (8.66).

PEIRCE: OS FUNDAMENTOS SEMIÓSICOS DA COOPERAÇÃO TEXTUAL 27

em que esse signo "só pode ser o signo daquele objeto na medida em que este objeto é em si da mesma natureza que um signo ou um pensamento"? (1.538). Como se pode correlacionar um signo a um objeto a partir do momento em que, para reconhecer um objeto, deve-se ter tido uma experiência anterior (8.181) e o signo não fornece nenhum conhecimento ou reconhecimento do objeto? (2.231). A resposta já está dada no final da definição de |lítio|: "A peculiaridade desta definição — ou melhor, deste preceito, coisa muito mais útil do que uma definição — consiste no fato de que ela diz o que a palavra lítio denota ao prescrever o que cumpre *fazer* para obter um contato perceptivo com o objeto da palavra" (2.330). O significado do símbolo situa-se na classe de ações que visam suscitar certos efeitos perceptíveis (Goudge, 1950: 155). "A idéia de significado é tal que envolve alguma referência a um propósito" (5.166). E tudo isto se torna ainda mais claro se pensamos que o assim chamado realismo escotista de Peirce deve ser visto na perspectiva do seu pragmatismo: a realidade não é simples Dado, mas antes um Resultado. Para compreender o que o significado de um signo deve produzir como Resultado, eis a noção de Interpretante Final.

Um signo que produz uma série de respostas imediatas (Interpretante Energético) estabelece paulatinamente um *hábito (habit)*, uma regularidade de comportamento no próprio intérprete. Hábito é "uma tendência... a agir de maneira semelhante em circunstâncias semelhantes no futuro" (5.487), e o Interpretante Final de um signo é esse hábito como resultado (5.491). O que vale dizer que a correspondência entre significado e representâmen assumiu a forma de uma lei; mas vale também dizer que compreender um signo significa aprender o que é preciso fazer para produzir uma situação concreta em que se possa obter a experiência perceptiva do objeto a que o signo se refere.

Não só isto. A categoria de "hábito" tem um duplo sentido: psicológico e cosmológico. Hábito é também uma regularidade cosmológica, também as leis naturais são o resultado de hábitos adquiridos (6.97) e "todas as coisas têm tendência a assumir hábitos" (1.409). Se uma lei é uma força ativa (uma Secundariedade), então a ordem e a legislação constituem uma Terceiridade (1.337): assumir um hábito é estabelecer um modo de ser ordenado e regulado. Por conseguinte, voltando à definição de lítio, vemos que o interpretante final do termo |lítio| se detém na produção de um hábito em dois sentidos: o de produzir o hábito humano de entender o signo como preceito operativo e o de produzir (esta vez no sentido de torná-lo explícito) o hábito cosmológico para o qual sempre haverá lítio toda vez que a natureza agir de certo modo. O interpretante final exprime a mesma lei que governa o Objeto Dinâmico, quer prescrevendo o modo em que possa adquirir-lhe a experiência perceptiva, quer descrevendo a maneira em que ele funciona e é perceptível.

Agora estamos em condições de entender qual a hierarquia que regula a disposição dos interpretantes neste modelo ainda informal de representação semântica: trata-se de uma seqüência ordenada

28 LECTOR IN FABULA

e finalizada de operações possíveis. Os caracteres não são organizados para inclusões de gêneros do tipo que estamos abordando, mas segundo as operações essenciais que devem ser realizadas por um *agente* que usa certos *instrumentos* para modificar um dado *objeto* com o fito de vencer a resistência de um *contra-agente* para poder alcançar certos *resultados*.

Deste modo, abranda-se a oposição aparente entre a semântica intensional do infinito regresso semiósico e a semântica extensional do referimento a um Objeto Dinâmico. É verdade que os signos não nos proporcionam o contato com o objeto concreto, porque eles só podem prescrever o modo de realizar este contato. Os signos só têm conexão direta com seus Objetos Dinâmicos enquanto esses objetos determinam a produção do signo; quanto ao resto, os signos "conhecem" apenas Objetos Imediatos, isto é, significados (ou dados de conteúdo). Mas é claro que existe uma diferença entre o *objeto do qual um signo é signo* e o *objeto de um signo*. O primeiro é o Objeto Dinâmico, um estado do mundo externo, enquanto que o segundo é um construto semiótico, puro objeto do mundo interno. Salvo que, para descrever este objeto "interno", é preciso recorrer aos interpretantes, ou seja, a outros signos assumidos como representâmen, no sentido de ter uma experiência qualquer de outros objetos do mundo externo.

Semioticamente falando, o Objeto Dinâmico é a nossa disposição apenas como conjunto de interpretantes organizados, segundo um espectro componencial estruturado operativamente. Mas, enquanto do ponto de vista semiótico ele é o *possível objeto* de uma *experiência concreta*, do ponto de vista ontológico ele é o *objeto concreto* de uma *experiência possível*.

2.8. SEMIOSE ILIMITADA E PRAGMÁTICA

Todas as observações anteriores nos induzem, portanto, a rever a noção de interpretante não só como categoria de uma teoria semântica, mas também como categoria de uma semiótica que considera entre seus próprios ramos uma pragmática. A noção de pragmática, todavia, pode ser entendida em vários sentidos: aquele proposto por Morris diz respeito somente ao efeito que os signos têm sobre os próprios destinatários — e sem dúvida a perspectiva pragmaticista de Peirce oferece amplo espaço a esta perspectiva. Por ora, comecemos a examinar esta direção teórica.

Ao fornecer a imagem de uma semiose na qual cada representação recambia a uma representação sucessiva, se poderia dizer que Peirce está traindo o próprio realismo "medieval", pois ele não conseguiria mostrar como é que um signo pode ser referido a um objeto, e dissolveria a relação concreta de denotação numa rede infinita de signos que se remetem a signos, em um universo finito mas ilimitado de fantasmais aparências semiósicas. Não obstante, basta pensar não em termos de realismo ontológico, mas de realismo pragmaticista

PEIRCE: OS FUNDAMENTOS SEMIÓSICOS DA COOPERAÇÃO TEXTUAL 29

para perceber que é verdadeiro e próprio o contrário e que a doutrina dos interpretantes e da semiose ilimitada leva Peirce ao máximo do próprio realismo não-ingênuo. Peirce jamais se interessou pelos objetos como conjunto de propriedades, mas como ocasiões e resultados de experiência ativa. Conforme temos visto, descobrir um objeto significa descobrir o *modus operandi* para produzi-lo (ou para produzir seu uso prático). Um signo pode produzir um interpretante energético ou emocional: quando se escuta um trecho musical, o interpretante emocional é a nossa reação ao fascínio da música; mas esta reação emocional produz também esforço mental ou muscular, e estes tipos de resposta são interpretantes energéticos. Uma resposta energética não exige ser interpretada, pois ela produz (mediante sucessivas repetições) um hábito. Depois de receber uma seqüência de signos, o nosso modo de agir no mundo é permanente ou transitoriamente alterado. Esta nova atitude é o interpretante final. A esta altura, a semiose ilimitada se detém, porquanto o intercâmbio dos signos produziu modificações da experiência, e o elo faltante entre semiose e realidade física foi finalmente identificado. A teoria dos interpretantes não é idealista.

E não é só isto. Dado que também a natureza tem hábitos, ou seja, leis e regularidades, "os princípios gerais são realmente operativos *in natura*" (5.101), o significado último (ou interpretante final) de um signo é concebido como a regra geral que permite produzir ou verificar esse hábito cosmológico. Recordemos a definição de "lítio": ela é ao mesmo tempo a regra física que governa a produção do lítio e a disposição que devemos adquirir para produzir ocasiões para sua experiência de nossa parte. A objetividade desta lei é determinada pelo fato de ser intersubjetivamente controlável. Aqui reside a oposição entre o pragmatismo de James e o pragmaticismo de Peirce: não é verdadeiro aquilo que serve à ação prática, mas serve à ação prática aquilo que é verdadeiro. Existem tendências gerais (regularidades cosmológicas) e há regras operativas que nos permitem avaliá-las.

Entender um signo como regra que se explica mediante a série dos próprios interpretantes significa ter adquirido o hábito de agir segundo a prescrição fornecida pelo signo:

a conclusão... é de que, sob dadas condições, o intérprete terá formado o hábito de agir de um certo modo sempre que desejar certo tipo de resultado. A conclusão lógica, real e viva, é *este* hábito: a formulação verbal simplesmente o exprime. Não nego que um conceito, uma proposição ou um argumento não possam ser interpretantes lógicos, mas insisto que não podem ser o interpretante lógico final pela razão de que ele mesmo é um signo daquele tipo que exige um interpretante lógico próprio. Somente o hábito, embora possa ser um signo de outro modo, todavia não o é daquele modo em que aquele signo, de que é o interpretante lógico, é signo. O hábito, em conjunto com o motivo e as condições, tem a ação como o próprio interpretante energético; mas a ação não pode ser um interpretante lógico, porque carece de generalidades (5.483).

Assim, através do próprio pragmaticismo, Peirce fez o acerto de contas com o próprio realismo escotista: a ação é o lugar onde a esseidade põe fim ao jogo da semiose.

30 LECTOR IN FABULA

Mas Peirce, com razão considerado um pensador contraditório, é também um pensador dialético — e mais do que se acredita. Eis, pois, que o interpretante final não é final em sentido cronológico. A semiose morre a todo momento, mas, como morre, ressurge das próprias cinzas. As ações individuais carecem de generalidade, mas uma série de ações uniformemente repetidas podem ser descritas em termos gerais. Justamente no fim da página que acabamos de citar, Peirce acrescenta: "Mas, como poderia um hábito ser descrito senão mediante a descrição do tipo de ação a que dá origem, com a especificação das condições e do motivo?" Assim, a ação repetida, que responde a um dado signo, torna-se por sua vez um novo signo, o representâmen de uma lei que interpreta o primeiro signo e dá origem a um novo e infinito processo de interpretação. Neste sentido, Peirce parece bastante próximo do behaviorismo de Morris, quando este último liga o reconhecimento do significado de um signo à resposta comportamental que ele produz (salvo que para Peirce trata-se apenas *de uma* das formas da interpretação: se ouço um som numa língua desconhecida e constato que, toda vez que um falante o emite, o seu interlocutor reage com uma expressão de raiva, posso legitimamente deduzir, da resposta comportamental, que o som tem um significado desagradável, e assim o comportamento do interlocutor se torna um interpretante do significado da palavra.

Nesta perspectiva, o círculo da semiose se fecha a todo instante e jamais se fecha. O sistema dos sistemas semióticos, que poderia parecer um universo cultural idealisticamente separado da realidade, de fato leva a agir sobre o mundo e a modificá-lo; mas cada ação modificadora se converte, por sua vez, num signo e dá origem a um novo processo semiósico.

2.9. RUMOS PARA UMA PRAGMÁTICA DO TEXTO

É nesta perspectiva que a doutrina dos interpretantes aparece ligada também a outras concepções de pragmática, aquela em que, ao invés da estrutura semântica do enunciado, se privilegiam as circunstâncias de enunciação, as relações com o co-texto, as pressuposições postas em ação pelo intérprete, o trabalho inferencial de interpretação do texto.

Antes de mais nada: na questão dos interpretantes, toda a vida cotidiana apresenta-se como um retículo textual em que os motivos e as ações, as expressões emitidas com objetivos claramente comunicativos bem como as ações que provocam, tornam-se elementos de um tecido semiótico em que qualquer coisa interpreta qualquer outra[10]. Em segundo lugar, não há termo que, sendo incoativamente

---

10. Este pansemiotismo — agindo de tal forma que todas as coisas funcionem como interpretação do significado de outra, mediante a sua aparente e antecipada fuga metafísica — na realidade salva de todo platonismo a categoria

PEIRCE: OS FUNDAMENTOS SEMIÓSICOS DA COOPERAÇÃO TEXTUAL 31

uma proposição e um argumento, não signifique os textos possíveis em que poderá ou poderia ser emitido. E no entanto, com respeito a esta riqueza de implicitações, promessas argumentativas, pressuposições remotas, o trabalho de interpretação impõe a escolha de limites, a delimitação de rumos interpretativos e, por conseguinte, a projeção de universos do discurso. E é evidente, neste ponto, que aquilo que Peirce chama de universo do discurso represente o formato *ad hoc* que devemos fazer com que a enciclopédia potencial assuma (sistema semântico global) para poder usá-la. A enciclopédia é continuamente ativada e reduzida, esfatiada, desbastada, a semiose ilimitada refreia-se por si própria para poder sobreviver e tornar-se manejável.

Mas a redução do universo do discurso, enquanto refreia a enciclopédia de fundo, faz levedar o texto a que se aplica. As decisões pragmáticas (em sentido contemporâneo) do intérprete forçam, por assim dizer, o amadurecimento acertado da riqueza das implicações que toda porção textual, dos termos aos argumentos, encerra. Poderíamos interpretar Peirce, dizendo que, em virtude daquele macrossigno que é *O Vermelho e o Negro* de Stendhal (trata-se, porém, de um exemplo escolhido quase ao acaso), o romance inteiro pode ser visto como a interpretação da proposição "Napoleão morreu em 5 de maio de 1821". Entender cabalmente o drama de um jovem francês da época da Restauração, dividido entre os sonhos de uma glória perdida e a banalidade do presente, significa entender que Napoleão faleceu irreversivelmente naquela data — e que |Napoleão| é enciclopedicamente mais do que um designador rígido (como quer Kripke), mas antes um gancho para nele dependurar uma infinidade de descrições definidas (como quer Searle), entre as quais a série das conotações de valor, dos projetos, dos ideais, das proposições ideológicas que concorrem para constituir enciclopedicamente a noção da personagem histórica Napoleão (casualmente: "o autor do Código Napoleônico", "o sistematizador europeu dos ideais da Revolução Francesa", "o portador de um novo conceito de glória", e assim por diante — todas elas descrições com as quais o nostálgico Julien Sorel substancia a sua imagem, não demasiado idioletal, da unidade semântica "Napoleão").

O Vermelho e o Negro é um interpretante da proposição acima mencionada, não só por causa da abundância de referências concretas à França pós-napoleônica, mas também por causa tanto dos juízos ideológicos explícitos e implícitos que constroem as suas macroproposições, como da vicissitude frustrada de Julien, que é parábola de significado. Por intermédio dos interpretantes, as determinações do significado como conteúdo tornam-se de algum modo física, material e socialmente atingíveis e controláveis. Nada exprime melhor a dialética dos interpretantes — e a maneira em que, por meio dela, o conteúdo deixa de ser inatingível evento mental — do que Pedra de Roseta. O conteúdo do texto hieroglífico é interpretado e tornado intersubjetivamente controlável pelo texto demótico e este, pelo texto grego. O texto grego é interpretado por outros textos gregos cujo complexo é fornecido tanto pelo dicionário como pela enciclopédia da língua grega. O significado manifesta-se mediante a realidade intertextual.

32   LECTOR IN FABULA

(e, portanto, definição alegórica) de um sonho bonapartista atrasado. Tanto que, para saber o que significou para toda uma geração o desaparecimento de Napoleão, estamos acostumados a recorrer a livros como *O Vermelho e o Negro* — ou à ode de Manzoni —, talvez mais do que a volumes de correta historiografia. Signo de que estes termos "interpretam" (ou então fornecem todas as conseqüências ilativas de) um fato, expresso por uma proposição, melhor do que outras interpretações que querem também trazer à luz todo o significado daquela proposição.

Ler, porém, desta maneira o romance de Stendhal significa ter escolhido, na vaga de motivações várias, o universo do discurso que o intérprete julgava pertinente. Se este universo fosse mudado, a leitura do romance teria levado a outras interpretações (por exemplo, e o título o permite: ideal religioso *versus* ideal laico — e por que não?). Seja como for, aceito como signo, o livro se torna por sua vez um preceito, pois a ordem de suas interpretações constitui também a ordem das operações que ele sugere para alcançar um qualquer Objeto Dinâmico. Ou então: é verdade que um texto narrativo é uma série de atos lingüísticos que "fingem" ser asserções sem pedir, no entanto, que sejam acreditados, nem pretender que sejam provadas; mas atuam, assim, por aquilo que diz respeito à existência das personagens imaginárias que põem em jogo, ao passo que não exclui que em torno da série de asserções fictícias, que desintrica outras, outras se perfilem, que não são fictícias, mas que encontram, isto sim, suas condições de êxito no empenho com que o autor as sustenta e nas provas que (sob o disfarce da parábola narrativa) pretende apresentar em defesa de quanto afirma sobre a sociedade, a psicologia humana, as leis da história.

Um aspecto da função que tais produtos desenvolvem deriva do fato de que atos lingüísticos sérios (isto é, não-fictícios) podem ser veiculados por textos de imaginação, embora o ato lingüístico veiculado não seja representado no texto. Quase toda obra importante de imaginação veicula uma "mensagem" ou "mensagens" que são veiculadas *pelo* texto e, no entanto, não se acham *no* texto (Searle, 1975: 332).

A esta altura, também o romance stendhaliano se torna um tanto semelhante à definição do lítio e prescreve o que é preciso fazer para adquirir hábitos para a ação e para a modificação do mundo. Ao contrário da definição do lítio, o circunlóquio dos interpretantes torna-se simplesmente mais vasto e labiríntico. E, por outro lado, existe ainda outro objeto a ser interpretado que, da mesma forma como para a ordem |Des-cansar!|, consiste no universo de coisas desejado pelo autor no momento da enunciação.

À guisa de conclusão deste evento interpretativo dos textos peirceanos, diremos que há em Peirce uma explícita semiótica do texto, diretamente traduzível nos termos daquelas que hoje em dia se formulam. Mas repetimos que é na noção de interpretação que encontra fundamento a hipótese de que um semema é um texto virtual e um texto, um semema expandido — e de que Peirce, melhor do que em muitos outros autores que apareceram depois dele, desenha-se a articulação de Cardan que pode unir uma semiótica do código a uma semiótica dos textos e dos discursos. Trabalho a ser desenvolvido, também onde Peirce não pensava: mas, todos sabemos que somos pigmeus nos ombros de gigantes.

3. O Leitor-Modelo

3.1. O PAPEL DO LEITOR

Como aparece na sua superfície (ou manifestação) lingüística, um texto representa uma cadeia de artifícios de expressão que devem ser atualizados pelo destinatário. Visto que neste livro resolvemos ocupar-nos somente de textos escritos (e, à medida que formos avançando, limitaremos as nossas experiências de análise a textos narrativos), falaremos doravante de "leitor", em vez de destinatário — bem como usaremos indiferentemente Emitente e Autor para definir o produtor do texto.

No que concerne à sua atualização, um texto é incompleto, e por duas razões: a primeira não se refere apenas aos objetos lingüísticos que nos propusemos a definir como textos (cf. 1.1.), mas qualquer mensagem, inclusive frases e termos isolados. Uma expressão permanece puro *flatus vocis* enquanto não for correlacionada, com referência a um determinado código, ao seu conteúdo convencional: neste sentido, o destinatário é sempre postulado como o operador (não necessariamente empírico) capaz de abrir, por assim dizer, o dicionário para toda palavra que encontre e de recorrer a uma série de regras sintáticas preexistentes para reconhecer a função recíproca dos termos no contexto da frase. Dizemos então que toda mensagem postula uma competência gramatical da parte do destinatário, mesmo que seja emitida numa língua conhecida somente pelo emitente — exceptuados casos de glossolalia em que o próprio emitente aceita que não existe interpretação lingüística possível, mas no máximo impacto emotivo e sugestão extralingüística.

LECTOR IN FABULA

Abrir o dicionário significa aceitar também uma série de *postulados de significado* [1] : um termo é em si incompleto também quando recebe uma definição em termos de dicionário mínimo. O dicionário nos diz que o bergantim é uma embarcação, mas deixa como algo implícito à |embarcação| outras propriedades semânticas. Este problema depende, de um lado, da infinidade da interpretação (a qual, vimos, se fundamenta na teoria peirceana dos interpretantes) e, por outro, remete à temática da implicitação (*entailment*) e da relação entre propriedades necessárias, essenciais e acidentais (cf. 4.).

Um texto distingue-se, porém, de outros tipos de expressão por sua maior complexidade. E motivo principal da sua complexidade é justamente o fato de ser entremeado do *não-dito* (cf. Ducrot, 1972).

"Não-dito" significa não manifestado em superfície, a nível de expressão: mas é justamente este não-dito que tem de ser atualizado a nível de atualização do conteúdo. E para este propósito um texto, de uma forma ainda mais decisiva do que qualquer outra mensagem, requer movimentos cooperativos, conscientes e ativos da parte do leitor.

Dado o trecho textual:

(*9*)   João entrou no quarto. "Então voltaste!" exclamou Maria, radiante

é evidente que o leitor deve atualizar-lhe o conteúdo através de uma série complexa de movimentos cooperativos. Por ora deixamos de lado a atualização das *co-referências* (isto é, devemos estabelecer que o |tu| implícito no uso da segunda pessoa do singular do verbo |voltar| se refere a João), mas esta co-referência já se tornou possível por uma regra conversacional em cuja base o leitor aceita que, na falta de esclarecimentos alternativos e dada a presença de duas personagens, aquele que fala se dirige necessariamente à outra. Regra conversacional que se articula, porém, em outra decisão interpretativa, ou seja, numa operação *extensional* efetuada pelo leitor: ele decidiu que, baseado no texto que lhe foi subministrado, é desenhada uma porção de mundo habitada por dois indivíduos — João e Maria, dotados da propriedade de estarem no mesmo quarto. Que Maria, afinal, se ache no mesmo quarto de João depende de outra inferência originada pelo uso do artigo definido |o| ou então pela preposição articulada |no|: existe um e somente um quarto de que se fala [2]. E resta perguntar-nos se o leitor julga oportuno identificar João e Maria, por meio de índices referenciais, como entidades do mundo externo, que conhece devido a experiência anterior compartilhada com o autor, se o autor está se referindo a indivíduos que o leitor desconhece ou

---

1. Cf. Carnap, 1952. A questão é abordada neste livro em 8.5.
2. Sobre estes procedimentos de identificação em relação com o uso dos artigos definidos, cf. van Dijk, 1972a, no tocante a uma resenha da questão. Quanto a uma série de exemplos, cf. neste livro 8.11 e 10.

O LEITOR-MODELO 37

se o trecho textual (9) aparece ligado com trechos anteriores ou sucessivos em que João e Maria foram ou serão interpretados por descrições definidas.

Mas deixemos de lado também, como dizíamos, todos estes problemas. Permanece certo que entram em jogo outros movimentos de cooperação. Antes de mais nada, o leitor deve atualizar a própria enciclopédia de modo a compreender que o uso do verbo |voltar| de algum modo deixa implícito que o sujeito teria se afastado anteriormente (uma análise em termos de gramática casual desta ação equivale à atribuição de postulados de significado a substantivos: quem volta é porque se havia afastado, da mesma forma que quem é solteiro é um ente humano do sexo masculino adulto). Em segundo lugar, pede-se ao leitor um trabalho inferencial para, com o uso da adversativa |então|, tirar a conclusão de que Maria não esperava por esse retorno e, com a determinação |radiante|, a persuasão de que ela em qualquer hipótese e ardentemente o desejava.

O texto está, pois, entremeado de espaços brancos, de interstícios a serem preenchidos, e quem o emitiu previa que esses espaços e interstícios seriam preechidos e os deixou brancos por duas razões. Antes de tudo, porque um texto é um mecanismo preguiçoso (ou econômico) que vive da valorização de sentido que o destinatário ali introduziu; e somente em casos de extremo formalismo, de extrema preocupação didática ou de extrema repressividade o texto se complica com redundâncias e especificações ulteriores — até o limite em que se violam as regras normais de conversação[3]. Em segundo lugar, porque, à medida que passa da função didática para a estética, o texto quer deixar ao leitor a iniciativa interpretativa, embora costume ser interpretado com uma margem suficiente de univocidade. Todo texto quer que alguém o ajude a funcionar.

Naturalmente, não estamos aqui tentando uma tipologia dos textos em função da sua "preguiça" ou da sua oferta de liberdade, alhures definida como "abertura". Mais adiante tornaremos a falar do caso. Mas o que devemos dizer já é que um texto postula o próprio destinatário como condição indispensável não só da própria capacidade concreta de comunicação, mas também da própria potencialidade significativa. Em outros termos, um texto é emitido por alguém que o atualize — embora não se espere (ou não se queira) que esse alguém exista concreta e empiricamente.

---

3. Para as regras conversacionais, veja-se naturalmente Grice, 1967. Em todos os casos, lembramos as máximas de conversação de Grice. *Máxima da quantidade*: faça que a tua contribuição seja tanto informativa quanto exigida pela situação de intercâmbio; *máximas da qualidade*: não direi o que acho que seja falso e não direi aquilo de que não há provas adequadas; *máxima da exposição (relação)*: sê relevante; *máximas da maneira*: evita obscuridade de expressão, evita a ambigüidade, sê breve (evita prolixidades inúteis), sê organizado.

3.2. COMO O TEXTO PREVÊ O LEITOR

Esta condição óbvia de existência dos textos parece, no entanto, chocar-se com uma igualmente óbvia lei pragmática que, se pôde manter-se oculta durante tanto tempo na história da teoria das comunicações, não o é mais hoje em dia. A lei pode ser facilmente formulada num *slogan*: *A competência do destinatário não é necessariamente a do emitente*.

Já se criticou amplamente (e de maneira definitiva no *Tratado*, 2.15) o modelo de comunicação divulgado pelos primeiros teóricos da informação: um Emitente, uma Mensagem e um Destinatário, onde a Mensagem é tanto gerada quanto interpretada na base de um Código. E já sabemos que os códigos do destinatário podem diferenciar-se, totalmente ou em parte, dos códigos do emitente; que o código não é uma entidade simples, porém na maioria das vezes um complexo sistema de sistemas de regras; que o código lingüístico não é suficiente para compreender uma mensagem lingüística: |Fuma?| |Não| é lingüisticamente decodificável como pergunta e resposta sobre os hábitos do destinatário da pergunta, mas, em determinadas circunstâncias de emissão, a resposta conota-se como "mal-educada" com base num código que não é lingüístico, porém etiquetal – era preciso dizer |não, muito obrigado|. Por conseguinte, para "decodificar" uma mensagem verbal é preciso ter, além da competência lingüística, uma competência variadamente circunstancial, uma capacidade passível de desencadear pressuposições, de reprimir idiossincrasias etc. etc. Tanto é que no *Tratado* sempre sugeríamos uma série de coerções pragmáticas exemplificadas na Figura 1.

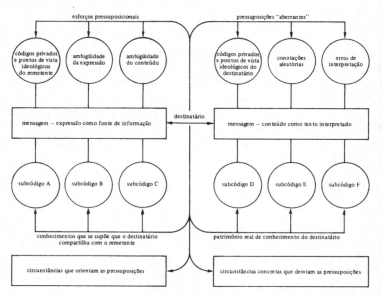

Figura 1

O LEITOR-MODELO

O que garante a cooperação textual diante destas possibilidades de interpretação mais ou menos "aberrantes"? Na comunicação face a face intervêm infinitas formas de reforço extralingüístico (gestual, ostensivo e assim por diante) e infinitos procedimentos de redundância e *feedback*, um em apoio do outro. Sinal de que nunca existe mera comunicação lingüística, mas atividade semiótica em sentido lato, onde mais sistemas de signos se completam reciprocamente. O que acontece, porém, com um texto escrito que o autor gera e confia a múltiplos atos de interpretação, como uma mensagem numa garrafa?

A esta altura a conclusão parece simples. Para organizar a própria estratégia textual, o autor deve referir-se a uma série de competências (expressão mais vasta do que "conhecimento de códigos") que confiram conteúdo às expressões que usa. Ele deve aceitar que o conjunto de competências a que se refere é o mesmo a que se refere o próprio leitor. Por conseguinte, preverá um Leitor-Modelo capaz de cooperar para a atualização textual como ele, o autor, pensava, e de movimentar-se interpretativamente conforme ele se movimentou gerativamente.

Dissemos que o texto postula a cooperação do leitor como condição própria de atualização. Podemos dizer melhor que *o texto é um produto cujo destino interpretativo deve fazer parte do próprio mecanismo gerativo*. Gerar um texto significa executar uma estratégia de que fazem parte as previsões dos movimentos de outros — como, aliás, em qualquer estratégia. Na estratégia militar (ou xadrezística — digamos em toda estratégia de jogo), o estrategista projeta um modelo de adversário. Se efetuo este movimento — aventurava Napoleão —, Wellington deveria reagir assim. Se executo este movimento — argumentava Wellington —, Napoleão deveria reagir assim. No caso em foco, Wellington gerou melhor a própria estratégia de Napoleão, pois Wellington construiu um Napoleão-Modelo que se parecia ao Napoleão concreto mais do que o Wellington-Modelo, imaginado por Napoleão, se parecia ao Wellington concreto. A analogia só pode ser invalidada pelo fato de que, num texto, o autor costumeiramente quer levar o adversário a vencer, ao invés de perder. Mas isto não é dito. A narração de Alphonse Allais, que analisaremos no último capítulo, assemelha-se mais à batalha de Waterloo do que à *Divina Comédia*.

Mas na estratégia militar (ao contrário da xadrezística) podem intervir acidentes casuais (por exemplo, a inépcia de Grouchy). Ocorre também nos textos, pois às vezes Grouchy volta (como *não* fez em Waterloo), às vezes chega Massena (como aconteceu na batalha de Marengo). O bravo estrategista deve levar em consideração também estes eventos casuais, com um cálculo probabilístico próprio. É como deve agir o autor de um texto. "Aquele braço do lago de Como": e se me aparece um leitor que nunca ouviu falar de Como? Devo agir de modo a recuperá-lo mais adiante; por enquanto, jogamos como se o lago Como fosse *flatus vocis*, tal qual Xanadu. Mais adiante se farão alusões ao céu da Lombardia, à relação entre Como, Milão, Bérgamo, à situação da península itálica. Mais cedo ou mais tarde, o leitor enciclopedicamente carente será pego de surpresa.

40 LECTOR IN FABULA

Os meios são muitos: a escolha de uma língua (que exclui obviamente quem não a fala), a escolha de um tipo de enciclopédia (se começo um texto com |como está claramente explicado na primeira *Crítica*...|, já reduzi, e bastante corporativamente, a imagem do meu Leitor-Modelo), a escolha de um dado patrimônio lexical e estilístico... Posso fornecer sinais de gênero que selecionam a audiência: |Queridas crianças, era uma vez um país distante...|; posso restringir o campo geográfico: |Amigos, romanos, concidadãos!|. Muitos textos tornam evidente o seu Leitor-Modelo, pressupondo *apertis verbis* (perdoem-me o oximoro) uma específica competência enciclopédica. Para prestar homenagem a tantas ilustres discussões de filosofia da linguagem, veja-se o início daquele *Waverley* de que o autor é notoriamente o autor:

(*10*)   ... o que poderiam ter esperado os meus leitores de epítetos cavalheirescos como Howard, Mordaunt, Mortimer ou Stanley, ou dos sons pouco suaves e sentimentais de Belmore, Belville, Belfied e Belgrave, senão páginas de banalidades, semelhantes às que assim foram batizadas há já meio século?

No entanto, neste último exemplo há mais coisa. Por um lado, o autor pressupõe, mas, por outro, *institui* a competência do próprio Leitor-Modelo. Pois bem, também nós, que sequer tínhamos experiência dos romances góticos conhecidos dos leitores de Walter Scott, somos convidados a ficar sabendo que certos nomes conotam "heróis cavalheirescos" e que existem romances cavalheirescos habitados pelas supramencionadas personagens que ostentam características de estilo de algum modo censuráveis.

Portanto, prever o próprio Leitor-Modelo não significa somente "esperar" que exista, mas significa também mover o texto de modo a construí-lo. O texto não apenas repousa numa competência, mas contribui para produzi-la. Portanto, um texto é menos preguiçoso e a sua solicitação cooperativa é menos liberal do que quer fazer crer? Porventura, assemelha-se mais a uma caixa com elementos prefabricados, chamada *kit*, que obriga o usuário a trabalhar somente para produzir um só e único tipo de produto final, sem perdoar os erros possíveis, ou se parece mais com um jogo de peças com o qual pode construir muitas formas, à escolha? É somente caixa muito cara que contém as peças de um quebra-cabeça que, uma vez resolvido, sempre deixará sair a Gioconda, ou é definitivamente e nada mais do que uma caixa de lápis de cor?

Há textos prontos para encarregar-se dos possíveis eventos previstos na Figura 1? E porventura existem textos que agem sobre esses desvios, que os sugerem, que contam com eles — e são os textos "abertos" que podem ser lidos de mil maneiras, todas de usufruto infinito? E será que esses textos de usufruto desistem de postular um Leitor-Modelo ou postulam um de natureza diferente?[4]

4. Sobre a obra aberta, remetemos naturalmente a *Obra Aberta* (Eco, 1962). Aconselha-se, porém, a edição de Tascabili Bompiani que se concentra

O LEITOR-MODELO

Poderíamos tentar estabelecer espécies de tipologias, só que a lista se apresentaria em forma de *continuum* graduado pelas infinitas esfumaturas. A nível intuitivo, sugerimos somente dois extremos (depois voltaremos a procurar uma regra unificada e unificadora, uma matriz gerativa muito transcendental).

3.3. TEXTOS "FECHADOS" E TEXTOS "ABERTOS"

Existem certos autores que conhecem a situação pragmática exemplificada na Figura 1. Só que acreditam que seja a descrição de uma série de acidentes possíveis mas evitáveis. Por isso, fixam com perspicácia sociológica e com brilhante mediedade estatística o seu Leitor-Modelo: dirigir-se-ão, sucessivamente, a crianças, a melomaníacos, a médicos, a homossexuais, a surfistas, a empregadas domésticas da pequena burguesia, a aficcionados de roupas inglesas, a pescadores submarinos. Conforme dizem os publicitários, escolherão para si um *target* (e um "alvo" pouco ajuda, pois espera ser atingido). Farão com que todo termo, que toda maneira de dizer, que toda referência enciclopédica, seja aquilo que previsivelmente o seu leitor pode entender. Empenhar-se-ão no sentido de estimular um efeito preciso; para estar seguros de que se desencadeará uma reação de horror, dirão antecipadamente que "a esta altura aconteceu algo de horrível". Em certos níveis, o expediente terá êxito.

Bastará, porém, que o livro de Carolina Invernizio, escrito para aprendizes de costureira de Turim, no final do século, caia nas mãos do mais desatinado degustador de *kitsch* literário, para que se transforme na quermesse da leitura transversal, das interpretações nas entrelinhas, do saboreamento do *poncif*, do gosto huysmaniano pelos textos que balbuciam. De "fechado" e repressivo que era, o texto se tornará muito aberto, qual máquina para criar aventuras perversas.

Mas poderá acontecer coisa pior (ou melhor, segundo os casos). Ou seja, que também a competência do Leitor-Modelo não tenha sido prevista com suficiência — por carência de análise histórica, erro de avaliação semiótica, preconceito cultural, subavaliação das circunstâncias de destinação. Esplêndido exemplo de tais aventuras da interpretação são *Os Mistérios de Paris*, de autoria de Sue. Escrito com propósitos dandísticos para narrar ao público culto os eventos mordazes de uma miséria pitoresca, é lido pelo proletariado como descrição clara e honesta da própria sujeição. Como o autor percebe isso, continua a escrevê-lo para o proletariado e o recheia de moralidades social-democráticas para convencer estas classes "perigosas", que ele compreende mas teme, a tratar o próprio desespero, confiando na justiça e na boa vontade das classes abastadas. Açambarcado por Marx e Engels como modelo de peroração reformista, o livro realiza uma viagem misteriosa no espírito dos próprios leitores, leitores estes

---

nas várias redações da obra e acrescenta o ensaio "Sobre a Possibilidade de Gerar Mensagens Estéticas numa Linguagem Edênica".

42 LECTOR IN FABULA

que vamos encontrar de novo sobre as barricadas de 1848, tentando a revolução, também porque tinham lido *Os Mistérios de Paris*[5]. Será que o livro encerrava também aquela possível atualização, desenhava em filigrana também aquele Leitor-Modelo? Certamente, com a condição de que o leia, porém pulando as partes moralizadoras — *ou de não querer entendê-las.*

Não há nada mais aberto que um texto fechado. Só que a sua abertura é efeito de iniciativa externa, de um modo de usar o texto, e não de ser suavemente usados por ele. Mais do que de cooperação, trata-se de violência. Pode-se também cometer violência contra um texto (pode-se também comer um livro, como faz o apóstolo em Patmos) e com isso tirar sutis desfrutes. Mas aqui estamos falando de cooperação textual qual atividade promovida pelo texto e, por conseguinte, estas modalidades não interessam. Não interessam, note-se, nesta circunstância: o moto de Valéry — *il n'y a pas de vrai sens d'un texte* — permite duas leituras: que de um texto se pode fazer o uso que se queira — e é a leitura que aqui não interessa; e que de um texto são dadas infinitas interpretações — e é a leitura que agora tomaremos em consideração.

Temos um texto "aberto" quando o autor conhece toda a vantagem a tirar da Figura 1. A lei como modelo de uma situação pragmática que não pode ser eliminada. Assume-a como hipótese reguladora da própria estratégia. Decide (eis onde a tipologia dos textos corre o risco de converter-se num *continuum* de esfumaturas) até que ponto deve controlar a cooperação do leitor e onde esta é provocada, para onde é dirigida, onde deve transformar-se em livre aventura interpretativa. Dirá |uma flor| e, embora saiba (e queira) que da palavra se extraia o perfume de todas as flores ausentes, saberá certamente que não se extrairá o *bouquet* de um licor bem envelhecido, ampliará e contrairá o jogo da semiose ilimitada como queira.

Só uma coisa ele tentará com sagaz estratégia: que, por maior que seja o número de interpretações possíveis, uma ecoe a outra, de modo que não se excluam, mas antes, se reforcem mutuamente.

Como acontece com o *Finnegans Wake*, poderá postular um autor ideal acometido de uma insônia ideal, pela competência variável: mas este autor ideal deverá ter como competência fundamental o domínio do inglês (embora o livro não seja escrito em "verdadeiro" inglês); e não poderá ser um leitor helenístico do segundo século depois de Cristo que ignore a existência de Dublin, como não poderá ser um iletrado que não conheça duas mil palavras do dicionário (ou poderá, mas então será de novo um caso de uso livre, decidido de fora, ou de leitura extremamente reduzida, limitada às mais evidentes estruturas discursivas, cf. 4).

5. Cf. Eco, 1976, em particular "Sue: o Socialismo e o Consolo". Sobre os problemas da interpretação "aberrante", veja-se, ademais, "Della difficultà di essere Marco Polo" ("Da dificuldade de ser Marco Pólo") *in Dalla periferia dell'impero* ("A periferia do Império"), Milão, Bompiani, 1977. Cf. também Paulo Fabbri, 1973, bem como Eco e Fabbri, 1978.

O LEITOR-MODELO

Por conseguinte, o *Finnegans Wake* espera contar com um leitor ideal, que disponha de muito tempo, tenha muita perspicácia associativa, com uma enciclopédia com limites indefinidos, mas não *qualquer* tipo de leitor. Constrói o próprio Leitor-Modelo, escolhendo os graus de dificuldade lingüística, a riqueza das referências e inserindo no texto chaves, alusões, possibilidades mesmo que variáveis de leituras cruzadas. O Leitor-Modelo de *Finnegans Wake* é aquele operador capaz de efetuar, no tempo, o maior número possível dessas leituras cruzadas[6].

Em outras palavras, também o último Joyce, autor do texto mais aberto de que se possa falar, constrói o próprio leitor mediante uma estratégia textual. Referido a leitores que o texto não postula e não contribui para produzir, o texto faz-se ilegível (mais do que o é) ou torna-se outro livro.

3.4. USO E INTERPRETAÇÃO

Devemos, assim, distinguir entre o *uso* livre de um texto aceito como estímulo imaginativo e a *interpretação* de um texto aberto. É nesta fronteira que se baseia sem ambigüidade teórica a possibilidade daquilo que Barthes chama de texto de fruição ou gozo: a pessoa tem que decidir se usa um texto como texto de fruição ou se um determinado texto considera como constitutiva da própria estratégia (e, portanto, da própria interpretação) a estimulação ao uso mais livre possível. Acreditamos, porém, que alguns limites são estabelecidos e que a noção de interpretação sempre envolve uma dialética entre estratégia do autor e resposta do Leitor-Modelo.

Naturalmente, além de uma prática, pode ocorrer uma estética do uso livre, aberrante, desiderativo e malicioso dos textos. Borges sugeria que se lesse a *Odisséia* como se fosse posterior à *Eneida* ou a *Imitação de Cristo* como se tivesse sido escrita por Céline. Propostas esplêndidas, excitantes e facilmente realizáveis. Mas do que outras, criativa, porque de fato é produzido um novo texto (da mesma forma que o *Quixote* de Pierre Menard é bem diferente daquele de Cervantes, ao qual casualmente corresponde palavra por palavra). E que depois, ao escrever esse outro texto (ou texto Outro), se chegue a criticar o texto original ou a descobrir-lhe possibilidades e valências ocultas — isto é óbvio, nada é mais revelador de uma caricatura justamente porque parece, mas não o é, o objeto caricaturado, e, por outro lado, sem dúvida certos romances que foram renarrados se tornam mais bonitos porque se convertem em "outros" romances.

Do ponto de vista de uma semiótica geral e justo à luz da complexidade dos processos pragmáticos (Figura 1) e da contraditoriedade do Campo Semântico Global, todas estas operações são teori-

---

6. Cf. Umberto Eco, *Le poetiche di Joyce*, Milão, Bompiani, 1966 (1. ed., 1962, *in Obra Aberta*, cit.). Cf. também "Semantica della metafora" ("Semântica da metáfora") in Eco, 1971.

44 LECTOR IN FABULA

camente explicáveis. Mas, se a corrente das interpretações pode ser infinita, conforme Peirce nos mostrou, o universo do discurso intervém então para limitar o formato da enciclopédia. E um texto outra coisa não é senão a estratégia que constitui o universo das suas interpretações legitimáveis — se não "legítimas". Qualquer outra decisão de usar livremente um texto corresponde à decisão de ampliar o universo do discurso. A dinâmica da semiose ilimitada não o veda, e até chega a encorajá-lo. Mas cumpre saber se queremos exercitar a semiose ou interpretar um texto.

Para concluir, acrescentamos que os textos fechados resistem mais ao uso do que os textos abertos. Concebidos para um Leitor--Modelo muito definido, com o intuito de dirigir repressivamente a sua cooperação, deixam espaços de uso bastante elásticos. Tomemos as histórias policiais de Rex Stout e interpretemos a relação entre Nero Wolfe e Archie Goodwin como uma relação "kafkiana": por que não? O texto suporta muito bem este uso, nem se perde o entretenimento da *fábula* e o gosto final da descoberta do assassino. Mas tomemos agora *O Processo* de Kafka e leiamo-lo como se fosse uma história policial. Legalmente é permitido, mas textualmente produz um resultado infelicíssimo.

Proust podia ler o horário dos trens, reencontrando nos nomes dos lugarejos do Valois doces e labirínticos ecos da viagem nervaliana em busca de Sílvia. Mas não se tratava de interpretação do horário, porém de um uso legítimo deste quase psicodélico. Por sua vez, o horário prevê um único tipo de Leitor-Modelo, um operador cartesiano ortogonal com um senso vígil da irreversibilidade das sucessões temporais.

3.5. AUTOR E LEITOR COMO ESTRATÉGIAS TEXTUAIS

Num processo de comunicação, temos um Emitente, uma Mensagem e um Destinatário. Com freqüência, tanto o Emitente quanto o Destinatário são gramaticalmente manifestados pela mensagem: |*Eu te* digo que...|

Quando está às voltas com mensagens de função referencial, o destinatário utiliza estes traços gramaticais como índices referenciais (|eu| designará o sujeito empírico do ato de enunciação do enunciado em questão, e assim por diante). O mesmo pode acontecer também com textos bastante compridos como cartas, páginas de diário e, enfim, tudo o que é lido para adquirir informações a cerca do autor e das circunstâncias da enunciação.

Mas, quando um texto é considerado enquanto texto e especialmente nos casos de textos concebidos para uma audiência bastante vasta (como romances, discursos políticos, instruções científicas e assim por diante), o Emitente e o Destinatário acham-se presentes no texto não tanto como pólos do ato de enunciação, mas como *papéis actanciais* do enunciado (cf. Jakobson, 1957). Nestes casos

O LEITOR-MODELO

o autor é textualmente manifestado apenas como (i) um estilo reconhecível — que pode ser também um idioleto textual, ou de *corpus*, ou de época histórica (cf. *Tratado*, 3.7.6); (ii) um puro papel actancial (|eu| = "o sujeito deste enunciado"); (iii) como ocorrência ilocutiva (|eu juro que| = "há um sujeito que realiza a ação de jurar") ou como operador de força perlocutiva que denuncia uma "instância da enunciação" ou então uma intervenção de um sujeito estranho ao enunciado, mas de qualquer maneira presente no tecido textual mais amplo (|imprevistamente acontece alguma coisa de *horrível*...|; |...disse a duquesa *com voz de fazer tremer os mortos*...|). Esta evocação do fantasma do Emitente costuma ser correlativa a uma evocação do fantasma do Destinatário (Kristeva, 1970). Vejamos este trecho extraído das *Investigações Filosóficas*, de Wittgenstein, § 66:

(*11*) Considere, por exemplo, os processos que chamamos de "jogos". Entendo com isto jogos de xadrez, jogos de baralho, jogos de bola, competições esportivas, e assim por diante. O que é comum a todos estes jogos? — Não diga: "*deve* haver alguma coisa comum a todos, porque, se assim não fosse, não se chamariam 'jogos' " — mas *olhe* se existe alguma coisa comum a todos. — De fato, se os observar, decerto não verá algo que seja comum a *todos*, mas verá semelhanças, parentescos, e, até, verá toda uma série delas...

Todos os pronomes pessoais (implícitos ou explícitos) não indicam absolutamente uma pessoa chamada Ludwig Wittgenstein ou um leitor empírico qualquer: representam também estratégias textuais. A interferência de um sujeito falante é complementar à ativação de um Leitor-Modelo cujo perfil intelectual só é determinado pelo tipo de operações interpretativas que se supõe (e se exige) que ele saiba executar: reconhecer similiridades, tomar em consideração certos jogos... Do mesmo modo, o autor não é senão uma estratégia textual capaz de estabelecer correlações semânticas: |entendo...| (*Ich meine...*) significa que no âmbito deste texto o termo |jogo| deverá assumir certa extensão (abrangendo jogos de xadrez, jogos de baralho e assim por diante), enquanto que se abstém propositalmente de fazer deles uma descrição intencional. Neste texto, Wittgenstein não é outra coisa senão um *estilo filosófico* e o Leitor-Modelo não é senão a capacidade intelectual de compartilhar este estilo, cooperando para atualizá-lo.

Fica claro, portanto, que, doravante, toda vez que usarmos termos como Autor e Leitor-Modelo, sempre entenderemos, em ambos os casos, tipos de estratégia textual. O Leitor-Modelo constitui um conjunto de *condições de êxito*, textualmente estabelecidas, que devem ser satisfeitas para que um texto seja plenamente atualizado no seu conteúdo potencial[7].

---

7. Para as condições de êxito, veja-se obviamente Austin, 1962; Searle, 1969.

3.6. O AUTOR COMO HIPÓTESE INTERPRETATIVA

Se o Autor e o Leitor-Modelo constituem duas estratégias textuais, então nos encontramos diante de uma dupla situação. De um lado, conforme dissemos até aqui, o autor empírico, enquanto sujeito da enunciação textual, formula uma hipótese de Leitor-Modelo e, ao traduzi-la em termos da própria estratégia, configura a si mesmo autor na qualidade de sujeito do enunciado, em termos igualmente "estratégicos", como modo de operação textual. Mas, de outro lado, também o leitor empírico, como sujeito concreto dos atos de cooperação, deve configurar para si uma hipótese de Autor, deduzindo-a justamente dos dados de estratégia textual. A hipótese formulada pelo leitor empírico acerca do próprio Autor-Modelo parece mais garantida do que aquela que o autor empírico formula acerca do próprio Leitor-Modelo. Com efeito, o segundo deve postular algo que atualmente ainda não existe e realizá-lo como série de operações textuais; o primeiro, ao invés, deduz uma imagem-tipo de algo que se verificou anteriormente como ato de enunciação e está textualmente presente como enunciado. Vejamos o exemplo (*11*): Wittgenstein postula apenas que exista um Leitor-Modelo capaz de executar as operações cooperativas que ele propõe, enquanto nós leitores reconhecemos a imagem do Wittgenstein textual como série de operações e propostas cooperativas manifestas. Mas nem sempre se pode distinguir tão claramente o Autor-Modelo e com freqüência o leitor empírico tende a ofuscá-lo com notícias que já possui a respeito do autor empírico enquanto sujeito da enunciação. Estes riscos, estas exclusões, tornam às vezes perigosa a cooperação textual.

Antes de mais nada, como cooperação textual não se deve entender a atualização das intenções do sujeito empírico da enunciação, mas as intenções virtualmente contidas no enunciado. Exemplifiquemos.

Num debate político ou num artigo, julga-se que quem designa as autoridades ou os cidadãos da URSS como |russos|, ao invés de como |soviéticos|, esteja pretendendo ativar uma explícita conotação ideológica, como se recusasse reconhecer a existência política do Estado soviético que surgiu da Revolução de Outubro e ainda pensasse na Rússia czarista. Em certas situações, torna-se muito discriminatório o uso de um ou de outro termo. Pois bem, pode acontecer que um autor isento de preconceitos anti-soviéticos use, contudo, o termo |russo| por distração, hábito, comodidade, leviandade, aderindo a um uso muito difundido. Todavia, comparando a manifestação linear (o uso do lexema em questão) com os subcódigos de que tem competência (veja as operações cooperativas delineadas em 4.6.), o leitor tem o direito de atribuir ao termo |russo| uma conotação ideológica. Tem direito a isto porque *textualmente* a conotação está ativada: e esta é a intenção que ele deve atribuir ao próprio Autor-Modelo, independentemente das intenções do autor empírico. A cooperação textual é fenômeno que se realiza, repetimo-lo, entre duas estratégias discursivas e não entre dois sujeitos individuais.

O LEITOR-MODELO

Para realizar-se como Leitor-Modelo, o leitor empírico tem naturalmente deveres "filológicos", ou seja, tem o dever de recuperar, com a máxima aproximação possível, os códigos do emitente. Suponhamos que o emitente seja um falante com um código bastante restrito, de escassa cultura política, que não pode ter presente (devido ao tamanho de sua enciclopédia) esta diferença — isto é, suponhamos que a frase seja proferida por um iletrado que possui imprecisos conhecimentos político-lingüísticos, o qual diga, por exemplo, que Kruschev era um político russo (quando na realidade era um ucraniano). É claro que interpretar o texto neste sentido significa reconhecer uma enciclopédia de emissão mais restrita e genérica do que a de destinação. Mas isto significa ver o texto nas suas circunstâncias de enunciação. Se aquele texto executa um trajeto comunicativo mais amplo e circula como texto "público" não mais atribuível ao seu sujeito enunciativo original, então será preciso vê-lo na sua nova situação comunicativa, como texto que, por intermédio do fantasma de um Autor-Modelo muito genérico, se reporta ao sistema de códigos e subcódigos aceito pelos seus possíveis destinatários e que, por conseguinte, quer ser atualizado segundo a competência de destinação. O texto conotará então discriminação ideológica. Trata-se naturalmente de decisões cooperativas que exigem avaliações a propósito da circulação social dos textos, de modo que se devem prever casos em que se delineia conscientemente um Autor-Modelo que chegou a tal situação em virtude de eventos sociológicos, embora sabendo que este não coincide com o autor empírico[8].

Naturalmente, subsiste o caso em que o leitor levanta a hipótese de que a expressão |russo| tenha sido usada não-intencionalmente (intenção psicológica atribuída ao autor empírico) e, não obstante, arrisca uma caracterização sócio-ideológica ou psicanalítica do emitente empírico: aquele não sabia estar ativando certas conotações, mas *sem saber* queria fazê-lo. Em tal caso, podemos falar de correta cooperação textual ou então de interpretação semântica do texto?

Não é difícil perceber que aqui está se delineando o estatuto das "interpretações" sociológicas ou psicanalíticas dos textos, em que se procura descobrir o que o texto, independentemente da intenção do autor, de fato diz, seja acerca da personalidade ou das origens sociais do autor, seja acerca do próprio mundo do leitor.

---

8. Estamos certos de que com |dai a César o que é de César| Jesus pretendia estabelecer uma equivalência de César = Poder Estatal em Geral, e que não pretendia indicar somente o imperador romano com relação ao poder daquele momento, sem contudo pronunciar-se sobre os deveres dos próprios seguidores em circunstâncias temporais e espaciais diferentes? Haja vista a polêmica sobre a posse dos bens e a pobreza dos apóstolos, conforme se desenrola no século XIV entre franciscanos "espirituais" e pontífice, bem como aquela, ainda mais ampla e antiga, entre o papado e o império, onde se vê como esta decisão interpretativa era difícil. Hoje em dia, porém, temos aceitado como dado enciclopédico a equação hipercodificada (por sinédoque) entre César e Poder Estatal e nestas bases agimos a fim de atualizar as intenções do Autor-Modelo dito o Jesus dos evangelhos canônicos.

Mas é igualmente claro que aqui estamos nos aproximando daquelas estruturas semânticas profundas que um texto não exibe à superfície, mas que são "hipotizadas" pelo leitor como chave para a atualização completa do texto: *estruturas actanciais* (perguntas acerca do "sujeito" efetivo do texto, além da história individual da personagem fulano ou sicrano que ali é aparentemente narrada) e *estruturas ideológicas.* Estas estruturas serão delineadas em primeira instância no capítulo seguinte e discutidas mais pormenorizadamente no Cap. 9, no qual retomaremos este problema.

Por enquanto poderíamos limitar-nos a concluir que há Autor--Modelo como hipótese interpretativa quando se nos configura o sujeito de uma estratégia textual, conforme aparece no texto em exame e não quando se "hipotiza", em função da estratégia textual, um sujeito empírico que talvez quisesse ou pensasse ou quisesse pensar coisas diferentes daquilo que o texto, adequado proporcionalmente aos códigos a que se refere, diz ao próprio Leitor-Modelo.

Não obstante, não podemos esconder o peso que adquirem as *circunstâncias de enunciação*, levando a formular uma hipótese sobre as intenções do sujeito empírico da enunciação, ao determinar a escolha de um Autor-Modelo. Um caso típico é o da interpretação dada pela imprensa e pelos partidos às cartas de Aldo Moro durante a prisão que antecedeu seu assassinato, sobre as quais Lucrecia Escudero escreveu observações muito perspicazes[9].

Não há dúvida de que se deve dar às cartas de Moro uma interpretação que leve em conta os códigos correntes, evitando-se frisar as circunstâncias de enunciação: trata-se de cartas (e é de se presumir que justamente a carta *privada* queria exprimir com sinceridade o pensamento do escrevente), cujo sujeito da enunciação manifesta-se como sujeito do enunciado e exprime pedidos, conselhos, afirmações. Se nos referimos tanto às regras conversacionais comuns quanto ao significado das expressões empregadas, Moro está pedindo uma troca de prisioneiros. Contudo, grande parte da imprensa adotou aquilo que chamaremos de *estratégia cooperativa de rejeição*: de um lado, questiona as condições de produção dos enunciados (Moro escreveu sob coação e, por conseguinte, não disse o que queria dizer) e, de outro, a identidade entre sujeito do enunciado e sujeito da enunciação (os enunciados dizem |eu, Moro|, mas o sujeito da enunciação é outro, os raptores que, ao falar, assumem a máscara de Moro). Em ambos os casos, muda a configuração do Autor-Modelo e a sua estratégia não é mais identificada com a estratégia que, de outro modo, seria atribuída à personagem empírica Aldo Moro (ou então o Autor-Modelo destas cartas não é o Autor-Modelo dos outros textos verbais ou escritos de Aldo Moro em condições normais).

---

9. "O Caso Moro; Manipulação e Reconhecimento", comunicação apresentada no Colóquio sobre o discurso político, Centro Internacional de Semiótica Lingüística, Urbino, julho de 1978. Veja-se também o que diz Baktin sobre a natureza "dialógica" dos textos, abordado também por Kristeva, 1967.

O LEITOR-MODELO

Donde as várias hipóteses: (i) Moro escreve o que escreve, mas implicitamente sugere que quer dizer o contrário e, por conseguinte, seus convites não são tomados ao pé da letra; (ii) Moro emprega um estilo diferente do costumeiro para veicular uma única mensagem, isto é, "não acreditem no que escrevo"; (iii) Moro não é Moro, porque diz coisas que são diferentes daquelas que normalmente *dizia*, que normalmente *diria*, que razoavelmente *deveria dizer*. E por esta última hipótese logo se vê quanto as expectativas ideológicas dos destinatários jogaram com seus processos de "veridição" e com a definição tanto do autor empírico como do Autor-Modelo.

Por outro lado, partidos e grupos favoráveis às negociações jogaram com a parte cooperativa oposta, elaborando uma *estratégia de aceitação*: as cartas dizem *p* e são assinadas Moro; portanto, Moro diz *p*. O sujeito da enunciação não foi posto em discussão e, conseqüentemente, o Autor-Modelo dos textos mudava de fisionomia (e estratégia).

Naturalmente, aqui não se trata de dizer qual das duas estratégias era a "justa". Se o problema era "quem escreveu aquelas cartas?", a resposta fica por conta de protocolos um tanto improváveis. Se o problema era "qual é o Autor-Modelo destas cartas?", é claro que a decisão era influenciada tanto por avaliações sobre a circunstância de enunciação quanto por pressuposições enciclopédicas sobre o "pensamento habitual" de Moro, bem como (mas este último fato determinava sobejamente e com evidência os outros dois) por pontos de vista ideológicos preliminares (do que falaremos em 4.6.7). Segundo o Autor-Modelo que se escolhia, mudava o tipo de ato lingüístico presumido e o texto assumia significados diversos, impondo diversas formas de cooperação. Coisa que acontece, afinal, se se decide ler um enunciado absolutamente sério como enunciado irônico, ou vice-versa.

A configuração do Autor-Modelo depende de traços textuais, mas põe em jogo o universo do que está atrás do texto, atrás do destinatário e provavelmente diante do texto e do processo de cooperação (no sentido de que depende da pergunta: "Que quero fazer com este texto?")[10].

---

10. A noção de Leitor-Modelo circula sob outras denominações e com várias diferenças em muitas teorias textuais. Veja-se, por exemplo, Barthes, 1966; Lotman, 1970; Riffaterre, 1971, 1976; van Dijk, 1976c; Schmidt, 1976; Hirsch, 1967; Corti, 1976 (cf. neste último livro todo o segundo capítulo. "Emitente e Destinatário", com as noções de "autor implícito" e "leitor 'hipotizado' como virtual ou ideal"). Em Weinrich, 1976 – 7, 8 e 9 – encontramos indicações indiretas, porém preciosas.

4. Níveis de Cooperação Textual

4.1. LIMITES DO MODELO

O texto é um artifício sintático-semântico-pragmático cuja interpretação prevista faz parte do próprio projeto gerativo. Foi inserido nos capítulos anteriores. Para esclarecer esta definição é preciso, todavia, representar um texto como um sistema de nós ou de "juntas" e indicar a quais desses nós é aplicada e estimulada a cooperação do Leitor-Modelo.

É provável que uma representação tão analítica ultrapasse as atuais possibilidades de uma semiótica textual. Algo semelhante foi proposto para textos concretos — e, embora a análise fosse enfrentada com categorias muitas vezes *ad hoc*, estas aspiravam a uma aplicabilidade mais geral. Os exemplos mais fecundos são a análise de *Sarrazine*, feita por Barthes (1970), e a de *Deux amis*, de Maupassant, feita por Greimas (1976). Análises mais formalizadas de fragmentos textuais mais reduzidos (como a desenvolvida por Petoefi, 1975, sobre *Le petit prince*, de Saint-Exupéry) são claramente concebidas mais como experiências sobre a aplicabilidade de uma teoria do que como tentativas de interpretação exaustiva de um texto.

Quando propõem um modelo de texto ideal ou "tipo", as teorias correntes costumam representá-lo em termos de níveis estruturais — variadamente concebidos como estádios ideais de um processo de geração e/ou de interpretação.

A noção de nível textual é, contudo, bastante embaraçosa e suscitou uma pletora de discussões e propostas. Da maneira como nos parece, sob forma de manifestação linear, um texto não tem níveis: aquilo que ele é, já foi gerado. Segre (1974:5) sugere que "nível" e

52 LECTOR IN FABULA

"geração" são duas metáforas: o autor não está falando, já falou. Não precisamos nos preocupar com o plano da expressão textual e não está dito que as fases interpretativas que atuamos para atualizar a expressão em conteúdo refletem, ao contrário, as fases gerativas mediante as quais um projeto de conteúdo se tornou expressão. Por outro lado, em muitas teorias não está em jogo a dinâmica da interpretação, mas a dinâmica da produção e temos que nos ocupar, preferentemente, com um projeto de processo gerativo, que pode ser aplicado também a um computador.

Na realidade, a noção de nível textual não pode deixar de ser uma noção teórica, um esquema metatextual. E pode ser articulada de diferentes modos de acordo com o projeto teórico que ela deve sustentar. Em nosso caso, estamos interessados nos movimentos cooperativos do leitor de um texto escrito e, portanto, o esquema proposto na Figura 2 visa este propósito. Ele foi inspirado pelo modelo de níveis textuais propostos por Petoefi para a sua TeSWeST[1], mas não só tem outros propósitos como tenta também inserir no próprio quadro elementos sugeridos por outras abordagens teóricas (e em particular as de Greimas e de van Dijk)[2]. Inspiraram-se no modelo petoefiano porque ele, mais que qualquer outro, procura considerar ao mesmo tempo problemas extensionais e intensionais.

Todavia, o modelo petoefiano estabelece rigidamente a direção do processo gerativo, ao passo que o nosso se recusa explicitamente a reconhecer as direções e a hierarquia de fases do processo cooperativo. A isto se deve a abundância de flechas em direções opostas: é perfeitamente exata a impressão de que com tantas flechas não se indica nenhuma direção, mas sim um trabalhoso labirinto de palavras. Em nosso diagrama exprime-se o fato de que no processo concreto de interpretação todos os níveis e subníveis — de fato também "gavetas" metatextuais — podem ser alcançados também com largos saltos,

---

1. Cf. em particular 1976b e 1976c. Quanto a outra subdivisão entre estruturas profundas, estruturas superficiais e estruturas de manifestação, cf. Greimas e Rastier, 1968.

2. Conforme veremos também nos capítulos seguintes, está fora de dúvida que os quadros teóricos são diversos. O de Greimas é de tipo lingüístico, acentua o aspecto intensional, está mais atento aos valores semânticos do que aos processos pragmáticos. O de van Dijk volta-se mais para os valores pragmáticos, acentua o aspecto extensional, é devedor à semântica e à pragmática de linha anglo-saxã. Mas, antes de tudo, o próprio van Dijk — como, aliás, também Petoefi, que tenta a síntese entre os dois universos do discurso — tem presente as pesquisas greimasianas e toda a tradição estruturalista, embora aos poucos tenha caminhado aproximando-se, quanto a problemas e terminologia, da filosofia da linguagem e da lógica das linguagens naturais. Em segundo lugar, todos estes autores (e outros), mesmo que usando termos diferentes, *falam da mesma coisa*, isto é, do texto e da maneira como é atualizado. É evidente que um objeto de discurso torna-se uma coisa diferente de acordo com o quadro teórico em que é inserido, mas o problema está em não permitir que cada uma destas pesquisas corra por conta própria. Donde a tentativa, realizada nestas páginas, de encontrar um modelo unificado que leve em consideração os vários problemas (ao menos do ponto de vista dos processos de cooperação interpretativa).

NÍVEIS DE COOPERAÇÃO TEXTUAL 53

sem precisar necessariamente percorrer veredas obrigatórias, gaveta por gaveta: se a metáfora do movimento do cavalo ainda não tivesse sido usada para outros propósitos, seria o caso de usá-la aqui. Às vezes a cooperação do leitor a nível de estruturas discursivas pode ter êxito, justamente porque já foi aventada uma hipótese a nível de estruturas de mundos — e assim por diante.

Porém — e é bom que se tome esta observação como uma simples sugestão a respeito de um ponto que permanece fora da presente discussão — poderíamos dizer que também no momento gerativo não ocorre coisa diferente. Quantas vezes um autor só toma uma decisão a respeito da estrutura semântica profunda do texto no momento em que, a nível de realização lexical, escolhe uma palavra ao invés de outra? Quantas vezes, numa poesia, a decisão sobre as estruturas semânticas profundas não é sugerida por exigências de rima? Dizemos então que em qualquer caso as flechas do nosso diagrama não assinalm um processo temporal ou lógico, ainda que seja idealizado, mas indicam a interdependência entre as várias gavetas. Se nisso existem coerções hierárquicas, elas só se referem a gavetas inferiores: só se pode partir da manifestação linear; ou então, só se decide atualizar um texto quando este nos é subministrado como expressão. E não podemos começar a atualizá-lo sem investir de conteúdo as expressões, referindo-nos ao sistema das competências semióticas (códigos e subcódigos), sistema cultural que precede a própria produção da manifestação linear concreta. Feito isto, a leitura não é mais estritamente hierarquizada, não se processa em esquemas, nem em *main street*, mas em *rizoma* (conservador suspeito: acaso entende coisa diferente a teoria spitzeriana do círculo hermenêutico?).

4.2. A ESCOLHA DE UM MODELO DE TEXTO NARRATIVO

Os níveis textuais representados na Figura 2 referem-se a um texto de tipo narrativo. Esta decisão é tomada porque se julga que um texto narrativo apresenta todos os problemas teóricos de qualquer outro tipo de texto, além de alguém qualquer a mais. Nele encontramos exemplos de todos os tipos de ato lingüístico e, portanto, de textos conversacionais, descritivos, argumentativos etc.

Van Dijk (1974b) distingue entre *narrativa natural* e *narrativa artificial*, onde as duas constituem exemplos de descrição de ações, só que a primeira se refere a eventos apresentados como eventos realmente acontecidos (por exemplo, as notícias do dia nos jornais), ao passo que a segunda se refere a indivíduos e fatos atribuídos a mundos possíveis, diferentes daquele de nossa experiência.

Naturalmente, a narrativa artificial não respeita muitas das condições pragmáticas a que está submetida a narrativa natural (por exemplo, o autor não se empenha em dizer a verdade nem em provar as próprias asserções), mas esta diferença é bastante irrelevante para as finalidades do nosso propósito, porque o tema leva em consideração também estas decisões interpretativas. A narrativa artificial

54 LECTOR IN FABULA

simplesmente compreende um número mais amplo de questões de tipo extensional, conforme veremos na análise dedicada ao conto de Alphonse Allais, no último capítulo. Por isso, o modelo proposto concerne a textos narrativos em geral, sejam eles naturais ou artificiais.

Como foi dito, o modelo deveria funcionar também para espécimes textuais mais reduzidos quanto à grandeza ou ao empenho comunicativo. Um texto narrativo é mais complexo do que um condicional contrafatual emitido no decurso de uma conversação (|Se você não tivesse vindo, eu teria entrado em cena sozinho|), embora ambos se refiram a um possível estado administrativo ou a um possível curso de acontecimentos. Existe diferença entre dizer a uma jovem o que lhe aconteceria, se aceitasse a corte de um libertino, e contar a alguém o que *irremediavelmente* aconteceu, em Londres no século XVIII, a uma jovem chamada Clarice por ter aceito a corte de um libertino de nome Lovelace. Neste segundo caso, nós destacamos alguns traços específicos da narratividade artificial, ou seja: (i) mediante uma fórmula especial introdutória (implícita ou explícita), o leitor é convidado a não perguntar-se se os fatos contados são verdadeiros ou falsos (no máximo, pode ser implicitamente convidado a decidir se lhe parecem bastante "verossímeis", aliás, condição pendente em narrações fantásticas; (ii) selecionam-se e apresentam-se alguns indivíduos mediante uma série de descrições "apensas" (como diz Searle) nos seus nomes próprios, atribuindo-se-lhes assim algumas propriedades; (iii) a seqüência das ações é mais ou menos localizada espácio-temporalmente; (iv) a seqüência das ações é considerada "finita" (tem um começo e um fim); (v) para dizer o que definitivamente aconteceu a Clarice, o texto parte de um estado de coisas inicial que concerne a Clarice e a segue, mediante algumas mudanças de estado, oferecendo ao leitor a possibilidade de perguntar-se, passo a passo, o que ocorrerá no próximo estádio da narração; (vi) todo o curso de eventos descrito pelo conto pode ser resumido por uma série de macroproposições — o esqueleto da história, que chamaremos de *fábula* —, estabelecendo assim um nível sucessivo do texto, derivado da manifestação linear e não identificável com esta.

Por outro lado, porém, um condicional contrafatual difere de um trecho de narrativa artificial somente porque no primeiro caso o destinatário é convidado a cooperar mais ativamente na atualização do texto que lhe foi apresentado, talvez para construir ele próprio a história completa que o contrafatual lhe sugere. No curso dos parágrafos que seguem, embora nos atendo ao modelo de um texto narrativo representado na Figura 2, examinaremos também alguns casos de textos não-narrativos que não deveriam adequar-se ao modelo proposto. A solução mais razoável pareceria a de reduzir o modelo: mas perceberemos que é também possível expandir o texto não-narrativo e transformá-lo em texto narrativo, simplesmente atualizando algumas das possibilidades que já encerra.

Este fato nos convencerá da validade do projeto: os textos narrativos são mais complexos, semioticamente mais ricos de problemas e por isso "são de maior valia". Por outro lado, demasiadas teorias

NÍVEIS DE COOPERAÇÃO TEXTUAL 55

textuais abundam em análises de porções textuais demasiado diminutas e talvez valha a pena provar certos princípios teóricos sobre porções mais amplas. É óbvio que trabalhar com textos breves ajuda a elaborar teorias formalizadas que visam estabelecer possibilidades de cálculo gerativo. Mas, sendo outra a finalidade destas páginas, pagará a pena tentar a via inversa. Daí por que as sugestões teóricas, que aos poucos iremos elaborando, serão depois verificados, no último capítulo, com base num texto narrativo que, conquanto não seja demasiado longo, é extremamente complexo e lança uma série de desafios às tentativas de formalização por demais elementar.

4.3. MANIFESTAÇÃO LINEAR

Chamamos de manifestação linear do texto a sua superfície lexemática. O leitor aplica às expressões um determinado código, ou melhor, um sistema de códigos e subcódigos para transformar as expressões num primeiro nível de conteúdo (estruturas discursivas).

Pode haver textos somente com a manifestação linear, isto é, à qual não pode ser catalisado um conteúdo. Por exemplo, estes versos de *Der grosse Lalula*, de Christian Morgenstern:

(12)   *Kloklowafgi? Semememi!*
              Seikronto prafliplo.
              Bifzi, bafzi; hulalomi...
              quasti besti bo...

apresentam-se como manifestação linear à qual não se pode fazer corresponder nenhum conteúdo atualizável, visto que o autor não se referiu a nenhum código existente (por razões de simplicidade, excluímos o óbvio halo de "literariedade" que permanece conotada mediante estes versos e com o qual o autor contava; e é excluído não porque não existiria um conteúdo possível, mas porque a relação que se estabelece entre as articulações expressivas e uma imprecisa nebulosa de conteúdo não nos permite, neste caso, falar de texto, ao passo que se pode falar, de algum modo, de mensagem emitida com fins de comunicação.

O texto que segue, tirado de *Toto-Vaca*, de Tristan Tzara,

(13)   *ka tangi te kivi*
              kivi
              ka rangi te mobo
              mobo...

só aparentemente é similar ao primeiro. Teoricamente falando, poderia ou deveria haver um conteúdo, porque parece que originariamente havia uma poesia maori. Seja como for, é possível que tenha sido emitido com as mesmas intenções do primeiro. A menos que a revelação extratextual de Tzara fizesse parte, sub-repticiamente, do texto

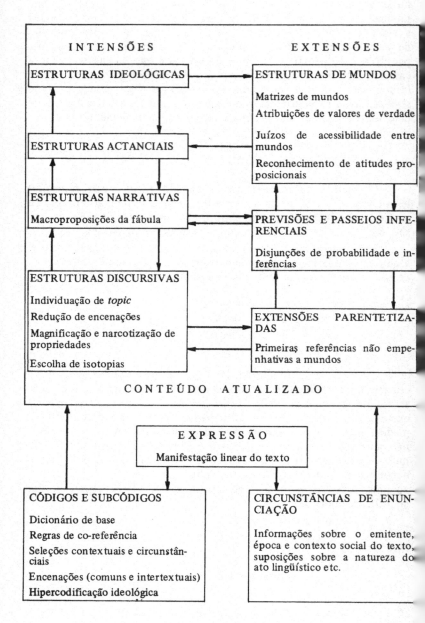

Figura 2. *Níveis de cooperação textual.*

NÍVEIS DE COOPERAÇÃO TEXTUAL 57

global (da mesma forma que um título pode ser considerado parte da obra)[3]; em tal caso, à conotação de literariedade se acrescentariam outras de exotismo.

É certo que também textos desse tipo, como outrossim os textos glossolálicos, cujo conteúdo é ignorado pelo próprio emitente, podem ser submetidos a interpretação fonética (podem ser recitados) e desencadear elementares e múltiplas associações fonossimbólicas. Este simples fato nos diz que, trabalhando com textos que de algum modo privilegiam uma "lógica do significante" (por exemplo, casos de metástases e metaplasmos)[4], também a manifestação linear reveste-se de uma função, independentemente do recurso aos códigos ou complementarmente a ele. A propósito, vejam-se, em *Tratado* 3.7.4., as nossas observações sobre os níveis inferiores do texto e sobre a ulterior segmentação do contínuo no texto estético. Aqui deixamos de lado este importante aspecto porque estamos nos ocupando de textos narrativos, nos quais se reveste sem dúvida alguma de uma função secundária. Mas gostaríamos de lembrar que neste nível se realizam muitos casos de invenção por *ratio difficilis* (cf. *Tratado*, 3.4.9., 3.6.7., 3.6.8.) onde a manipulação do plano expressivo envolve radicalmente a reformulação do conteúdo[5].

4.4. CIRCUNSTÂNCIAS DE ENUNCIAÇÃO

A manifestação linear é posta imediatamente em relação com as circunstâncias de enunciação. A "imediatez" desta ligação constitui exatamente assunto de discussão (e por conseguinte uma das razões por que o modelo da Figura 2 não é estritamente hierarquizado). No caso de uma enunciação verbal, é bastante óbvio que o enunciado seja referido a quem o enuncia e que, antes mesmo de recorrer-se aos códigos lingüísticos para decidir o que o falante está dizendo, sejam recebidas da circunstância de enunciação várias informações extra-

---

3. Uma bibliografia sobre a semântica e a pragmática do título já corre o risco de ocupar diversas páginas. Haja vista, por exemplo, Duchet em *Littérature* 12, 1973; Furet e Fontana em *Langages* 11; Charles Grivel, *Production de l'intérêt romanesque*, Mouton, 1973; L. H. Hoek, *Pour une sémiotique du titre*, Urbino, 1973; o estudo do Grupo μ nos títulos de filmes em *Communications* 16, 1970; Helin sobre *Marche romane* 3-4; Flandrin sobre *Annales* 5, 1965; o recente *Che cosa è un titolo*, de Parisi, Devescovi, Castelfranchi (mimeografado), 1978. Os vários autores já citados, que se ocuparam do tema e do *topic* textual, dedicaram naturalmente muita atenção aos títulos. Uma pesquisa futura (assinalo aquela em curso de Colette Kantorowicz, que me forneceu uma rica bibliografia sobre o assunto) deverá enfrentar o problema (que muitos autores negligenciaram) entre títulos que fornecem o tema textual e títulos que, pelo contrário, enganam, deixam livre decisão temática ao leitor, colocam-se como deliberadamente abertos e ambíguos.

4. Quanto a este aspecto, ver as pesquisas do Grupo μ, 1970 e 1977.

5. Remetemos ao nosso trabalho "Sobre a Possibilidade de Gerar Mensagens Estéticas numa Língua Edênica", em Eco, 1971 e na última edição (Tascabili Bompiani), de *Obra Aberta.*

58 LECTOR IN FABULA

lingüísticas acerca da natureza do ato que ele realiza. Não é preciso decodificar lingüisticamente a expressão |ordeno-te que...| para saber que se está recebendo uma ordem: podem intervir prioritariamente elementos tonêmicos, a situação social, o gesto. Às vezes, no entanto, o percurso pode ser oposto, e é somente da primeira decodificação da expressão que se recebem informações que depois devem ser canalizadas para a determinação das circunstâncias. O movimento costuma ser oscilatório e, mediante uma série de ajustamentos progressivos, o destinatário decide a que tipo de ato lingüístico está sujeito. Assim sendo, se a mensagem é entendida como ato de referência, é de se supor que o destinatário execute imediatamente algumas das operações extensionais (cf. 8), ou seja, estabelece que o falante se refere ao mundo da comum experiência, se está dizendo ou não a verdade, se ordena ou pede alguma coisa impossível, e assim por diante. Até mesmo, no caso de uma expressão como |venha cá, intelectual sujo!| (à escolha: judeu imundo, negro sujo, cara de padre, meu jovem amigo), de um primeiro investimento de humor se passa a avançar suposições sobre as estruturas ideológicas do interlocutor (operações que também pareceriam pertinentes a fases interpretativas mais aprofundadas).

Quando, no entanto, se *lê* um texto escrito, a referência às circunstâncias enunciativas tem outras funções. O primeiro tipo de referência consiste em atualizar implicitamente, a nível de conteúdo, uma metaproposição do tipo "aqui há (havia) um indivíduo humano que enunciou o texto que estou lendo neste momento e que pede (ou então não pede) que eu assuma que está falando do mundo da nossa comum experiência". Este tipo de atualização pode implicar também uma imediata hipótese em termos de "gênero" textual (conforme veremos em 4.6.5): decidimos então se estamos diante de um texto romanesco, historiográfico, científico, e assim por diante — de novo com ricochetes em decisões extensionais. Um segundo tipo de referência envolve operações mais complexas, de tipo "filológico", ou seja, quando, de um texto enunciado em época distante da nossa, se procura reconstruir a localização espácio-temporal originária, justamente para saber a que tipo de enciclopédia se deverá recorrer.

Por outro lado, é exatamente diante de um texto escrito (onde o emitente não está fisicamente presente, conotado por todas as propriedades decodificáveis em termos de sistemas semióticos extralingüísticos), que se torna mais arriscado o jogo cooperativo sobre o sujeito da enunciação, a sua origem, a sua natureza e as suas intenções. Mas é exatamente em tal caso que as decisões a serem tomadas dependem de uma interação entre todos os outros níveis textuais.

4.5. EXTENSÕES PARENTETIZADAS

É justamente no caso de textos escritos — e com maior razão no caso de textos narrativos — que podemos postular uma série de operações interlocutórias que, numa relação comunicativa verbal e

NÍVEIS DE COOPERAÇÃO TEXTUAL 59

em textos não-narrativos, acabariam de fato coincidindo com atribuições definitivas de valores de verdade. Dado que o texto põe em jogo alguns indivíduos (pessoas, coisas, conceitos) dotados de algumas propriedades (entre as quais aquelas de realizar certas ações: e temos um indivíduo que pratica ações também na expressão |hoje chove|), o leitor é levado a ativar índices referenciais. Mas, enquanto o texto não for melhor atualizado, deixa-se em suspenso uma decisão definitiva sobre a pertinência destes indivíduos a um mundo definido, "real" ou possível. Assim o leitor, como primeiro movimento para poder aplicar a informação que lhe foi fornecida pelos códigos e subcódigos, assume transitoriamente uma identidade entre o mundo a que o enunciado se refere e o mundo da própria experiência, tal qual é refletido pelo dicionário de base.

Se, à medida que a atualização procede, se descobrem discrepâncias entre este mundo da experiência e aquele do enunciado, então o leitor realizará operações extensionais mais complexas. Em outras palavras, a primeira abordagem de um texto que diga, por exemplo, |às cinco horas da tarde de ontem falecia o rei da Suécia|, o leitor assumirá que o texto fala do atual monarca sueco. Por conseguinte, colocará entre parênteses este reconhecimento de mundo e suspenderá provisoriamente a própria credulidade (ou a própria incredulidade, o que dá no mesmo), esperando encontrar outros traços, a nível das estruturas discursivas, que o induzam a reconhecer o tipo de ato lingüístico que está experimentando. A cautela continuaria necessária embora, por acaso, a expressão citada apareça na abertura de um artigo estampado na primeira página de um jornal. É verdade que um claro indício de circunstância de enunciação o teria advertido que o enunciado foi emitido numa situação em que o escrevente se compromete a dizer a verdade, mas a frase poderia ser sempre seguida da explicação |— assim afirmavam hoje de manhã boatos que foram prontamente desmentidos|. Searle (1975) mostrou como as proposições narrativas (artificiais ou "ficcionais") se apresentam com todas as características das afirmações, só que o falante não se empenha nem com a sua verdade nem com a sua capacidade de prová-las; por conseguinte, são afirmações, mas de um tipo particular, onde o falante não admite dizer a verdade, mas sequer pretende mentir; simplesmente "finge" fazer afirmações, onde "fingir" não é entendido no sentido em que finge aquele que se apresenta com um nome falso para angariar crédito, mas no sentido em que finge ser outrem aquele que quer fazer bonito. Searle sustenta que este fingir é determinado unicamente pela intenção do falante sem que se possam definir traços textuais capazes de manifestar sua intenção. Nós, ao contrário, achamos (cf. 5 e 12) que existem artifícios textuais que manifestam esta decisão, em termos de estratégia discursiva. E justamente por isso as primeiras operações extensionais são colocadas entre parênteses até que, a nível de estruturas discursivas, sejam finalmente identificadas garantias suficientes para pronunciar-se sobre o tipo de ato lingüístico em questão.

60 LECTOR IN FABULA

4.6. CÓDIGOS E SUBCÓDIGOS

Para atualizar as estruturas discursivas, o leitor confronta a manifestação linear com o sistema de códigos e subcódigos fornecidos pela língua em que o texto foi escrito e pela competência enciclopédica a que por tradição cultural aquela própria língua remete. Este complexo sistema de códigos e subcódigos, que definiremos globalmente como *competência enciclopédica*, é o que no *Tratado* (2.12) é representado pelo Modelo Q.

Num rasgo de otimismo lexicológico, se poderia dizer que a operação não apresenta dificuldade porque o conteúdo de cada expressão já foi estabelecido pelo léxico, e que o leitor não tem outra coisa a fazer senão decodificar as expressões, lexema por lexema, e proceder aos devidos amálgamas semânticos. Naturalmente, as coisas não são tão simples e nenhuma teoria do amálgama (veja *Tratado*, 2.15) escapa aos problemas levantados pelos significados ditos contextuais, ou melhor, pela pressão do co-texto. Procuremos, contudo, postular, ainda que apenas como hipótese teórica, uma série de passagens cooperativas que vão das operações mais simples às mais complexas.

4.6.1. Dicionário de base. A este subnível, o leitor recorre a um léxico em formato de dicionário e logo identifica as propriedades semânticas elementares das expressões, de modo a tentar amálgamas provisórios, quando não a nível sintático (substantivos que introduzem um sujeito, verbos que introduzem uma ação, e assim por diante). Neste subnível, funcionam os *postulados de significado* minimais, ou então as leis de implicitação. Se lemos que |num reino longínquo vivia, uma vez, uma linda princesa chamada Branca de Neve|, sabemos quase automaticamente que "princesa" implicita "senhora" e, por conseqüência, "ser vivo, humano, mulher". A este nível o indivíduo descrito como princesa é também investido de propriedades que não são tidas costumeiramente como implicitadas, porque não são "analíticas", mas sim, "sintéticas" − por exemplo, o fato de um ser humano (de sexo feminino) deve ter algumas propriedades biológicas (certos órgãos, certo peso médio, certa altura média, determinadas capacidades de ação). O que o leitor ainda não sabe é quais destas propriedades precisam ser atualizadas: reportando-nos à discussão sobre Peirce (cf. 2.9.), ainda não foi estabelecido o universo do discurso, e a cadeia dos interpretantes poderia prosseguir até o infinito. Quando falarmos das estruturas discursivas, então diremos o que deve ser atualizado. Em 8.5. será discutido qual a diferença entre propriedades implicitadas e outras propriedades não-analíticas.

O que por enquanto podemos dizer é que o leitor sustará tais decisões e se limitará a identificar as propriedades sintáticas conexas com os lexemas em tela que lhe permitem um primeiro amálgama tentativo: de |princesa| se concluirá, em todo caso, que se trata de entidade sintaticamente singular, feminina e semanticamente "humana e animada".

NÍVEIS DE COOPERAÇÃO TEXTUAL 61

4.6.2. Regras de co-referência. Não nos demoraremos muito tempo em tais regras, que hoje são amplamente estudadas pelas lingüísticas do texto. Limitamo-nos a dizer que o leitor pode subitamente desambiguar expressões dêiticas e anafóricas pelo menos a nível de frase. Em seguida encontrará ambigüidades co-referenciais que deverá resolver a nível de operações bem mais complexas de "topicalização" (cf. 5.3.). Seja como for, se — depois da frase citada sobre Branca de Neve — seguir uma frase do tipo |ela era muito linda|, então o leitor não terá dificuldade em estabelecer que |ela| se refere ao sujeito feminino da primeira frase.

4.6.3. Seleções contextuais e circunstanciais. Em 1.2. já falamos destas seleções. Um sistema de códigos e subcódigos em forma de enciclopédia deveria fornecer um número suficiente delas. Com as seleções contextuais penetramos no sistema da competência intertextual (veja Kristeva, 1970), cujo alcance resultará mais claro quando discutirmos encenações ou *frames.* Em todo caso, admitir que o termo |verbo| é interpretado não como categoria gramatical, mas como "segunda pessoa da Santíssima Trindade", em contextos teológicos, significa que não ocorre representação enciclopédica de um lexema sem que se faça referência aos usos que em textos anteriores se fizeram daquele lexema.

4.6.4. Hipercodificação retórica e estilística. No *Tratado* 2.1.4. já falamos amplamente dos processos de hipercodificação. O exame que faremos das encenações ou *frames* mostrará como esta categoria está sujeita a aprofundamento teórico e ampliação de emprego no decurso do presente livro. Dizemos, então, que a este subnível o leitor está em condições de decodificar, com referência a uma enciclopédia hipercodificada, toda uma série de expressões "feitas" (ou de expressões que realizam concretamente tipos gerais), que costumam ser registradas pela tradição retórica. O leitor conseguirá reconhecer tanto as expressões figuradas quanto os sintagmas estilisticamente conotados. Dada uma expressão como |era uma vez|, o leitor logo poderá estabelecer, automaticamente e sem esforços inferenciais, que (i) os eventos de que se fala se localizam numa época indefinida não-histórica; que (ii) eles não devem ser entendidos como "reais"; que (iii) o emitente quer contar uma história imaginária para fins de entretenimento. Entre estas regras de hipercodificação classificaremos também as regras do gênero. Por exemplo, na história de Allais apresentada no Apêndice 1 (*Un drame bien parisien*), o título do primeiro capítulo introduz um |monsieur| e uma |dame|. A primeira linha do texto do primeiro capítulo introduz os indivíduos Raoul e Marguerite. Visto que o dicionário de base deve conter também um dicionário onomástico, o leitor não tem dificuldade em reconhecer nos dois indivíduos um homem e uma mulher. Mas nenhuma regra de co-referência lhe diz que Raoul e Marguerite se referem ao |monsieur| e à |dame| do título — aliás, operação essencial para estabelecer que os dois indivíduos são adultos e presumivelmente per-

62 LECTOR IN FABULA

tencem a um ambiente burguês. Neste ponto intervém uma regra hipercodificada onde (salvo ironia ou outra figura retórica) o título de um capítulo lhe anuncia o conteúdo. É só neste ponto que se pode ser estabelecida a co-referência, não em base gramatical mas em base de regras genéricas (não obstante, de amplíssima aplicação).

O texto continua e diz que Raoul e Marguerite são casados. Não se preocupa em dizer que estão casados *um com o outro*, mas nenhum leitor razoável alimenta dúvidas quanto a isto. O autor sabia que o texto podia permitir-se este deslize na base de uma hipercodifícadíssima regra estilística. Se o autor tivesse querido dizer que estavam casados com pessoas diferentes, teria suavizado o efeito desta regra com expressões redundantes. Como faz Woody Allen quando afirma: "Desejo desesperadamente retornar ao útero. De quem quer que seja".

4.6.5. Inferências de encenações comuns. No já citado *Un drame bien parisien*, no Capítulo II, Raoul e Marguerite estão brigando numa cena de ciúme. A certo ponto Raoul persegue Marguerite e o texto diz:

(14) La main levée, l'oeil dur, la moustache telle celle des chats furibonds, Raoul marcha sur Marguerite...

O leitor compreende que Raoul ergueu a própria mão para golpear Marguerite, embora a manifestação linear não manifeste nem o fato nem a intenção. Considere-se que, se Raoul fosse um deputado durante uma votação, a mão levantada adquiriria um significado bem diferente. Mas, visto que está discutindo, não há outra inferência possível. Não importa a inferência de que se trate, permitida por uma "encenação" preestabelecida que definiremos como "litígio violento".

As pesquisas atuais no domínio da Inteligência Artificial, a par de várias teorias textuais, elaboraram a noção de *frame*, que aqui traduzimos como "encenações". A encenação aparece como algo a meio caminho entre uma representação semêmica muito "enciclopédica", expressa em termos de gramática dos casos, e um exemplo de hipercodificação. A incerteza que se experimenta ao defini-la é criada justamente pela natureza ainda bastante empírica da proposta. Mas ela nos parece proveitosa exatamente porque foi elaborada para resolver *na prática* problemas de difícil decodificação textual:

Quando deparamos com uma nova situação... seleciona-se na memória uma estrutura substancial chamada *frame*. Trata-se de um enquadramento relembrado que deve adaptar-se à realidade, se necessário mudando pormenores. *Frame* é uma estrutura de dados que serve para representar uma situação estereotipada, como encontrar-se num certo tipo de estar num lugar ou ir a uma festa de aniversário de crianças. Todo *frame* comporta certo número de informações. Algumas dizem respeito àquilo que qualquer pessoa pode esperar que aconteça como conseqüência. Outras se referem ao que se deve fazer se essas expectativas não se confirmam (Minsky, 1975).

Frames são elementos de "conhecimento cognitivo... representações sobre o 'mundo' que nos permitem efetuar atos cognitivos

NÍVEIS DE COOPERAÇÃO TEXTUAL 63

basilares como percepções, compreensão lingüística e ações" (van Dijk, 1976b: 31). À guisa de exemplo, o *frame* "supermercado" determina unidade ou grupos de conceitos "que denotam certos fluxos de eventos ou cursos de ações que envolvem vários objetos, pessoas, propriedades, relações ou fatos" (*ibidem*: 36; e quanto a uma primeira formulação, veja-se Petoefi, 1976b).

Portanto, a encenação "supermercado" comportará a noção de um lugar onde a gente entra para comprar mercadorias de diversos tipos, pegando-as diretamente sem a mediação de empregados e pagando depois na caixa. Provavelmente uma boa encenação deste tipo deveria considerar também o tipo de mercadoria que é vendida num supermercado (por exemplo: escovas sim, automóveis, não).

Em tal sentido, *uma encenação é sempre um texto virtual ou uma história condensada.* Suponhamos que se peça a um cérebro eletrônico que desambigúe a expressão

(15)   João precisava organizar uma *party* (recepção) e foi ao supermercado.

Dado que a máquina possui simples informações em termos de dicionário de base, ela pode entender o que João quer fazer e aonde quer ir, mas não pode decidir por que, para organizar uma *party*, vai ao supermercado. Ao contrário disso, se a máquina foi alimentada com a encenação *cocktail party* — que especifica, entre as outras condições sociais de realização de uma recepção, que esta inclui a distribuição de bebidas, licores e amendoins, e ao mesmo tempo foi alimentada com a encenação "supermercado", que considera o fato de que ali se vendam, entre outras coisas, também bebidas, licores e amendoins — então a esta altura não é difícil o amálgama, quase que obrigatório, sobre os elementos comuns às duas encenações. João irá ao supermercado para encontrar os produtos supramencionados, deixando de lado — como, aliás, faz a máquina inteligente — bifes, escovas e detergentes. Também não é de outra maneira que procede, de costume, um destinatário humano. Se pensarmos de novo no exemplo de Peirce (dado em 2.5.) concernente à definição do lítio, perceberemos que esta definição enciclopédica tem todo o aspecto de uma encenação hipercodificada da maneira como se produz lítio[6].

6. Outro *frame* em Peirce é a situação "como fazer uma torta de maçã", discutida em C.P., 1, 341. A propósito, ver Caprettini, 1976. Não nos parece que a noção de *frame* como é usada em Inteligência Artificial seja a mesma proposta antes por Bateson (1955) e depois por Goffman (1974). É verdade que Goffman afirma que "há um sentido em que aquilo que é jogo para o jogador de golfe é trabalho para o *caddie*" (1974/8), mas os *frames* sugeridos por Bateson parecem, mais, hipóteses textuais do que encenações já armazenadas na enciclopédia, ou seja, parecem quadros interpretativos superpostos a uma situação concreta em ato com o fito de torná-la compreensível. Neste sentido parecem semelhantes a regras gerais introduzidas para fazer com que a interpretação mude de uma situação: "Preste atenção, que isto é um jogo" ou então "Procure entender que a tua situação interativa é estruturada segundo a lógica do duplo vín-

64 LECTOR IN FABULA

Consideremos que a compreensão textual é amplamente dominada pela aplicação de encenações pertinentes, da mesma forma como as hipóteses textuais destinadas ao insucesso (do qual veremos um exemplo evidente no último capítulo) dependem da aplicação de encenações erradas e "infelizes".

4.6.6. Inferências de encenações intertextuais. Nenhum texto é lido independentemente da experiência que o leitor tem de outros textos. A *competência intertextual* (cf. particularmente Kristeva, 1970) representa um caso especial de hipercodificação e estabelece as próprias encenações.

O leitor que deve desambiguar o trecho *(14)* está convencido de que Raoul ergue a mão para bater em Marguerite, porque uma série inteira de situações narrativas hipercodificaram definitivamente a situação "litígio cômico entre marido e mulher ciumentos". Por outro lado, também uma longa série de encenações icônicas (pois os esquemas da iconografia não passam de encenações intertextuais visivas) apresentaram milhares de mãos erguidas para golpear. A competência intertextual (extrema periferia de uma enciclopédia) abrange *todos* os sistemas semióticos familiares ao leitor.

Na realidade, as encenações intertextuais poderiam ser aproximadas dos *topoi* da retórica clássica e dos *motivos* de que se falou desde Veselóvski até nossos dias. O próprio fato de que a categoria de "motivo" deu origem a tantas discussões (cf., por exemplo, Erlich, 1954; Frye, 1957; Segre, 1974; Avalle, 1975, 1977; e o elenco é apenas indicativo) nos diz que o termo remete a muitos blocos enciclopédicos diferentes. Desde os tempos dos formalistas russos, disso é testemunha Boris Tomachévski (1928), que propõe uma acepção própria de motivo como parcela temática indecomponível ulteriormente ("desceu a noite", "o herói morreu"), mas adverte que difere daquela da análise comparativa dos entrechos "errantes" onde as unidades são mais vastas e, mais do que indecomponíveis, aparecem como "historicamente não decompostos" no âmbito de um gênero literário. E apresenta como exemplo de motivos "o rapto da noiva" ou "os animais coadjuvantes". Estes motivos mais se parecem com as nossas encenações intertextuais, mas achamos que uma encenação sobre a perseguição da mocinha deve ser muito mais analítica, em termos de atores, instrumentos, fins, situações.

Na realidade, será necessário chegar a estabelecer hierarquias de encenações, em cujo quadro os chamados motivos ocupariam somente uma das posições. Em primeiro lugar, poderíamos identificar encenações maximais ou então *fábulas pré-fabricadas*: tais seriam os esquemas-padrão do romance policial em série, ou grupos de fábulas

---

culo...". Mas cabe perguntar se não se trata de esfumaturas causadas pelos usos ainda imprecisos da categoria e se, numa análise mais rigorosa, não se poderia entrever e instituir homologias semióticas mais fortes. Quanto às pesquisas em Inteligência Artificial, no que tange às várias esfumaturas da categoria de *frame*, ver: Minsky, 1974; Winston, 1977; Schank, 1975; van Dijk, 1977; Petoefi, 1976a

NÍVEIS DE COOPERAÇÃO TEXTUAL

aos quais sempre se repetem as mesmas funções (no sentido de Propp) na mesma sucessão; estas encenações seriam no fundo regras comuns, como as que prevêem a "correta" organização de um espetáculo de variedades de televisão onde devem entrar certos ingredientes em sucessão definida (o apresentador faz a apresentação da cantora, tem com ela um breve e espirituoso papo, ela faz promoção do seu novo *long-playing*, depois começa a execução da canção etc.)[7]. Em segundo lugar, entrariam em jogo *encenações-motivo*, esquemas bastante flexíveis, do tipo "a mocinha perseguida", onde se identificam certos atores (o sedutor, a mocinha), certas seqüências de ações (sedução, captura, tortura), certas molduras (o castelo tenebroso), e assim por diante; não obstante, sem que sejam impostas coerções precisas quanto à sucessão dos acontecimentos, de modo que se poderá ter a perseguição de Justine, a perseguição de Clarissa, a perseguição de Fleur--de-Marie, e até saídas diversas (morte, salvação). Viriam em terceiro lugar as *encenações situacionais* (à guisa de exemplo, é típico o duelo entre o xerife e o preso, no *far-western*), que opõem obstáculos ao desenvolvimento de uma parcela da história, mas podem ser combinadas de maneira diferente para produzir histórias diversas. Estas encenações variam de acordo com os gêneros e implicam às vezes também ações mínimas; por exemplo, na situação típica da *slapstick-comedy* (pastelão) "briga na cozinha ou durante a festa com torta na cara", prescreve-se que a torta deve ser de creme (proibidos os bolos secos) e que a torta deve acertar na cara, que a vítima tire o creme dos olhos com as duas mãos e que (mas isto é opcional) esta por sua vez revide ao agressor, atirando uma segunda torta etc. Em quarto lugar, dever--se-ia considerar *topoi retóricos* verdadeiros e autênticos, como a encenação, que prescreve as modalidades descritivas do *locus amoenus*.

Mas o elenco está ainda fatalmente incompleto. Que tipo de encenação prescreve, no romance policial, que o culpado *não* deva ser o detetive? Seja como for, vê-se como o conceito de encenação intertextual, ainda fatalmente empírico, é mais vasto do que o de motivo, mais semelhante a uma regra comum, e como prescreve, no entanto, uma série de "casos", vale dizer número dos atores, instrumentos, tipos de ação e propósitos. O conceito de encenação intertextual constitui, por conseguinte, outro conceito-guarda-chuva, como |iconismo| (*Tratado*, 3.5), |código| (Eco, 1976), |pressuposição| (cf. este livro, 1.5.), |isotopia| (cf. este livro, 5.3.). E, se criticamos os conceitos-guarda-chuva quando já é possível resolvê-los numa rede mais analítica de categorias correlatas, não lhes negamos a utilidade naquelas fases da indagação em que ainda servem para designar "semelhanças de família" a cujo respeito ainda há algo para investigar.

---

7. No que diz respeito a interessantes extensões desta problemática à elevisão, remetemos à ampla pesquisa ainda inédita sobre a competência em questão em TV, realizada para a Fundação Rizzoli por Francesco Casetti e Mauro Wolf (dentre a bem mais ampla equipe de pesquisa citamos apenas os dois autores que abordaram especificamente o problema do ponto de vista de uma teoria extual e das atuais pesquisas sobre a interação verbal).

66   LECTOR IN FABULA

Naturalmente, as encenações intertextuais circulam na enciclopédia, apresentam-se sob várias combinações e o autor pode cientemente decidir a desatendê-las justamente para surpreender, iludir e deleitar o leitor. Nos anos cinqüenta a revista *Mad* especializara-se numa série de histórias em quadrinhos mudas intituladas mais ou menos "Os filmes que gostaríamos de ver", nas quais se colocavam as premissas "tópicas" de uma cena com êxito certo e depois se resolvia o problema de maneira contrária a toda previsão intertextual. Por exemplo, aparecia a mocinha amarrada pelos bandidos nos trilhos do trem e mostrava-se, numa montagem *à la* Griffith, a luta entre os salvadores que chegavam a cavalo e o trem que se aproximava em velocidade; e no fim vencia o trem, que estraçalhava a mocinha.

Portanto, as encenações ditas "comuns" fornecem ao leitor a sua normal competência enciclopédica, que partilha com a maior parte dos membros da cultura a que pertence e em sua maioria são *regras para a ação prática*. Haja vista que Charniak (1975, 1976) estuda também *frames* aparentemente banais do tipo "como abrir um guarda-chuva" ou "como pintar um móvel ou uma parede", dados de competência operativa que envolvem uma série impressionante de informações. As encenações intertextuais, pelo contrário, são esquemas retóricos e narrativos que fazem parte de um repertório selecionado e restrito de conhecimento que nem todos os membros de uma determinada cultura possuem. Eis, pois, a razão por que alguns são capazes de reconhecer a violação de regras comuns, outros logram prever mais facilmente como uma história terminará, ao passo que outros, que não dispõem de suficientes encenações, estão sujeitos a ter prazer ou a sofrer com surpresas golpes teatrais, soluções que o leitor sofisticado julga, ao invés, bastante banais.

Amiúde o leitor, em vez de recorrer a uma encenação comum, saca diretamente do repertório da sua competência intertextual a correspondente encenação, mais reduzida e mais concisa com respeito à primeira (e, por isso, mais facilmente aplicável a um universo do discurso bem definido). Com efeito, a encenação intertextual "roubo no banco", vulgarizada por tantos filmes, refere-se a um número mais reduzido de ações, indivíduos e outras relações que não a encenação comum "como roubar um banco" a que se referem os criminosos profissionais (os amadores muitas vezes falham justamente porque para fins práticos da ação empregam uma encenação intertextual ao invés de uma sólida e redundante encenação comum).

4.6.7. Hipercodificação ideológica. No *Tratado* (3.9) os sistemas ideológicos são vistos como casos de hipercodificação. Eles pertencem à enciclopédia. Outrossim, o leitor aborda o texto, partindo de uma perspectiva ideológica pessoal, parte integrante da própria competência, embora não esteja cônscio disso. Trata-se, antes, de verificar (caso por caso) em que medida um texto prevê um Leitor-Modelo que participa de uma dada competência ideológica. Mas trata-se, também, de ver como a competência ideológica do leitor (prevista ou não se é oriunda do texto) intervém nos processos de atua-

NÍVEIS DE COOPERAÇÃO TEXTUAL

lização dos níveis semânticos mais profundos, em particular aqueles considerados estruturas actanciais e estruturas ideológicas.

Em 5.3 falaremos da atualização das isotopias ou dos níveis de sentido de um texto. Também a este respeito os comportamentos ideológicos do destinatário podem intervir para determinar o nível de leitura. Basta ver o que ficou dito em 3.6 sobre as várias interpretações das cartas de Moro. Não resta dúvida de que a decisão acerca do sujeito da enunciação ("o autor do texto é realmente Aldo Moro?") dependia das propensões ideológicas dos intérpretes. Caso se julgasse que o Estado não devia manter entendimentos com as Brigadas Vermelhas, então se era induzido a julgar que Moro *não podia* ter sugerido uma solução contrária aos interesses do Estado (ao passo que uma posição ideológica oposta tendia a ver no pedido de entendimentos uma posição razoável que podia muito bem ser atribuída a um homem razoável). Mas, uma vez tomada esta decisão, a escolha ideológica determinava o nível de leitura. Como diz Lucrecia Escudero no trabalho já citado: os que haviam decidido que o sujeito da enunciação era Moro, que teria escrito sob coação mas com plena lucidez, escolheram a leitura "anagógica", ou então julgaram as suas mensagens como escritas em código. Provavelmente Moro quis comunicar que estava preso num submarino porque usara expressões como |sotoposto| (por conseguinte, "sob"), |processo| (achava-se numa coisa que avança), |processo oportunamente graduado| (portanto, a coisa pode descer e subir) etc.[8].

Não comentamos a puerilidade desta interpretação a meio caminho entre o romance de espionagem e a hermenêutica medieval. Realmente, foi possível escolher também *aquele* nível de leitura a partir do momento em que na competência ideológica dos intérpretes se configurava a premissa "um dirigente democrata-cristão *não pode* pensar e dizer que o Estado deve entender-se com os terroristas". Logo, só *podia* ter dito algo diferente.

---

8. As informações sobre esta interpretação foram tiradas do *Expresso*, 16, 1978.

5. As Estruturas Discursivas

5.1. A EXPLICITAÇÃO SEMÂNTICA

Quando o leitor se depara com um lexema, não sabe quais propriedades ou semas do correspondente semema devem ser atualizadas, de modo a pôr em funcionamento os processos de amálgama. Se cada propriedade semântica que o semema inclui ou implicita deve ser mantida presente no decurso da decodificação do texto, então o leitor seria obrigado a delinear, numa espécie de impossível diagrama mental, toda uma rede de propriedades interconexas que constitui o Campo Semântico Global segundo o Modelo Q (cf. *Tratado*, 2.12).

Felizmente, nunca se age assim. Em casos normais, as propriedades do semema permanecem virtuais, isto é, permanecem registradas pela enciclopédia do leitor, o qual simplesmente se dispõe a atualizá-las à medida que o curso textual lho requeira. Em outras palavras: daquilo que permanece semanticamente incluso ou implícito, o leitor só explicita o que lhe serve. Em fazendo isto, ele *magnifica* algumas propriedades, ao passo que mantém as outras *sob narcose*[1].

---

1. "O lexema é... uma organização sêmica virtual que, salvo raras exceções... não é nunca realizado como tal no discurso manifesto. Todo discurso, a partir do momento em que coloca a própria isotopia semântica, só representa um desfrutamento muito parcial das consideráveis virtualidades que o *thesaurus* lexêmico lhe oferece; se continua o próprio caminho, é deixando-o juncado de figuras do mundo que ele rejeitou, mas que continuam vivendo a sua existência virtual, prontas a ressuscitar ao mínimo esforço de memorização" (Greimas, 1973:170). Para compreender este trecho é preciso lembrar que, quando Greimas fala de lexema, não entende a expressão verbal, mas o conteúdo semântico,

70 LECTOR IN FABULA

Por exemplo, em *Un drame bien parisien* se afirma que Raoul é um |monsieur|, o que deixa implícito que se trata de um indivíduo humano, do sexo masculino, adulto. Acontece, porém, que todo ser humano tem, como propriedade consignada pelo código, dois braços, duas pernas, dois olhos, um sistema circulatório de sangue quente, um par de pulmões e até um pâncreas. A partir do momento, porém, em que uma série de sinais do gênero advertem o leitor de que não precisa preocupar-se com um tratado anatômico, este mantém narcotizadas todas estas propriedades até o segundo capítulo desta história onde Raoul ergue a própria mão. A esta altura, é magnificada a propriedade virtual de ter mãos, que por assim dizer ficara "à disposição" na enciclopédia. Quanto ao mais, Raoul poderá textualmente sobreviver também sem pulmões — mas, se lêssemos *A Montanha Mágica*, mais cedo ou mais tarde teríamos que tirar para fora os pulmões de Hans Castorp.

Por outro lado, uma propriedade narcotizada não é uma propriedade eliminada. Ela não é explicitamente afirmada, mas tampouco é negada. Se inadvertidamente a história em foco nos dissesse que Raoul tem um sistema circulatório a sangue frio, seríamos obrigados a reajustar toda a nossa atenção cooperativa e receberíamos um sinal apropriado: passaríamos da comédia para o romance de terror.

Mas, para decidir quais propriedades devem ser magnificadas e quais narcotizadas, não basta comparar o que nos é proporcionado por uma inspeção na enciclopédia. As estruturas discursivas são atualizadas à luz de uma hipótese acerca do *topic* ou os *topics* textuais.

5.2. O *TOPIC*

As encenações e as representações semêmicas baseiam-se em processos de semiose ilimitada e como tais requerem uma cooperação do leitor que deve decidir onde ampliar e onde bloquear o processo de interpretabilidade ilimitada. A enciclopédia semântica é potencialmente infinita (ou finita, mas ilimitada) e, partindo da extrema periferia de um dado semema, o centro de qualquer outro pode ser atingido, e vice-versa (cf. *Tratado*, 2.12). Visto que toda proposição contém qualquer outra proposição, um texto poderia gerar, por meio de sucessivas interpretações e magnificações semânticas, qualquer outro texto (o que acontece na circulação intertextual, e a história da literatura é prova disso).

Por conseguinte, devemos determinar como um texto, em si potencialmente infinito, pode gerar apenas as interpretações que a sua estratégia previu. Na realidade, "uma encenação contém muitos pormenores cuja suposição não é garantida pela situação" (Winston, 1977: 180) e "parece óbvio que, quando organizo uma recepção

o inteiro espectro semêmico (reservando o termo |semema| para trajetos particulares de sentido, ou disjunções da representação semêmica).

AS ESTRUTURAS DISCURSIVAS 71

(*party*) ou quando leio uma história a respeito de uma recepção, não devo atualizar todo o supermercado pelo simples fato de que vou ao supermercado para comprar algum amendoim para os meus hóspedes... Numa situação como 'comprar amendoins para os hóspedes' é o *topic*... o único aspecto relevante é o êxito do ato que realiza o meu propósito" (van Dijk, 1976b: 38).

Ao retomar o conceito de *topic*, do qual já falamos no primeiro capítulo, cumpre esclarecer por que resolvemos empregar um termo inglês (outrossim cunhado na terminologia retórica grega) e não recorremos, ao invés, a |tema|, que parece servir perfeitamente para ao escopo. De fato, não haveria dificuldades em usar indiferentemente tema e *topic*, e às vezes o faremos, se não fosse que o termo |tema| corre o risco de assumir também outras acepções. Por exemplo, como o emprega Tomachévski (1928), ele muito se aproxima do conceito de *fábula*, que será analisado no Cap. 6. Conforme esclareceremos mais adiante, *topic* é um instrumento metatextual, um esquema abdutivo proposto pelo leitor, enquanto que fábula constitui parte do conteúdo do texto (a oposição é instrumento pragmático *vs.* estrutura semântica). Como veremos, há *topics* solucionáveis numa macroproposição de fábula (o *topic* da primeira parte de Chapeuzinho Vermelho é sem dúvida "encontro de uma menina com o lobo na floresta" e a macroposição que se obtém, independente das estruturas discursivas, é "uma menina encontra o lobo na floresta"). Mas existem também *topics* de frase e *topics* discursivos que desaparecem quando se passa a prescindir do "tema dominante" de um texto.

Scheglov e Zolkóvski (1971) falam de "tema" como algo que "está ligado ao texto não por um signo de igualdade, mas por uma flecha de inferência", não por um resumo para o leitor, mas por uma abstração científica ou por um "registro de significado em termos metalingüísticos" e reconhecem num texto hierarquias de temas; neste sentido, o tema deles parece apresentar bastante afinidade com aquele que aqui chamamos *topics*. Mas depois, quando analisam os romances de Conan Doyle, definem como temas gerais os valores de calor, conforto, segurança, que neste livro serão vistos de preferência como grandes oposições a nível de estruturas ideológicas. Como no caso da pressuposição, da encenação e da isotopia, estamos de novo diante de uma categoria-guarda-chuva. Como se verá, procuraremos distinguir o *topic* da isotopia e esta dos elementos da fábula.

Por conseguinte, parece oportuno correr o risco do barbarismo e usar |*topic*| numa acepção muito precisa, embora às vezes, por comodidade, não seja perigoso designá-lo como tema.

O *topic* não serve apenas para disciplinar a semiose, reduzindo-a: serve também para orientar a direção das atualizações. No primeiro capítulo examinamos o espectro semêmico da expressão |em vez de|, que só recebe uma definição própria enquanto instrução semântica se registra um operador textual como justamente é o *topic*. Um caso análogo é dado pelo advérbio |também|, conforme se deduz da expressão seguinte:

72   LECTOR IN FABULA

(*16a*) Carlos faz amor com sua mulher duas vezes por semana. Também Luís.

Mesmo o leitor menos malicioso não pode conter um sorriso diante da possível ambigüidade deste texto. Poderia tratar-se de um simples relevo estatístico sobre a freqüência dos ritmos sexuais de dois casais, mas poderia tratar-se também da alusão a um triângulo adulterino. Percebemos logo que a ambigüidade desaparece se entendemos (*16a*) como a resposta a uma ou a outra das duas perguntas que fazemos:

(*16b*) Quantas vezes por semana Carlos e Luís fazem amor com as respectivas esposas?

(*16c*) Como andam as coisas entre aqueles três? Isto é, quem faz amor com quem?

No caso (*16b*) o *topic* é ritmo sexual de dois casais, ao passo que no caso (*16c*) se trata das relações entre uma mulher e dois homens. Como para |em vez de| percebemos que |também| não é somente definido por uma marca ou sema onicontextual, mas deve proporcionar uma seleção qualquer contextual que estabeleça que ele assinala uma homogeneidade de comportamento com respeito à ação individualizada pelo *topic*.

De passagem, observaremos aqui duas coisas. Antes de tudo, que a ambigüidade de (*16a*) não nasce diretamente do emprego da expressão |também|, porquanto não haveria ambigüidade no caso que segue:

(*17*) Todas as tardes Carlos leva seu cão a passear. Também Luís.

E não passa pela cabeça de ninguém que dois homens possam querer levar a passear o mesmo cão. Isto significa que em (*16a*) se oferecem também encenações intertextuais (*topoi* bastante ordenados com respeito a triângulos adulterinos), ao passo que não existem encenações análogas para as relações entre homens e animais domésticos. A segunda observação é a de que para definir o *topic* de (*16a*) o leitor deve adiantar hipóteses sobre o número de indivíduos em jogo no mundo, possível ou "real", que o texto lhe definiu. Com efeito, tudo depende de se saber se o texto está falando de quatro ou de três indivíduos distintos.

Tudo isto nos diz que a identificação do *topic* constitui matéria de inferência, ou então do que Peirce chamaria de *abdução* (cf. *Tratado*, 2.14.2). Identificar o *topic* significa aventar uma hipótese sobre uma certa regularidade de comportamento textual. Este tipo de regularidade é também aquele que, acreditamos, fixa tanto os limites como as condições de *coerência de um texto*. Um texto como o seguinte:

(*18*) O furgãozinho do pão de Boland que entrega em casa de grades o nosso diário, mas ela prefere as formas de pão de ontem viradas no forno com

AS ESTRUTURAS DISCURSIVAS 73

a crosta de cima quente e estralejante. Te faz sentir jovem. Em algum lugar do Oriente: a manhã surge logo: andar de madrugada, viajar pela redondeza antes do sol, roubar-lhe um dia de andança, pelo caminho.

poderia ser totalmente incoerente, se não identificássemos um *topic* que pode ser formulado como "livre associação de idéias que se desenvolvem na mente de Leopold Bloom, estimulado pelo calor do sol, depois de evitar o alçapão número 75 da Eccles Street". E trata-se, na realidade, de um exemplo de monólogo interior da obra *Ulisses*, de Joyce. Antes, porém, que uma decisão textual estabelecesse que se podia elevar à condição de tema narrativo também um fluxo de consciência, textos deste gênero teriam sido considerados incoerentes e por isso classificados como não-textos.

Da mesma maneira, o *topic* fixa os limites de um texto (outro problema sobre o qual muitas teorias textuais são pouco mais que evasivas). A este propósito remetemos o leitor ao segundo conto de Alphonse Allais transcrito no Apêndice 2, sob o título *Les Templiers* (Os Templários). Via de regra se julga que o título de um trecho já lhe determina o tema. Se assim fosse (e assim costuma sê-lo) o conto de Allais seria incompleto, porque nos promete um tema do tipo "coisa acontecida naquela vez em que topei com os templários" e depois não satisfaz as nossas expectativas. Se, ao contrário, deixa-mos de lado o título e lemos atentamente as primeiras linhas da história, percebemos que o *topic* textual é "como lembrar o nome daquele fulano?" Uma vez obtido o resultado, passando de recordação em recordação até a última lembrança mais viva, o texto não tem mais motivo de continuar, já acabou. A história dos templários servia apenas de instrumental para o propósito principal. Naturalmente, Allais deu um título enganoso justamente porque sabia que o leitor usaria o título como indicador temático. Mais uma vez, como em muitos romances de Allais, estamos diante de um jogo metalingüístico sobre as convenções narrativas, onde o autor quer exatamente questionar uma regra comum bastante ordenada.

O problema consiste antes em saber de que maneira o Leitor--Modelo (que costuma *não* ser objeto de uma manobra da parte do autor) é orientado para a reconstrução do *topic*. Muitas vezes o sinal é explícito: exatamente o título ou uma expressão manifestada que diz precisamente de que coisa o texto quer se ocupar. Às vezes, pelo contrário, deve-se procurar o *topic*. O texto então o estabelece, reiterando por exemplo com muita evidência uma série de sememas ou, em outros termos, *palavras-chave*[2]. Outras vezes, estas expressões-

---

2. Quanto à tentativa de atribuição dos *topics*, cf. van Dijk (1976b: 50), que fala de *estratégias probabilísticas e atribuições provisórias*. Às vezes o *topic* é, pelo contrário, explicitado por uma expressão como |o ponto crítico da questão é...|; van Dijk chama estas e outras expressões *marcadores de topic* (nisso entram em muitos casos também os títulos). Quanto aos *topics* de gênero, cf. Culler, 1975, 7. A respeito das palavras-chave, cf. van Dijk, 1975, e Greimas (1973: 170) com a noção de "percurso figurativo" (cf. também Groupe d'Entrevernes, 1977: 24).

74 LECTOR IN FABULA

-chave, mais do que abundantemente distribuídias, estão apenas estrategicamente colocadas. Nestes casos, o leitor deve, por assim dizer, farejar alguma coisa excepcional em um certo tipo de *dispositio* e nessa base aventar a própria hipótese. A hipótese pode naturalmente mostrar-se falaz, conforme acontece (o que, aliás, veremos) em *Un drame bien parisien*, que aparentemente sugere um *topic*, quando, na realidade, desenvolve outro. Justamente por isso — e em se tratando de um texto complexo — a leitura nunca é linear e o leitor se vê obrigado a olhar para trás e, ao reler o texto, também mais vezes e em certos casos recomeçando a partir do fim.

Por fim, cumpre observar que um texto não tem necessariamente um único *topic*. Podemos estabelecer hierarquias de *topics*, desde *topic de frase* até *topics discursivos*, e assim por diante, até os *topics narrativos* e os *macrotopics* que engloba a todos. No início *I promessi sposi* (Os Esposos Prometidos) fala do lago de Como e é preciso entendê-lo para atribuir, por exemplo, um sentido geográfico ao termo |ramo|; prosseguindo na leitura, nos damos conta que está em jogo o encontro de um pároco do campo com dois esbirros; mas depois a gente percebe que estes temas menores constituem parte de um tema maior que é a dificuldade de celebrar um matrimônio; e, no fim, querendo interpretar o livro nos seus valores ideológicos, elabora-se a hipótese de que aquilo de que fala é o papel da Providência nas coisas humanas. A qualquer nível desta hierarquia, um *topic* estabelece uma *aboutness*, um estar-em-volta-de-algo, como sugeriu van Dijk. A *aboutness* do *De bello gallico* é a guerra nas Gálias e o |De| latino é exatamente um sinal temático.

A identificação do *topic* permite uma série de amálgamas semânticos que estabelecem um dado nível de sentido ou *isotopia*. A este propósito é preciso, porém, estabelecer a diferença entre *topic* e isotopia (duas noções que se afiguram ligadas etimologicamente, e com boa razão).

Há casos em que *topic* e isotopia parecem coincidir, mas fique claro que o *topic é um fenômeno pragmático ao passo que a isotopia é um fenômeno semântico*. O *topic* é uma hipótese que depende da iniciativa do leitor, que a formula de maneira algo grosseira, sob forma de pergunta ("de que diabo estão falando?") que se traduz, por conseguinte, como proposta de um título tentativo ("é provável que estejam falando disto"). Portanto, é instrumento metatextual que o texto pode tanto pressupor quanto conter explicitamente sob forma de marcadores de *topic*, títulos, subtítulos, expressões-guia. Com base no *topic*, o leitor decide magnificar ou narcotizar as propriedades semânticas dos lexemas em jogo, estabelecendo um nível de *coerência interpretativa*, chamada *isotopia*.

5.3. A ISOTOPIA

Greimas (1970:188) define a isotopia como "um conjunto de categorias semânticas redundantes que possibilitam a leitura uniforme de uma história". Portanto, a categoria teria funções de desambiguações transfrástica ou textual, mas em várias ocasiões Greimas aduz exemplos que se referem também a frases e até mesmo a sintagmas nominais. Por exemplo, para explicar em que sentido o amálgama sobre um único classema (ou categoria semântica, ou sema contextual iterativo) permite uma leitura uniforme, ele fornece o exemplo das duas expressões |o cão ladra| e |o comissário ladra|. Uma vez que |ladrar| possui dois classemas, "humano" e "canino", é a presença do cão ou do comissário que leva a reiterar um dos dois a decidir se |ladrar| é entendido no sentido próprio ou figurado. Deveria ficar claro que são as nossas *seleções contextuais* (cf. 1.2 e 4.6.3) que aqui são denominadas classemas. A presença humana do comissário introduz um contexto "humano" e permite identificar a seleção apropriada no espectro composicional de |ladrar|[3].

Mas, podemos acaso dizer que uma isotopia se realiza sempre e somente nestas condições? Deixando de lado o fato de que então ela não se distinguiria da normal coerência semântica e do conceito de amálgama, os registros computados das várias acepções do termo, tanto em Greimas quanto em seus discípulos (cf. Kerbrat-Orecchioni, 1976), mostram-nos que se falou diversas vezes de isotopias semânticas, fonéticas, prosódicas, estilísticas, enunciativas, retóricas, pressuposicionais, sintáticas e narrativas. Por conseguinte, é lícito supor que |isotopia| tenha se tornado um termo-guarda-chuva que cobre diversos fenômenos semióticos genericamente definíveis como *coerência de um percurso de leitura*, nos vários níveis textuais. Mas, obtém-se a coerência, nos vários níveis textuais, aplicando-se as mesmas regras? Daí por que é oportuno — senão realizar uma sistemática das isotopias — tornar o termo mais unívoco e manejável ao menos com vista aos objetivos do presente discurso, estipulando as condições mínimas de emprego. Parece-nos, portanto, que, a uma primeira inspeção, emergem as acepções representadas na Figura 3. Este diagrama não pretende esgotar uma sistemática das isotopias, mas sim mostrar em primeira instância como esta categoria pode assumir várias formas.

Figura 3

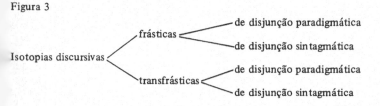

3. Cf. Greimas (1966: 52-53). Cf. também van Dijk ("Aspects d'une théorie générative du texte poétique" em Greimas, ed., *Essais de sémiotique poétique*, Paris, Laoursse, 1972, pp. 180-206: "Poder-se-ia dizer que a isotopia central de um texto é constituída pelo sema ou classema mais baixo que domina o maior número de lexemas do texto".

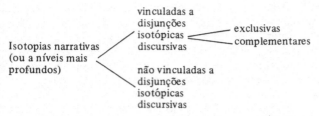

Procuremos agora considerar alguns exemplos que verifiquem esta casuística.

5.3.1. Isotopias discursivas frásticas de disjunção paradigmática[4].

No trabalho sobre a escritura das palavras cruzadas, Greimas (1970) examina esta definição, com a denominação correlata:

(*19*) O amigo dos símplices = herborista

onde a argúcia definitória nasce do fato de que |símplices| possui duas seleções contextuais, uma comum e a outra especializada, que é oriunda justamente da seleção "vegetal". Só depois que se decidiu (por topicalização) que o termo é entendido na segunda acepção, é que se estabelece que ele vale gramaticalmente como substantivo e não como adjetivo e, por conseguinte, se resolve decodificar |amigo| como amador ou apaixonado e não como colega. O *topic* interveio como hipótese de leitura (estamos falando de ervas e não de atitudes éticas), dirigiu-se para a seleção contextual adequada e impôs uma regra de coerência interpretativa que interessa a todos os lexemas em jogo. Podemos chamar de isotopia o resultado semântico desta interpretação coerente e reconhecer a isotopia atualizada como conteúdo "objetivo" da expressão (objetivo no sentido dado pelo código: naturalmente, no caso desta expressão, que é propositalmente ambígua ou, se quisermos, bi-isotópica, os conteúdos objetivos são dois, ambos atualizáveis). Deveríamos dizer que neste caso a isotopia não depende de alguma redundância de categorias semânticas, visto que |amigo| e |símplices| não parecem ter semas em comum. Na verdade, a frase bi-isotópica é fornecida pela definição mais a sua solução. Vale dizer que, uma vez desenvolvida a topicalização (estamos falando de ervas), obtém-se a frase |o herborista ama os símplices|, onde |herborista| impõe um sema de vegetalidade que permite atualizar a seleção contextual apropriada no espectro componencial de |símplices|. Casos deste gênero se revelam naqueles jogos enigmáticos ditos "criptografias mnemônicas", amplamente estudados por Manetti e Violi (1977). Dada a expressão-estímulo |Macbeth| e a solução bi-isotópica "o colega de banco", enquanto o sentido que diremos literal ou comum (o sintagma esclerotizado, pescado no repertório mnemônico que significa "aquele que divide o lugar no banco de escola")

4. A distinção entre isotopias de disjunção paradigmática e isotopias de disjunção sintagmática corresponde àquela entre isotopias verticais e horizontais sugerida por Rastier e discutida em Kerbrat-Orecchioni, 1975: 24-25.

AS ESTRUTURAS DISCURSIVAS

tem uma coerência semântica própria devida ao sema de escolaridade encerrado tanto em |colega| quanto em |banco|, o segundo sentido — mais arguto — deriva da combinação do estímulo e da resposta na frase |Macbeth é o colega de Banco|, onde se deve postular uma enciclopédia bastante rica que forneça uma adequada representação também para os nomes próprios (cf. *Tratado*, 2.9.2).

Daí por que estas isotopias são definidas como "frásticas", embora em primeira instância pareçam referir-se apenas a descrições definidas.

Em todo caso, elas são de disjunção paradigmática: dependem do fato de que o código considera expressões lexicais de significado múltiplo. É claro que a disjunção paradigmática depende de uma pressão co-textual, que se desenvolve sintagmaticamente, mas isso não impede que aqui se deva decidir que percurso de leitura cabe consignar a um ou mais espectros componenciais.

Ademais, estas isotopias são *denotativamente exclusivas*: ou se fala dos puros de espírito ou das ervas, ou se fala de uma classe elementar ou de um drama shakespeariano.

O *topic* intervém como hipótese cooperativa para identificar seleções contextuais.

5.3.2. Isotopias discursivas frásticas de disjunção sintagmática.

A gramática transformacional nos habituou a frases ambíguas como

(20) They are flying planes (são aviões voando *vs.* eles fazem aviões voar)

que se distinguem por uma estrutura profunda diversa. Na desambiguação desta frase entram em jogo sem dúvida disjunções paradigmáticas (por exemplo, é preciso decidir se o verbo é entendido em sentido transitivo ou intransitivo), mas a decisão fundamental (sempre dependente de prévia topicalização) consiste em saber se estamos falando de sujeitos humanos que fazem alguma coisa com os aviões ou de aviões que fazem alguma coisa. A este ponto cumpre pôr em atuação uma co-referência e estabelecer a quem ou a que coisa |they| (eles) se referem. Poderíamos dizer que a decisão co-referencial (sintagmática) decide sobre a escolha paradigmática que concerne ao sentido do verbo.

Também estas isotopias são *denotativamente exclusivas*: ou se fala de uma ação humana ou de objetos mecânicos.

Aqui o *topic* intervém como hipótese cooperativa para atualizar tanto co-referências quanto seleções contextuais.

5.3.3. Isotopias discursivas transfrásticas de disjunção paradigmática.

Examinemos, a este propósito, por historieta que representa dois tipos que conversam durante uma festa citada por Greimas (1966). O primeiro elogia as comidas, os serviços, a hospitalidade, a beleza das senhoras e finalmente se externa sobre a excelência das toaletes. O segundo responde que ainda não houve nada disso. Ora, o segundo

78 LECTOR IN FABULA

falante, enquanto intérprete do texto emitido pelo primeiro, erra porque *superpõe duas encenações*. A encenação "festa" considera sem dúvida também as toaletes dos hóspedes, mas não poderia considerar o estado dos serviços higiênicos, pois do contrário deveria considerar também os serviços hidráulicos, as instalações elétricas, a solidez das paredes, a disposição dos quartos. Estes elementos são considerados, quando muito, dissemos, por uma encenação como "arquitetura dos interiores e mobiliamento". A festa remete a uma encenação de tipo *social*, o mobiliamento a uma encenação de tipo *tecnológico*. Identificar o *topic* significa neste caso identificar o campo semântico, de modo a fazer com que as seleções contextuais funcionem. O termo |toalete| é sem dúvida polissêmico e adquire dois sentidos, de acordo com a disjunção entre a seleção "moda" (que por sua vez remete a um sema de "socialidade") e a seleção "arquitetura". Neste caso podemos certamente falar da presença de um classema ou de uma categoria semântica dominante, dado que o texto do primeiro falante efetivamente redundou em termos-chave que continham, todos, referências à festa e à socialidade da situação. Não havia possibilidade de equívocos, e a historieta provoca o riso justamente porque representa um caso de cooperação textual infeliz.

Estas isotopias são de disjunção paradigmática porque, embora com base em pressão co-textual (sintagmática), dizem respeito a seleções contextuais em lexemas de significado múltiplo.

Também estas isotopias são *denotativamente exclusivas*: ou se fala de vestidos ou se fala de gabinetes.

O *topic* intervém como hipótese cooperativa, para identificar seleções contextuais, hipotizando encenações.

5.3.4. Isotopias discursivas transfrásticas de disjunção sintagmática. Este é o caso da expressão citada em *(16a)*. Como se viu, trata-se de ler aquele breve texto como a história de dois casais ou como a história. de um triângulo. Também neste caso temos isotopia discursiva com denotações alternativas. Em termos extensionais, trata-se, antes, de decidir se falamos de quatro ou de três indivíduos. Para isso é preciso decidir como se quer interpretar |também|, mas, visto que se trata de estabelecer uma co-referência, a escolha diz respeito à estrutura sintática da frase, e somente mediante uma decisão sintática se obtém um ou outro resultado semântico. Conforme vimos, é por meio de operação de topicalização que se decide se o assunto gira em torno de dois casais ou de um triângulo: no primeiro caso, a estrutura lógica do texto se torna A:B = C:D, ao passo que no segundo caso se torna A:B = B:C. É um problema de coerência interpretativa; se estão em jogo quatro indivíduos, e na primeira frase foram comparados A e B, |também| impõe que do mesmo modo na segunda frase se comparem C e D; se, ao invés, estão em jogo três indivíduos e na primeira frase se comparam A e B, |também| impõe que na segunda frase se comparem B e C. Mas não vemos como as duas decisões interpretativas possam depender da redundância de categorias semânticas. Aqui a relação se estabelece entre *topic* e decisões co-referenciais,

AS ESTRUTURAS DISCURSIVAS

sem a mediação de seleções contextuais. Conforme já vimos, no máximo entram em jogo pressuposições de encenação.

As duas isotopias são de disjunção sintagmática.

São mutuamente exclusivas (ou se fala do relatório Kinsey ou de uma história de adultério), mas não são por completo *denotativamente alternativas*: alguns indivíduos em jogo permanecem os mesmos em qualquer caso, a menos que se atribuam diversas ações e diversas intenções. Como veremos no Cap. 8, delineiam-se diversos mundos possíveis.

O *topic* intervém como hipótese cooperativa para estabelecer as co-referências e, assim, orienta a estruturação de diversos mundos narrativos.

5.3.5. Isotopias narrativas vinculadas a disjunções isotópicas discursivas que geram histórias mutuamente exclusivas. Examinemos o seguinte texto. É a tradução para o francês de um trecho de Maquiavel e não importa saber se no original italiano se manifesta a mesma ambigüidade do texto francês[5]; o texto francês será examinado como se fosse um original anônimo:

(*21*)   Domitien surveillait l'âge des senateurs, et tous ceux qui'il voyait en position favorable pour lui succéder il les abattait. Il voulut ainsi abattre Nerva qui devait lui succéder.
Il se trouva qu'un calculateur de ses amis l'en dissuada, vu que *lui-même* [o grifo é nosso] était arrivé à un âge trop avancé pour que sa mort ne fût toute proche; et c'est ainsi que Nerva put lui succéder*.

Vemos logo que aqui, antes de mais nada, se delineia a escolha entre duas isotopias discursivas transfrásticas de disjunção sintagmática: a anafórica |lui-même| poderia referir-se tanto a Domiciano como a Nerva. Caso se refira a Domiciano, também a morte de que se fala depois (|*sa* mort|) é a morte próxima de Domiciano; caso contrário, é a morte de Nerva. Por conseguinte, cumpre decidir a co-referência com base na topicalização: se está falando da idade de Domiciano ou da idade de Nerva? Uma vez decidida a co-referência, temos uma seqüência discursiva *denotativamente alternativa* com relação à outra. Com efeito, num caso o conselheiro diz a Domiciano que não mate Nerva porque ele — Domiciano — morrerá dentro em pouco e por isso é inútil que elimine os seus possíveis sucessores; no outro caso,

5. O texto foi proposto por Alain Cohen durante um simpósio sobre as modalidades do fazer crer, realizado em Urbino, no Centro Internacional de Semiótica, em julho de 1978. A análise de Cohen visava, no entanto, fins diversos dos nossos e dizia respeito exclusivamente ao discurso sobre o Poder a que se aludirá mais adiante.

* Domiciano vigiava a idade dos senadores, e todos aqueles que via em posição favorável para lhe suceder ele os matava. Ele quis assim abater Nerva que devia lhe suceder./ Aconteceu que um de seus amigos, calculador, o dissiadiu disso, visto que ele próprio [Domiciano] havia chegado a uma idade por demais avançada para que sua morte não estivesse muito próxima, e foi assim que Nerva pôde lhe suceder. (N. do R.)

80   LECTOR IN FABULA

o conselheiro diz a Domiciano que Nerva provavelmente morrerá dentro de pouco tempo e por isso não constitui um perigo para Domiciano.

É claro que na esteira das duas isotopias discursivas se pode resumir duas histórias diferentes. No capítulo seguinte falaremos mais detalhadamente das macroproposições de fábula, mas por enquanto é suficiente explicar que as duas isotopias discursivas geram dois possíveis resumos narrativos. Num caso, temos a história de um amigo de Domiciano, que lhe faz um raciocínio sobre o Poder: "Se morreres, corres o risco de perder o Poder, mas, poupando Nerva e designando-o implicitamente teu sucessor, embora morrendo, tu manténs o controle do Poder, geras o novo Poder". Noutro caso, temos a história de um amigo de Nerva que torna Domiciano vítima de uma manobra palaciana: "Ó Domiciano, por que queres matar Nerva? Ele é tão velho que já morre por si só!" — e assim o cortesão coloca Nerva no trono.

Delineiam-se, pois, duas histórias que mutuamente se excluem, cuja caracterização depende da atualização discursiva. E não só isso, mas a nível mais profundo (cf. Figura 2) desenham-se diversas estruturas actanciais e diversas estruturas ideológicas. O conselheiro pode ser visto como o oponente de Domiciano e o adjuvante de Nerva, ou como adjuvante do Poder e oponente de Domiciano enquanto indivíduo mortal, ou ainda adjuvante de Domiciano e neutro com relação a Nerva. E podemos decidir se, aqui, estamos definindo uma oposição ideológica Poder *vs.* Morte (onde o Poder vence também a Morte) ou Poder *vs.* Astúcia, onde a intriga do cortesão vence a brutalidade do Poder. Podemos também legitimamente perguntar se é a escolha das co-referências que gera as diversas estruturas profundas, ou se é uma hipótese preliminar sobre as estruturas profundas que, sugerindo um *topic* específico, orienta a atualização das co-referências a nível discursivo. Em 4.1. já dissemo-lo e repeti-lo-emos no Cap. 9: a cooperação interpretativa é feita de saltos e curtos-circuitos nos diversos níveis textuais, onde é impossível estabelecer seqüências logicamente ordenadas.

Seja como for, vimos que aqui as isotopias narrativas estão vinculadas às discursivas (ou vice-versa).

As duas isotopias narrativas são mutuamente exclusivas, mas *não são de todo denotativamente alternativas*; em ambos os casos, sempre se fala de Nerva e de Domiciano, salvo que se lhes atribuem diferentes ações e diferentes intenções. Conforme veremos no Cap. 8, os indivíduos permanecem os mesmos, só que mudam algumas de suas propriedades. Delineiam-se diversos mundos possíveis.

O *topic* intervém para orientar a estruturação desses mundos narrativos.

5.3.6. Isotopias narrativas vinculadas a disjunções isotópicas discursivas que geram histórias complementares. É o caso da teoria medieval dos quatro sentidos da escritura, enunciada também por Dante.

AS ESTRUTURAS DISCURSIVAS   81

Uma vez dado o texto

(22)   In exitu Israel de Aegypto — domus Jacob de populo barbaro, — facta est
       Judea sanctificatio ejus — Israel potestas ejus

sabemos que, "se olharmos somente na letra (texto), o que está significado é a saída dos filhos de Israel do Egito no tempo de Moisés; se olharmos para a alegoria, o que está significado é a nossa redenção por obra de Cristo; se atentarmos para o sentido moral, é a conversão da alma do luto e da miséria do pecado para o estado de graça que está significado; e se atentarmos para o sentido anagógico, significa-se a saída da alma santa da escravidão desta corrupção para a liberdade da glória eterna". Para simplificar, consideremos agora apenas os sentidos literal e moral. Mais uma vez, tudo depende da hipótese do *topic*: está se falando de Israel ou da alma humana? Uma vez resolvido este ponto, a atualização discursiva muda: no primeiro caso |Israel| será entendido como nome próprio de um povo e |Aegypto| como nome próprio de um país africano; no segundo caso, Israel será a alma humana, mas ainda, por coerência interpretativa, o Egito deverá ser o pecado (não podemos confundir os níveis de leitura).

Aqui, porém, *não serão escolhidos sentidos alternativos* de um espectro componencial, porque devemos prever que, numa enciclopédia suficientemente rica como a medieval, |Israel| *denotava* o povo eleito e *conotava* a alma. Por conseguinte, não é o caso de |toalete| que tem o sentido *x* ou o sentido *y*; aqui a expressão conota o sentido *y* justamente porque denota o sentido *x*. A relação é de implicação e não de disjunção. Portanto, existe disjunção isotópica, que não se baseia, porém, em disjunção, mas em implicação semântica[6].

Uma vez decidida a leitura preferencial a nível discursivo das estruturas discursivas atualizadas podemos inferir diversas histórias, e a história moral dependerá da atualização discursiva moral, da mesma forma que a literal dependerá da atualização discursiva literal. Mas as duas histórias (e sabemos que na realidade são quatro) *não se excluem mutuamente*, pois que são, pelo contrário, complementares, no sentido de que o texto suporta a leitura simultânea de duas ou mais maneiras, e um modo reforça o outro ao invés de eliminá-lo.

Por conseguinte, temos isotopias narrativas vinculadas a isotopias discursivas, mas que não se excluem mutuamente. Pelo contrário, são *denotativamente alternativas*: ou se fala do povo eleito ou se fala da alma (e, de fato, a opção reside entre denotação e conotações várias). Em virtude desta escolha, configuram-se diversos modos possíveis.

O *topic* (tanto aquele discursivo quanto o narrativo) intervém para selecionar entre semas denotados e semas conotados e para orientar a estruturação dos mundos narrativos.

---

6. Quanto à distinção denotação/conotação, cf. *Tratado* 2.3 e 2.9.1.

82 LECTOR IN FABULA

5.3.7. Isotopias narrativas não vinculadas a disjunções isotópicas discursivas que geram em todo caso histórias complementares. Na sua análise do mito bororo dos aras, Greimas (1970) nos fala de outro tipo de isotopia narrativa.

Na realidade, o mito encerra dois racontos, um que concerne à procura das águas e o outro que se refere aos problemas do regime alimentar. Logo, trata-se de isotopia "natural" contra isotopia "alimentar". Também aqui se levanta obviamente um problema de coerência interpretativa, que não difere daquele que devemos resolver com *Les Templiers*, já citado. Em ambos os casos percebemos, porém, que, seja qual for a história (ou então, como se dirá no capítulo seguinte, a fábula) que atualizarmos, *não teremos mudança a nível discursivo*. Os relatos sempre falam daquelas personagens e daqueles eventos. No máximo e de acordo com a isotopia narrativa, escolheremos como mais pertinentes de preferência algumas ações a outras, mas as ações e os sujeitos que as compõem permanecem os mesmos, embora possa mudar o valor que lhes atribuímos na economia narrativa. Trata-se de elaborar uma hipótese de tema narrativo e de apoiar-se em termos ou frases-chave sem no entanto operar disjunções paradigmáticas no que concerne ao sentido dos lexemas ou disjunções sintagmáticas no que diz respeito ao sentido das co-referências.

A permanência de uma única coerência discursiva faz com que neste caso as duas isotopias narrativas não se anulem reciprocamente, *que não estejam em relação de exclusão ou de alternância, mas de complementaridade.* Embora Greimas escolha como melhor a isotopia alimentar, isto não significa que a história não seja legível também através da isotopia natural. As duas isotopias chegam até a reforçar-se mutuamente.

No caso da historieta sobre as |toaletes|, achavam-se em oposição duas leituras, das quais uma era claramente perdedora; e, se o primeiro interlocutor tivesse querido realmente falar dos gabinetes, a sua intervenção teria sido conversacionalmente infeliz, porque violava a máxima da relevância. Não é o que se pode dizer do mito dos aras.

Por conseguinte, temos aqui isotopias narrativas *não vinculadas a disjunções discursivas.*

As duas ou mais isotopias narrativas *não são mutuamente exclusivas. Sequer são de todo denotativamente alternativas*, pois no máximo se atribuem aos mesmos indivíduos diversas propriedades S-necessárias (das quais falaremos em 8.11). Configuram-se por isso diversos mundos narrativos possíveis.

O *topic* intervém unicamente para orientar a avaliação das propriedades narrativamente pertinentes e, por isso mesmo, a estruturação destes mundos.

5.3.8. Conclusões provisórias. O que foi dito nos permite afirmar que |isotopia| é um termo-guarda-chuva que cobre fenômenos diversos. Com todos os termos-guarda-chuva (como |iconismo|, |pressuposição|, |código|), ele revela que sob a diversidade oculta-se alguma

AS ESTRUTURAS DISCURSIVAS

unidade. De fato, |isotopia| se refere sempre à constância de um percurso de sentido que um texto exibe quando é submetido a regras de coerência interpretativa, embora as *regras de corência mudem*, conforme queiramos caracterizar isotopias discursivas ou narrativas, desambiguar descrições definidas ou frases e operar co-referências, decidir o que fazem determinados indivíduos ou estabelecer quantas histórias diferentes podem originar-se da mesma ação dos mesmos indivíduos.

O que, de qualquer modo, deveria estar claro é que a individualização do *topic* constitui movimento cooperativo (pragmático) que orienta o leitor no sentido de identificar as isotopias como propriedades semânticas de um texto.

6. As Estruturas Narrativas

6.1. DO ENREDO À FÁBULA

Uma vez atualizado o nível discursivo, o leitor está em condições de sintetizar trechos inteiros de discurso mediante uma série de *macroproposições* (veja van Dijk, 1975). O leitor de *Promessi sposi*, depois de atualizar as estruturas discursivas das primeiras páginas do romance, tem condições de formular sumários deste gênero: "Numa cidadezinha à beira do Lago Como, nas bandas de Lecco, uma tarde, ao pôr-do-sol, o vigário da localidade estava dando um passeio, quando encontrou no caminho dois sujeitos vesgos que reconheceu como esbirros e que parecia estarem esperando justamente por ele". Somente a esta altura o leitor é impelido a perguntar-se: e agora, o que acontecerá com o nosso vigário, o que os esbirros lhe dirão?

Para melhor compreender não somente o mecanismo deste processo abstrativo, mas também a dinâmica destas interrogações, é preciso retomar a velha oposição formulada pelos formalistas russos entre *fábula* e enredo[1]. Fábula é o esquema fundamental da narração, a lógica das ações e a sintaxe das personagens, o curso de eventos ordenado temporalmente. Pode também não constituir uma seqüência de ações humanas e pode referir-se a uma série de eventos que dizem respeito a objetos inanimados, ou também a idéias. O enredo, pelo contrário, é a história como de fato é contada, conforme aparece na superfície, com as suas deslocações temporais, saltos para frente e para trás (ou

---

1. Quanto à história desta distinção, cf. Erlich, 1954. No tocante a uma discussão recente, cf. Segre (1974) "Lógica do Raconto, Análise Narrativa e Tempo" [in *As Estruturas e o Tempo*, São Paulo, Perspectiva, 1986, pp. 11-89], bem como Fokkema e Kunne-Ibsch (1977).

86 LECTOR IN FABULA

seja, antecipações e *flash-back*), descrições, digressões, reflexões parentéticas. Num texto narrativo o enredo identifica-se com as estruturas discursivas. Contudo, poderia também ser entendido como uma primeira síntese tentada pelo leitor com base nas estruturas discursivas, uma série de macroproposições mais analíticas que, entretanto, deixam ainda indeterminadas as sucessões temporais definitivas, as conexões lógicas profundas. Mas podemos ignorar estas sutilezas. O que nos interessa a nível de estádios cooperativos é que, depois de atualizar as estruturas discursivas, mediante uma série de movimentos sintéticos, se chegue a formular as macroproposições narrativas[2].

6.2. CONTRAÇÃO E EXPANSÃO – NÍVEIS DE FÁBULA

Várias teorias textuais admitem que as macroproposições narrativas constituem somente uma *síntese* ou então uma contração das microproposições expressas a nível de estruturas discursivas. Pois bem, se isto é verdade em grande parte dos casos (houve quem sugerisse que a fábula de *Édipo Rei* pode ser sintetizada como "procurem o culpado"), existem, contudo, muitas situações em que as macroproposições narrativas *expandem* as microproposições discursivas. Qual é a macroproposição que sintetiza os primeiros dois versos da *Divina Comédia*? Seguindo a teoria dos quatro sentidos, temos ao menos quatro isotopias narrativas; e cada uma delas pode ser expressa só por uma série de macroproposições (ou de interpretantes) que, a nível de nova manifestação linear, se apresentam como mais amplas que a manifestação linear interpretada. E é claro que uma macroproposição como, por exemplo, "por volta dos trinta e cinco anos de vida, Dante Alighieri se acha mergulhado numa condição de pecado", só é atualizada a nível moral: a nível literal ela se estabelece, só que se trata de um sujeito que, na metade do percurso médio da vida humana, acha-se numa floresta escura. A estrutura narrativa da conhecida frase |Dieu invisible créa le monde visible| se traduz assim: "Há um Deus. Deus é invisível. Deus criou (tempo passado) o mundo. O mundo é visível". E deve-se tomar a exclamação do velho Horácio em Cornélio |qu'il mourut!|, para entender que expansão exige a tradução em termos narrativos deste simples ato lingüístico.

Uma segunda observação diz respeito à analiticidade ou à sinteticidade da fábula. Diremos que o formato da fábula depende de uma iniciativa cooperativa bastante livre: em outros termos, constrói-se a fábula ao nível de abstração que interpretativamente se julga mais proveitoso. *Ivanhoé* pode ser tanto a história do que acontece

---

2. A questão tem uma dimensão teórica própria e uma verificabilidade própria empírica. Quanto ao aspecto teórico, cf. a idéia de história como "grande frase" em Barthes, 1966; cf. também Todorov, 1969. Outrossim, quanto à estrutura semêmica como programa narrativo potencial, já foi citado Greimas (1973: 174). Sobre outro aspecto, são úteis as pesquisas efetuadas por van Dijk, 1975 e 1976b sobre os "sumários" que os leitores fornecem de uma história.

AS ESTRUTURAS NARRATIVAS   87

a Cedric, Rowena, Rebeca e assim por diante, como a história de um choque de classe (e de etnia) entre normandos e anglo-saxões. Tudo depende se devemos reduzir a história para um filme ou se devemos escrever uma síntese dela para ser publicada numa revista de estudos marxistas. É bem verdade que, para chegar à segunda fábula (afora o fato de que de qualquer modo devemos ter passado pela primeira), já nos encontramos na soleira do nível actancial: foram identificados dois actantes principais, dos quais os vários atores individuais ou coletivos — que aos poucos vão aparecendo no livro — são manifestações; mas é também verdade que esta estrutura actancial esquelética é ainda vista como investida em dois atores (duas raças e duas classes); e, portanto, movimenta-se ainda a nível de fábula, embora rarefeito.

A este propósito ressurge o quesito já abordado sobre a relação entre *topic* e isotopia. É claro que *uma fábula é uma isotopia narrativa*: ler o início da *Divina Comédia* como a história de uma alma pecadora que procura uma via de saída da "selva" do pecado, significa ler sempre ao mesmo nível de coerência semântica toda a entidade que a nível de estrutura discursiva aparece na sua forma literal (a nível discursivo, um lince é um animal, mas, caso se resolva lê-lo como figura de algum vício, então será preciso ater-se à decisão também no que tange à loba). Para atualizar, porém, esta estrutura narrativa, é necessário ter proposto um *topic* como chave de leitura: aqui estamos falando da alma pecadora.

Releiamos o conto de Allais — *Les Templiers* — que consta no Apêndice 2: dissemos que ele só se torna textualmente coerente ou incoerente se o encaramos como resposta a dois diferentes *topics*: (i) "procurar lembrar-se como se chamava a pessoa x" e (ii) "o que aconteceu quando apareci no castelo dos templários". Uma vez ativado o *topic*, vemos, contudo, que a nível de estruturas discursivas a atualização não muda; a nível narrativo configuram-se, ao contrário, duas fábulas que servem de base para estabelecer que ações são relevantes. Em consonância com o primeiro *topic*, algumas das ações praticadas pelos protagonistas são pouco caracterizantes (por exemplo, eles poderiam aparecer, ao invés de no castelo dos templários, no dos Assassinos do Velho da Montanha) e pode-se deixar que caiam no decurso da recapitulação e da síntese por macroproposições; ao passo que, de acordo com o segundo *topic*, se tornaria irrelevante o fato de o narrador não se lembrar do nome do amigo (salvo que a segunda fábula permanece em todo caso suspensa no ar).

Muitas vezes a decisão sobre o formato da fábula depende também da competência intertextual do leitor. Haja vista o *Édipo Rei*: se nunca existe um destinatário que já não conheça o mito de Édipo, este frisará que a tragédia (mediante antecipações e *flash-backs*) está narrando a história de um rei que abandona o próprio filho porque um oráculo lhe disse que este um dia o mataria, e assim por diante, até o ponto em que Édipo, já rei de Tebas, descobre que foi ele mesmo o assassino do próprio pai e que se casou com a própria mãe. Pode muito bem revestir-se de escassa importância, a respeito desta síntese,

88 LECTOR IN FABULA

o jogo de interrogações e denegações com o qual Édipo conduz a sua averiguação final. Mas, se o destinatário já conhece o mito, cujo conhecimento é pressuposto pela tragédia (a qual postula um Leitor--Modelo que compreenda o que Édipo não compreende e que participe apaixonadamente da dialética da sua vontade de saber e do seu desejo profundo de não saber), então sintetizará uma fábula diferente, que concerne exatamente aos passos com os quais Édipo, a tão breve distância da verdade, a procura, de um lado, e que, do outro, a rejeita, até render-se à evidência. A esta altura a fábula de Édipo se torna a história de alguém que, culpado, recusa reconhecer outra história. Com isto entram em jogo outros níveis mais profundos: estruturas actanciais e ideológicas e dialética entre mundos possíveis — como veremos no Cap. 8.

Para concluir: notemos que o leitor deve realizar algumas operações de redução sucessivas, que a Figura 2 não registra, quando quer passar do nível narrativo para o das estruturas actanciais, da mesma forma que para passar das macroproposições de fábula para as previsões sobre o curso dos eventos: e aqui se colocam provavelmente sínteses sucessivas do tipo daquelas projetadas por Propp, quando reduz uma história a funções narrativas; por Bremond, quando reduz a ossatura narrativa a séries de disjunções binárias, cujo êxito é intertextualmente codificado; ou por toda uma tradição que estudou "temas" e "motivos". Mas, neste ponto, a noção de motivo, conforme já se falou em 4.6.6., liga-se com a de encenação intertextual, da qual falaremos ainda em 7.3.

6.3. ESTRUTURAS NARRATIVAS EM TEXTOS NÃO-NARRATIVOS

O modelo da Figura 2, embora seja concebido para justificar textos narrativos, funciona também para textos que não são narrativos. Em outras palavras, podemos atualizar uma fábula, ou então uma seqüência de ações, também em textos não-narrativos, da mesma forma que em atos lingüísticos mais elementares como perguntas, ordens, juramentos, ou em fragmentos conversacionais. Diante da ordem |venha cá|, podemos expandir a estrutura discursiva numa macroproposição narrativa do tipo "há alguém que exprime, de maneira imperativa, o desejo de que o destinatário, em relação ao qual manifesta atitude de familiaridade, se desloque da posição em que se acha e se aproxime da posição em que está o sujeito da enunciação". Se assim quisermos, trata-se de uma pequena história, embora de pouca relevância. Vejamos um texto conversacional como:

(23) Paulo — Onde está Pedro?
       Maria — Lá fora.
       Paulo — Ah! Pensei que ainda estava dormindo.

AS ESTRUTURAS NARRATIVAS   89

No supracitado texto, podemos facilmente extrapolar uma história que narra como: (i) no mundo dos conhecimentos de Paulo e de Maria existe um certo Pedro; (ii) Paulo, em um tempo inicial t_1, acredita em p (p = Pedro continua ainda dormindo em casa), ao passo que Maria, em um tempo t_2, afirma saber que q (q = Pedro saiu); (iii) Maria informa Paulo acerca de q; (iv) Paulo abandona a sua crença acerca de p e admite que p não é o caso, enquanto confessa ter acreditado em q em t_1. Naturalmente, todos os outros problemas semânticos (pressuposições acerca do fato de que Pedro é um ser humano do sexo masculino, que é conhecido tanto por Paulo quanto por Maria, que a conversa tem lugar dentro de uma casa ou em frente a uma casa, que Paulo queria saber alguma coisa a respeito de Pedro ou que o tempo da conversa era provavelmente a manhã já adiantada) referem-se ao processo anterior de atualização das estruturas discursivas. Quanto a determinar se Maria está dizendo a verdade, se Paulo acredita que Maria diz a verdade ou se apenas finge crer nela, isto diz respeito a operações extensionais ulteriores (estruturas de mundos). Mas, para passar das estruturas discursivas às estruturas de mundos, parece que é indispensável uma síntese a nível de fábula. Indispensável, certamente, se *lemos* um diálogo do gênero; mas indispensável também a Paulo, protagonista do diálogo em ato, se quer aperceber-se do evento que está vivendo e de que previsões pode fazer (recorrendo, talvez, a encenações comuns) — a fim de poder, por exemplo, reagir à situação, resolvendo deixar uma mensagem para Pedro.

Conforme dissemos em 6.2., também aqui a fábula pode ser atualizada a níveis mais sintéticos, formulando-se, por exemplo, a macroproposição "Paulo procura Pedro" ou então "Paulo interroga Maria a respeito de Pedro" ou ainda "Paulo recebe de Maria uma notícia inesperada".

Da mesma maneira, também os exemplos de "implicatura" conversacional propostos por Grice (1967) veiculam uma história possível. O valor pragmático da implicatura consiste exatamente no fato de que ele obriga o destinatário a formular uma história onde havia só e aparentemente a violação acidental ou maliciosa de uma máxima conversacional.

(*24*)   A – Estou sem gasolina.
         B – Há um posto na esquina.

História: A precisa de gasolina e B quer ajudá-lo. B sabe que A sabe que os postos costumam ter uma bomba de gasolina, sabe que há um posto na esquina e sabe (ou espera) que este posto tenha gasolina para vender. Assim, B informa A sobre a localização do posto e o faz de maneira a não perder-se em longos raciocínios e sem dar nenhuma informação mais que aquela que a situação requer. Poderíamos acrescentar que, neste ponto, o leitor da conversação (*24*) — e até B como possível destinatário da história de que é protagonista — pode começar a fazer-se uma série de interrogações sobre o futuro curso dos acontecimentos: será que A seguirá as sugestões

90 LECTOR IN FABULA

de B? Haverá gasolina no posto? etc. Suspense moderado, mas certo: e mecanismo de que falaremos em 7.2. e 7.3., quando abordarmos as previsões e os passeios inferenciais.

6.4. CONDIÇÕES ELEMENTARES DE UMA SEQÜÊNCIA NARRATIVA

Resta estabelecer quais as condições elementares segundo as quais uma seqüência discursiva pode ser definida como relevante do ponto de vista narrativo, ou seja, definida como uma porção de fábula. Decisão indispensável para poder adiantar previsões e realizar passeios inferenciais.

Também sem recorrer à distinção já proposta entre narrativa natural e narrativa artificial, poderíamos aceitar, como definição de uma narração relevante e coerente, a seguinte definição, que retoma uma série de condições propostas por van Dijk (1974): uma narração é uma descrição de ações que requer para cada ação descrita um *agente*, uma *intenção* do agente, um *estado* ou mundo possível, uma *mudança*, com a sua *causa* e o *propósito* que a determina; a isto poderíamos acrescentar *estados mentais, emoções, circunstâncias*; mas a descrição é relevante (diríamos: conversacionalmente admissível), se as ações descritas são *difíceis* e somente se o agente não tem uma *escolha óbvia* sobre o curso de ações a empreender a fim de mudar o estado que *não corresponde* aos próprios *desejos*; os eventos que se seguem a esta decisão devem ser *inesperados* e alguns deles devem parecer *inusuais* ou estranhos. É claro que uma série de requisitos do gênero exclui, e com justiça, do rol de textos narrativos asserções como:

(25) Ontem saí de casa para pegar o trem das 8:30 que chega a Turim às 10 horas. Peguei um táxi que me levou até à estação; aqui comprei o bilhete e dirigi-me à plataforma certa: às 8:20 entrei no trem que partiu no horário e me levou a Turim.

Diante de alguém que nos contasse uma história deste tipo, nos perguntaríamos por que, afinal, se perde tanto tempo violando a primeira máxima conversacional de Grice, para quem a gente não é preciso ser mais informativo do que se é solicitado (naturalmente, a menos que ontem houvesse uma greve das ferrovias, caso em que a narração comunica sem dúvida um fato fora do comum).

No entanto, os requisitos acima arrolados talvez sejam excessivos. O primeiro livro do *Gênesis* conta, decerto, uma história em que ocorrem mudanças de estado, por obra de um agente cheio de claros propósitos, o qual ativando causas e efeitos pratica ações de rara dificuldade que (se não se identifica o mundo existente com o melhor dos mundos possíveis) não constituíam escolha totalmente óbvia. Mas ninguém poderia dizer que os eventos conseqüentes à ação resultavam ser inesperados, estranhos ou inusuais para o agente, porque ele sabia com exatidão o que aconteceria se dissesse *fiat lux*

AS ESTRUTURAS NARRATIVAS 91

ou se separasse a terra das águas (acrescente-se que também o leitor espera exatamente o que de fato acontece). Todavia, seria difícil negar que o relato sobre a criação do universo constitui uma bela obra de narrativa.

Por conseguinte, podemos restringir os requisitos fundamentais (introduzindo outros somente de acordo com o gênero narrativo específico que se queira depois definir) àqueles propostos (mais ou menos) pela *Poética* aristotélica: onde é suficiente identificar um agente (e não importa se é humano ou não), um estado inicial, uma série de mudanças orientadas no tempo e produzidas por causas (que a todo custo não se devem especificar) até um resultado final (embora transitório ou interlocutório). Por enquanto não acrescentaremos (o requisito valeria somente para certos gêneros de narrativa artificial) que o agente, em conseqüência das ações, sofra uma mudança de sorte, passando da felicidade para a infelicidade, ou vice-versa. Mantendo uma série de requisitos tão reduzida, poderíamos chegar a dizer que também a descrição das operações — necessárias para produzir o lítio que Peirce oferece (cf. 2.5) — é um trecho de narrativa, ainda que elementar.

Seja como for, esta série de requisitos permite identificar um nível narrativo (uma fábula) também em textos que aparentemente não são narrativos. Examinemos, por exemplo, o começo da *Ética*, de Spinoza:

(26) Per causam sui intelligo id cujus essentia involvit existentiam; sive id cujus natura non potest concipi nisi existens.

Aqui temos pelo menos duas fábulas encaixadas. Uma diz respeito a um agente (gramaticalmente implícito), isto é, |ego| que pratica a ação de compreender ou significar; e, assim procedendo, passa de um estado de conhecimento confuso a um estado de conhecimento mais claro sobre o que seja Deus. Note-se que, se |intelligo| é interpretado como "compreendo" ou "reconheço", Deus permanece um objeto não modificado pela ação. Mas, se com o mesmo verbo entendemos "quero significar" ou "quero dizer" (*I mean* ou *Ich meine* — como acontecia com o trecho de Wittgenstein citado em 3.5), então o agente institui, através do ato da própria definição, o próprio objeto como unidade cultural (ou então o *faz ser*).

No entanto, este objeto com os seus atributos é o sujeito da fábula encaixada. É um sujeito que pratica uma ação mediante a qual ele existe, pelo próprio fato de ser. Parece que nesta vicissitude da natureza divina não "acontece" nada, porque aí não existe lapso temporal entre a atuação da essência e a atuação da existência (nem a segunda muda o estado representado pela primeira); nem o ser parece uma ação, de modo que, atuando-a, se produza o existir. Mas foi escolhido justamente este exemplo como caso-limite. Nesta história, tanto ação quanto decurso temporal acham-se no *grau zero* (igual infinito). Deus age sempre, automanifestando-se, e dura sempre, sempre produzindo o fato de que existe pelo próprio fato de que é. Pouco

92 LECTOR IN FABULA

para um romance de aventura, bastante para que, a grau absolutamente zero, se dêem as condições essenciais de uma fábula. Dicas em demasia, nenhum golpe teatral — é bem verdade — mas depende também da sensibilidade do leitor. O Leitor-Modelo de uma história do gênero é um místico ou um metafísico, um tipo de cooperador textual capaz de experimentar intensas emoções diante desta não-vicissitude que, no entanto, não deixa de pasmá-lo por causa de seu caráter singularíssimo. Se nada acontece de novo é porque *ordo et connectio rerum idem est ac ordo et connectio idearum*, e tudo já está dito. Mas também o Amor Dei Intellectualis é uma cruel paixão; e existe a inesgotável surpresa do reconhecimento da Necessidade. Se quisermos, a fábula é tão transparente que conduz imediatamente a uma vicissitude imóvel de puros actantes: e à constituição de uma estrutura de mundos com um único indivíduo que possui todas as propriedades e para quem são acessíveis todos os mundos possíveis[3].

Por outro lado, sempre é possível aproximar, de um ponto de vista da construção narrativa, também textos que parecem não contar alguma fábula: é o que fez admiravelmente Greimas (1975) analisando um "discurso não-figurativo", ou seja, a introdução de Dumezil ao seu *Naissance d'Archange* (Nascimento do Arcanjo). Onde o texto científico não manifesta apenas uma "organização discursiva", mas também uma "organização narrativa", feita de golpes teatrais científicos (ou acadêmicos), de luta com opositores, vitórias e derrotas. E a história da construção de um texto e do acionamento de uma estratégia que não carece de vontades persuasivas, com um sujeito agente que, depois de tudo, pretende personificar a própria Ciência. Sugestão muito importante que pode levar-nos a reler todos os textos argumentativos como a história de uma batalha persuasiva, travada e *vencida* — pelo menos enquanto a análise não põe a nu os artifícios.

3. Com maior razão o princípio vale para os textos experimentais onde se configuram agentes "imóveis", em que não é dado individualizar ocorrências relevantes onde está em questão a própria noção de agente. Cf., por exemplo, a análise de *Nouvelles Impressions d'Afrique*, de Roussel, feita por Kristeva (1970: 73 e ss.).

7. Previsões e Passeios Inferenciais

7.1. AS DISJUNÇÕES DE PROBABILIDADE

As macroproposições mediante as quais o leitor atualiza a fábula não dependem de uma decisão arbitrária: ele deve, de qualquer modo, atualizar a fábula veiculada pelo texto. A garantia desta "fidelidade" ao texto enquanto produzido é dada por leis semânticas que podem ser verificáveis também por meio de testes empíricos. Dada a porção textual (*14*), está garantido, em termos de enciclopédia — visto que Raoul é um homem e Marguerite uma mulher e visto que o verbo |marcher| oferece um sema de "movimento em direção a" — que ele pode ser resumido pela macroproposição "um homem se movimenta em direção a uma mulher". Por outro lado, os testes empíricos sobre as capacidades médias de resumir um texto nos dizem que a construção das macroproposições manifesta-se como estatisticamente homogênea.

Mas a cooperação interpretativa ocorre *no tempo*: um texto é lido passo a passo. Não obstante, a fábula "global" (a história contada por um texto coerente), embora seja concebida como terminada pelo autor, ao Leitor-Modelo apresenta-se como em devir: ele atualiza nela porções sucessivas. Pode-se então prever que o leitor atualiza macroproposições *consistentes*: no caso do texto (*14*) o leitor, ao invés de resumir "um homem se movimenta em direção a uma mulher", espera que a seqüência de acontecimentos tenha alcançado certa consistência para resumir "Raoul precipita-se sobre Marguerite para dar-lhe uma surra e ela foge". Pode-se também prever que a esta altura o leitor perceba uma disjunção de probabilidade, visto que, segundo a sua experiência enciclopédica (encenações comuns e inter-

94   LECTOR IN FABULA

textuais), Raoul pode alcançar Marguerite e surrá-la, não alcançá-la, ser surpreendido por um movimento imprevisto de Marguerite que inverte a situação (como de fato acontece na novela).

Toda vez que o leitor chega a reconhecer no universo da fábula (mesmo que seja ainda parentetizado quanto a decisões extensionais) a atuação de uma ação que pode produzir uma mudança no estado do mundo narrado, introduzindo assim novos cursos de eventos, ele é induzido a *prever* qual será a mudança de estado produzida pela ação e qual será o novo curso de acontecimentos.

É verdade que uma disjunção de probabilidade pode ser produzida em qualquer ponto de uma narração: "A marquesa saiu às cinco" — para fazer o quê, para ir aonde? Mas disjunções probabilísticas do gênero abrem-se também para o interior de uma simples frase; por exemplo, toda vez que ocorre um verbo transitivo (|Luís come...|: o quê, um frango, um pãozinho, um missionário?). Não levaremos em consideração uma condição interpretativa tão ansiosa, confiando na velocidade de leitura do Leitor-Modelo, o qual capta com uma olhada a estrutura de uma ou mais frases e não chega sequer a perguntar-se o que Luís está comendo, para já ter recebido a informação desejada.

Ao contrário, é lícito perguntar qual o curso dos eventos e das mudanças que implicam uma disjunção de probabilidade digna de interesse. Corre o risco de constituir uma petição de princípio dar a resposta segundo a qual as disjunções interessantes se abririam para a ocorrência daquelas ações que são "relevantes" para o curso da fábula. Igualmente insatisfatório, conquanto exato, seria dizer que o leitor identifica as disjunções de probabilidade de acordo com a hipótese de fábula que está formulando com base no *topic* preferido.

Preferimos dizer que um texto narrativo introduz sinais textuais de tipo variado para sublinhar o fato de ser relevante a disjunção que está por ocorrer. Chamemo-los de *sinais de suspense*. Podem consistir, por exemplo, num adiamento da resposta à implícita pergunta do leitor. Pensemos nas páginas sobre os gritos que Manzoni insere entre o aparecimento dos esbirros ao Pe. Abbondio e o relato daquilo que os esbirros lhe farão. Para maior segurança, o autor se empenha em assinalar-nos também o estado de expectativa da personagem (que coincide com o nosso e ao mesmo tempo o fundamenta) duas vezes, antes e depois da digressão sobre os gritos:

(27)   [...] vê uma coisa que não esperava e que não quisera ver. Dois homens estavam [...] (segue-se a descrição dos esbirros, portanto se insere — para alimentar o suspense — a longa discussão sobre os gritos; depois o texto recomeça com outros sinais de suspense).
    [...] Era coisa demasiado evidente que os dois descritos acima estavam ali esperando por alguma coisa [...]
    [...] Logo perguntou às pressas a si mesmo se, entre os esbirros e ele, havia qualquer saída de caminho [...]. Fez um rápido exame se tinha pecado contra algum poderoso [...]. Pôs o indicador e o dedo médio da mão esquerda na gola... Deu uma olhada para os campos, por cima do muro [...]
    Que fazer?

PREVISÕES E PASSEIOS INFERENCIAIS 95

Às vezes os sinais de suspense são dados pela divisão em capítulos, razão pela qual o final do capítulo coincide com a situação de disjunção. Às vezes a narração procede como numa série em capítulos e introduz um lapso de tempo obrigatório entre a pergunta (nem sempre implícita) e a resposta. Dizemos então que o enredo, a nível de estruturas discursivas, trabalha para preparar as expectativas do Leitor-Modelo a nível de fábula e que amiúde as expectativas do leitor são sugeridas com a descrição de situações explícitas de expectativa não raro espasmódicas, de parte da personagem.

7.2. AS PREVISÕES COMO PREFIGURAÇÃO DE MUNDOS POSSÍVEIS

Entrar em estado de expectativa significa fazer previsões. O Leitor-Modelo é chamado a colaborar no desenvolvimento da fábula, antecipando-lhe os estados sucessivos. A antecipação do leitor constitui uma porção de fábula que *deveria* corresponder àquela que ele está para ler. Uma vez que a tenha lido, dar-se-á conta se o texto confirmou ou não sua previsão. Os estados da fábula confirmam ou desaprovam (verificam ou falsificam) a porção de fábula antecipada pelo leitor (veja Vaina, 1976, 1977). O final da história — tal como estabelecido pelo texto — não só verifica a última antecipação do leitor, mas também algumas das suas antecipações remotas, e em geral profere uma implícita avaliação das capacidades previsionais manifestadas pelo leitor no decurso de toda a leitura.

Esta atividade previsional atravessa de fato todo o processo de interpretação e só se desenvolve por meio de uma dialética fechada com outras operações, enquanto é continuamente verificada pela atividade de atualização das estruturas discursivas.

Conforme veremos no capítulo seguinte, ao fazer estas previsões o leitor assume uma atitude proposional (crê, deseja, augura, espera, pensa) quanto ao modo em que as coisas vão andar. Agindo desta maneira, configura um *possível curso de eventos* ou um *possível estado de coisas* — como foi dito acima, aventura hipóteses sobre estruturas de mundos. A propósito destes estados de coisas previstos pelo leitor, em grande parte da literatura corrente sobre a semiótica textual, estabeleceu-se o uso de falar *de mundos possíveis*.

Examinaremos no capítulo seguinte as condições em que se pode utilizar este conceito (tomado, com a devida cautela, da metafísica e da lógica modal) no âmbito de uma semiótica textual. E veremos também como tais usos têm sido julgados ilícitos, na medida em que pressupunham uma interpretação metafísica e substancial do conceito de mundo possível (como se um mundo possível, enquanto estado alternativo de coisas, tivesse uma consistência ontológica parecida àquela do mundo real). Trata-se portanto de pôr a claro, e de uma vez por todas, o sentido que pretendemos consignar à idéia de possibilidade quando se fala de um leitor que imagina (crê ou espera por) um desenvolvimento possível dos eventos.

LECTOR IN FABULA

Tomemos o quadro de horário de trens (e, melhor ainda, aqueles mapas esquemáticos que aparecem no início): se tenciono ir de Milão a Siena, devo ir necessariamente de Milão a Florença; lá posso escolher entre duas possibilidades, que são Florença-Terontola-Chiusi-Siena ou então Florença-Empoli-Siena. Não estamos discutindo qual seja a mais econômica em termos de tempo, dinheiro e freqüência das coincidências (embora estes elementos acrescentassem vantagens variáveis para o jogo previsional)[1]. Na realidade, em termos narrativos além de ferroviários, dado um passageiro em Florença, abre-se uma disjunção de probabilidade: qual dos dois rumos tomará? Dizer que o passageiro tem duas possibilidades (e dizer que quem faz previsões sobre o passageiro tem de eleger entre dois cursos alternativos de eventos igualmente possíveis, *coeteris paribus*) não significa interrogar-se sobre a consistência ontológica destes cursos com respeito àquele que depois de fato se verificará, tampouco reduzir estes cursos alternativos a inapreensíveis estados psicológicos do previsor. *Os dois cursos de eventos são possíveis porque são dados como tais pela estrutura da rede ferroviária.* Ambos podem verificar-se porque a rede oferece condições razoáveis de realização para ambos.

Pois bem, um texto que me apresenta um indivíduo x que dispara contra um indivíduo y, permite-me fazer duas previsões, no panorama de fundo da competência enciclopédica a que remete (na nossa analogia, a rede ferroviária não corresponde tanto a um texto quanto a um sistema de encenações): o indivíduo é atingido, ou não. Sempre *coeteris paribus* (isto é, excluindo o fato de que o indivíduo está amarrado a um poste e o atirador é o pistoleiro mais ágil do Oeste, colocado a meio metro de distância — mas, também neste caso, quantas belas possíveis surpresas narrativas! Quantas fantasias optativas da parte da vítima nos seus últimos instantes de vida!) é possível, em virtude da estrutura da "rede", que se verifique um ou outro caso. Seria insensato observar, neste ponto, que as previsões não satisfeitas sejam, em termos ontológicos, mais débeis que as satisfeitas. No tocante às previsões, as atitudes proposicionais permanecem ambas puro evento mental diante da maciça materialidade do caso vencedor.

Devemos apenas perguntar-nos se, à luz da competência enciclopédica a que o texto narrativo se refere, e à luz dos movimentos

---

1. Em corroboração do fato de que, no sentido como está sendo usada, a noção de possibilidade não é absolutamente vaga, cito o *Nuovo Orario Grippaudo Tutta Italia – Estate 1978*. Em sua página 3 vêm representadas sobre mapas as duas possibilidades. Contudo, para a possibilidade Florença-Empoli-Siena reserva-se o quadro 26, onde se assegura que é possível realizar o trajeto sem tomar horários coincidentes. Pelo contrário, a outra alternativa exige muito mais iniciativa da parte do leitor que, saltando do quadro 11 ao quadro 26, deve examinar coincidências possíveis. Pouco mais ou menos, a segunda alternativa exige três horas e meia contra as duas (e também menos) da primeira. No entanto, se entrasse em jogo a variável tempo, probabilisticamente venceria a previsão de que um indivíduo escolheria a primeira alternativa. Naturalmente, depende das variáveis, que num texto são fornecidas também pela descrição do indivíduo agente. Digamos que Phileias Fogg tivesse escolhido a via de Empoli, mas que Cendrars e Butor talvez houvessem escolhido a de Terontola.

PREVISÕES E PASSEIOS INFERENCIAIS 97

predispostos pelo texto, é razoável entrever uma disjunção de probabilidade. Nestes termos podemos chamar muito bem de "mundo possível" aquele configurado pela proposição que o previsor exprime.

Suponhamos que uma narração equivalha a um manual de instruções para enxadristas no qual o autor a certa altura nos representa sobre a página da esquerda o estado s_i do tabuleiro num ponto crucial de uma célebre partida em que Ivanov vence Smith em apenas dois movimentos sucessivos. Na página da direita o autor representa o estado s_j (onde o j é sucessivo a i) conseqüente ao movimento de Smith. Pois bem, antes de virar a página e de encontrar a representação do estado s_k, resultante do movimento de Ivanov, o autor nos pede que adivinhemos que movimento Ivanov fez. O leitor pega uma folha de papel (ou uma ficha anexa ao manual) e desenha aquele que, segundo sua própria previsão, devia ser o estado optimal em s_k, quer dizer, realizando aquele estado em que Ivanov coloca Smith em posição de xeque.

O que faz o leitor? Tem à sua disposição a forma do tabuleiro, as regras do xadrez e uma série de movimentos clássicos registrados pela enciclopédia do enxadrista, das verdadeiras e próprias encenações das diferentes partidas, consideradas por tradição entre as mais proveitosas, as mais elegantes e as mais econômicas. Tudo isto em conjunto (forma do tabuleiro, regras do jogo, encenações de jogo) equivale à rede ferroviária do exemplo anterior: representa um conjunto de possibilidades permitidas pela estrutura da enciclopédia enxadrística. Nesta base, o leitor prepara-se para configurar a própria solução.

Para isso executa um duplo movimento: de um lado, considera todas as possibilidades *objetivamente* reconhecíveis como "admitidas" (por exemplo, não levará em conta os movimentos que colocam o próprio rei em condição de ser imediatamente comido: trata-se de movimentos que devem ser considerados "proibidos"); de outro lado, prefigura-se aquele movimento que ele julga o melhor, levando em consideração o que sabe da psicologia de Ivanov e das previsões que este deveria ter feito sobre a psicologia de Smith (por exemplo, o leitor pode supor que Ivanov arrisque um ousado gambito porque prevê que Smith cairá na armadilha).

A esta altura o leitor *desenha* na ficha o que ele julga o estado s_k validado pela partida que o autor apresenta como ótima. Depois vira a página e confronta sua própria solução na ficha com a impressa no manual. Das duas, uma: ou adivinhou ou não adivinhou. E, caso não tenha adivinhado, que fará? Jogará fora (contrariado) a sua ficha, porque constitui a representação de um possível estado de coisas que o curso da partida (proposta como a única boa) não convalidou.

Isto não impede que o estado alternativo que havia previsto não fosse enxadristicamente admitido: era *possibilíssimo* e era-o a tal ponto que o leitor o configurou *efetivamente*. Só que não é aquele que o autor propunha. Note-se que (i) este tipo de exercício poderia estender-se a cada movimento de uma partida muito demorada e

98   LECTOR IN FABULA

(ii) para cada movimento o leitor poderia desenhar não um, mas vários estados possíveis; enfim (iii) o autor poderia divertir-se representando todos os estados possíveis que Ivanov teria podido realizar, com todas as respostas possíveis de Smith, e assim por diante, para cada movimento, abrindo desta forma até ao infinito uma série de disjunções múltiplas. Procedimento pouco econômico, mas em princípio realizável.

Naturalmente, é preciso que o leitor tenha decidido cooperar com o autor, ou seja, aceitar que a partida Ivanov-Smith deve ser encarada não só como a única que de fato se realizou, mas também como a melhor que se poderia realizar. Se o leitor não coopera, então pode *usar* o mesmo manual, porém como excitante imaginativo para conceber para si as *próprias* partidas, da mesma forma como se pode interromper pela metade um romance policial para escrever um sobre si próprio, sem preocupar-se com o fato de que o decurso de eventos imaginado pelo leitor coincida com aquele que o autor convalidou.

Eis, pois, que pode haver possibilidades enxadrísticas objetivamente permitidas pela enciclopédia (a rede) enxadrística. E também se pode configurar movimentos possíveis que, embora sendo apenas possíveis com respeito à partida "boa", nem por isso são menos concretamente configuráveis. E eis como o mundo possível, que o leitor prefigurou, baseia-se tanto em condições objetivas da rede como em suas próprias especulações subjetivas acerca do comportamento de outrem (isto é, o leitor especula *subjetivamente* sobre como Ivanov reagirá subjetivamente às possibilidades oferecidas *objetivamente* pela rede).

Salvo a diferença de complexidade entre rede enxadrística e rede ferroviária, vemos que as duas comparações satisfazem as condições de uma fábula entendida como relato de uma viagem de Florença a Empoli ou de uma partida de xadrez entre Ivanov e Smith. Quanto à comparação enxadrística, um texto narrativo pode assemelhar-se quer a um manual para crianças quer a um para jogadores entendidos. No primeiro se proporão situações de partida bastante óbvias (segundo a enciclopédia enxadrística) de modo que a criança tenha a satisfação de aventar previsões coroadas de êxito; no segundo serão apresentadas situações de jogo em que o vencedor arriscou um movimento completamente inédito, que encenação alguma chegou ainda a registrar, a ponto de passar para a história por arrojo e novidade, de modo que o leitor experimenta o prazer de ver-se contraditado. No final de uma fábula a criança se sente feliz e contente por ficar sabendo que os protagonistas viveram juntos, felizes e contentes justamente como ela havia previsto; e no fim *Das Nove às Dez* o leitor de Agatha Christie está feliz porque constata que tinha errado tudo e que a autora foi diabolicamente surpreendente. Cada fábula com seu jogo, e com o prazer que decide subministrar.

PREVISÕES E PASSEIOS INFERENCIAIS

7.3. OS PASSEIOS INFERENCIAIS

Porém, quer escolhamos a analogia com a rede ferroviária ou aquela com a descrição da partida, para a cooperação é essencial que o texto se refira constantemente à enciclopédia. Para aventurar previsões que tenham uma mínima probabilidade de satisfazer o curso da história, o leitor *sai do texto*. Elabora inferências, mas vai procurar alhures uma das premissas prováveis do próprio entimema. Em outras palavras: se a fábula lhe diz "*x* realiza a ação tal", então o leitor aventurará: "e visto que toda vez em que *x* realiza a ação, costuma-se ter o êxito *y*", para concluir "então a ação de *x* terá o êxito *y*".

No texto (*14*), quando Raoul levanta a mão, o leitor é convidado a compreender que, por força de enciclopédia, Raoul a ergue para bater. Mas, a esta altura o leitor espera que Raoul bata em Marguerite. Este segundo movimento não é da mesma natureza semiótica do primeiro. O primeiro atualiza as estruturas discursivas, não gera expectativa mas segurança, ao passo que o segundo coopera, tentativamente, para atualizar antecipadamente a fábula e possui a natureza da tensão, da aposta, da abdução.

Para arriscar a sua hipótese o leitor deve recorrer a encenações comuns ou intertextuais: "Costumeiramente, sempre que, conforme acontece em outros contos, como resulta da minha experiência, segundo nos ensina a psicologia...". De fato, ativar uma encenação (de modo especial se é intertextual) significa recorrer a um *topos*[2]. A estes extravasamentos do texto (para retornar a ele com muitos resíduos de botins intertextuais) chamamos de *passeios inferenciais*. E se a metáfora é desenvolta é justamente porque se quer pôr em relevo o gesto livre e franco com que o leitor se subtrai à tirania do texto — e ao seu fascínio — para ir à procura de êxitos possíveis no repertório do que já foi dito. Salvo se o seu passeio é em princípio dirigido e determinado pelo texto (como se na disjunção de Florença o texto tivesse discursivamente sugerido que o nosso viajante não quer tomar horários coincidentes; e, por conseguinte, entre as várias encenações à disposição, apenas uma é possível e é preciso retornar ao texto, aventando a hipótese de que o viajante acabe escolhendo o caminho de Empoli). Esta última limitação não reduz a liberdade do Leitor-Modelo, mas sublinha a ação previsional que o texto procura exercer sobre as previsões do leitor.

À primeira vista, o passeio inferencial parece um artifício para textos a jogar com base em *topoi* consumados; e é sem dúvida por passeio inferencial que num filme de bangue-bangue — se o xerife está apoiado no balcão do bar do *saloon* e o bandido lhe aparece pelas costas — prevemos que o xerife o perceba no espelho atrás das garrafas de bebida e se vire de repente, sacando o revólver e o mate;

---

2. Cf. também Kristeva, 1969 e 1970. Cf. ainda a noção de código proairético, em Barthes 1970.

100 LECTOR IN FABULA

mas, pela mesma encenação "depositada" (desta vez jogada *à rebours* pelo autor malicioso) num filme *à la* Mel Brooks, o xerife se viraria e se veria estendido no chão pelo bandido (sendo o Espectador-Modelo manipulado por um autor que conhece todas as suas possíveis reservas enciclopédicas). Mas nem todos os passeios inferenciais são tão mecânicos. O romance contemporâneo, tão entretecido de não-dito e de espaços vazios, confia a previsão do leitor justamente a passeios bem mais aventurosos. Até o ponto de admitir, conforme veremos em 7.4, mais previsões, mutuamente alternativas e no entanto todas vitoriosas.

Assim a narração consolatória nos faz passear fora do texto para nele reintroduzir justamente aquilo que o texto promete e dará; outros gêneros narrativos farão o oposto. *Un drame bien parisien,* como veremos no último capítulo, joga com todas estas possibilidades e, como nas partidas de xadrez dos semanários charadísticos, fala-nos com a voz de um Branco que dá xeque-mate sempre e inevitavelmente em dois movimentos.

Um exemplo de jogo até bastante fácil é dado pelos *Mistérios de Paris,* de Sue (Eco, 1976). Aqui o leitor é continuamente convidado a supor que Fleur-de-Marie, a virginal prostituta salva pelo príncipe Rodolfo num *tapis-franc* parisiense, não é senão a filha que ele perdeu e que procura desesperadamente. De fato o é. Todavia, forçado pelo sucesso do seu romance a prolongar os giros, Sue não consegue frear a impaciência do seu Leitor-Modelo; e, antes da metade do romance, entrega as armas: o meu leitor já deve ter entendido, admite, e por conseguinte não estamos mais nem eu estimulando nem ele ativando previsões, a revelação virá no fim, porém assumimo-la por acontecida (para nós, quando não para o insciente Rodolfo). Nem se podia agir de outra forma, a partir da comédia grega até seus dias, pois o leitor de Sue, por mais iletrado que fosse, tinha ao seu alcance demasiadas encenações intertextuais análogas. *Os Mistérios de Paris* contêm uma bela fábula, mas um péssimo enredo: reduzida a seus termos mínimos, a história desta agnição, deste reconhecimento, podia funcionar; dissolvida nos jogos de uma estrutura discursiva lutulenta e prolongada, eis que obrigava o autor a fazer as vezes do leitor, isto é, a formular antecipações, arruinando um efeito final já comprometido.

7.4. FÁBULAS ABERTAS E FÁBULAS FECHADAS

Nem todas as escolhas previsionais feitas pelo leitor têm o mesmo valor probabilístico. Dada uma probabilidade inicial (e teórica) de 1/2, o enredo procura modificar a relação e as encenações intertextuais à disposição realizam outra boa parte de redução. Naturalmente, cabe ao autor escolher, depois, no movimento sucessivo, a solução menos provável, se a maravilha for a finalidade do poeta. E aí também entra em jogo, naturalmente, a argúcia inferencial e a amplitude enciclopédica do leitor. Certas narrações podem também eleger dois

Leitores-Modelo, um mais "astuto" que o outro; ou então podem prever um Leitor que cresça em astúcia na segunda leitura (como faz *Un drame bien parisien*). Por outro lado, um livro sempre encontrará leitores não-modelo que exercerão os comportamentos previsionais dos mais variados — e, quem sabe, quantos leitores de Sue, quando o autor admitiu que Fleur-du-Marie era a filha de Rodolfo, não caíram das nuvens! Pode-se, enfim, narrar de modo *previsível* ou de modo *surpreendente*.

Mas não é esta oposição que interessa: ela é bastante intuitiva e nesta base podemos construir também tipologias mais sutis. Interessa, antes, outra oposição, aquela entre *fábulas abertas* e *fábulas fechadas*. Onde, naturalmente, se idealizam dois tipos teóricos; e é claro que nenhuma fábula jamais será completamente aberta ou totalmente fechada e que se poderia e deveria estabelecer uma espécie de *continuum* graduado onde colocar as várias narrações, cada uma no lugar que lhe compete — quando não por gêneros.

Modelo de fábula fechada é aquele representado pelo diagrama (a) ao passo que o diagrama (b) representa, bastante esquematicamente, uma fábula aberta:

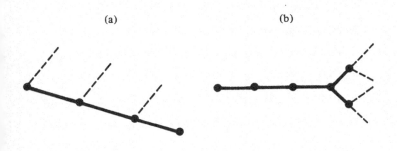

No caso (a) achamo-nos numa situação análoga à do manual de xandrez de que falamos em 7.2. A cada disjunção de probabilidade, o leitor pode arriscar várias hipóteses, e não se deve absolutamente excluir que as estruturas discursivas o orientem maliciosamente rumo às que se deve descartar. Mas é claro que só e apenas uma será a boa hipótese. À medida que se atua e dispõe-se ao longo do próprio eixo temporal, a fábula verifica as antecipações, exclui aquelas que não correspondem ao estado de coisas de que pretende falar, e no final terá traçado uma espécie de linha cosmológica contínua em que (nos limites do mundo construído pelo relato) o que aconteceu, aconteceu e o que não aconteceu não tem mais importância (caberá ao leitor incauto desafogar a própria ira, voltar a reler partes do texto sorvidas demasiado às pressas, dizer, "no entanto, deveria entender isso!", como acontece justamente com aquele que conclui, escarnecido, *Das Nove às Dez*). Este tipo de fábula é fechado porque não permite

LECTOR IN FABULA

(no fim) nenhuma alternativa e elimina a vertigem dos possíveis. O mundo (da fábula) é aquilo que é[3]

O diagrama (b) nos mostra, pelo contrário, como uma fábula aberta pode funcionar. Na sua esquematicidade, o diagrama nos indica uma abertura no estado final da fábula, porém um diagrama mais minucioso e articulado (menos arborescente e mais rizomático) poderia mostrar-nos histórias que a todo momento geram tais aberturas (mais uma vez, pensamos no *Finnegans Wake*). Mas nos achamos também no modelo mínimo. Uma fábula deste tipo no final nos abre várias possibilidades previsionais, cada uma capaz de tornar coerente (de acordo com alguma encenação intertextual) a história inteira. Ou então nenhuma capaz de restituir uma história coerente. Quanto ao texto, não se compromete, não faz afirmações sobre o estado final da fábula: ele prevê um Leitor-Modelo tão cooperativo que é capaz de criar sozinho as suas fábulas.

Não é preciso pensar em fábulas demasiado "atonais" (embora possamos arrolar também aquelas que vão desde o *nouveau roman* até Borges e Cortázar, ou até às histórias contadas pelos filmes de Antonioni). Basta pensar no final de *Gordon Pym*, de Poe.

Qualquer que seja a natureza (aberta ou fechada) da fábula, ao que nos parece não muda a natureza da atividade previsional e a necessidade dos passeios inferenciais. Muda somente (e não é pouco) a intensidade e a vivacidade da cooperação[4].

---

3. De fato, existe uma terceira possibilidade: falso pedido de cooperação. O texto oferece indícios que visam confundir o leitor, empurrando-o para a via de previsões que o texto jamais aceitará avaliar. Contudo, depois de contradizer as previsões, o texto as reconfirma. É uma situação que nos levaria ao modelo (b) da fábula aberta, salvo que o texto, explicitamente, impede o leitor de fazer as próprias livres escolhas e, antes, lhe sublinha o fato de que nenhuma escolha é possível. É o caso de *Un drame bien parisien*.

4. Veja-se em *Obra Aberta* como a intensidade da cooperação requerida pode transformar-se em elemento de avaliação estética da obra. Em todo caso, vale citar esta bela intuição de Paul Valéry: "Seria interessante fazer, *uma vez*, uma obra que mostrasse a cada um dos seus *nós* a diversidade que pode apresentar ao espírito, e entre a qual este *escolhe* a seqüência única que se dará no texto. Substituir-se-ia a ilusão de uma determinação nova e imitadora do real, por aquela do possível-a-todo-instante, que me parece mais verdadeira" (*Oeuvres*, Paris, Gallimard, II, p. 551).

8. Estruturas de Mundos

8.1. É POSSÍVEL FALAR DE MUNDOS POSSÍVEIS?

Já vimos como qualquer conceito de mundo possível é indispensável para falar das previsões do leitor. Retornemos ainda por um momento ao texto (*14*): quando Raoul levanta a mão, o leitor é levado a adiantar uma previsão sobre o fato de se Raoul baterá ou não. O leitor configura uma atitude proposicional: prevê ou crê p (= "Raoul baterá em Marguerite"). Conforme se deduz do texto, em seu estado sucessivo a fábula contradirá esta previsão, pois Raoul acaba não batendo em Marguerite. A previsão do leitor (de "jogar fora") permanece como o esboço de outra história que poderia acontecer (e que narrativamente não aconteceu).

Vale a pena sublinhar mais uma vez a diferença entre explicitação semântica e previsão narrativa: diante do lexema |homem|, atualizar a propriedade de ser humano ou de ter dois braços significa assumir o mundo da história como mundo "real" (e, portanto, como mundo em que, até afirmação em contrário do autor, valem as leis do mundo da nossa experiência e da nossa enciclopédia). Ao invés disso, prever o que irá acontecer na fábula significa adiantar hipóteses sobre o que é "possível" (e em 7.2 já falamos da maneira de entender a noção de possível).

Agora devemos perguntar-nos se é lícito, no quadro de uma semiótica dos textos narrativos, tomar de empréstimo a noção de "mundo possível", das discussões de lógica modal, onde foi elaborada para evitar uma série de problemas conexos com a intencionalidade, resolvendo-os num quadro extensional. Mas, para tanto, uma semântica lógica dos mundos possíveis não deve determinar nem as

104 LECTOR IN FABULA

diferenças concretas de significado entre duas expressões, nem o código necessário para interpretar uma dada linguagem: "A teoria semântica trata o espaço de entidades e mundos possíveis como conjuntos livres e indiferenciados, sem qualquer estrutura, e é normal e conveniente que se imponha à relação de ordem o menor número possível de vínculos, ainda que o espaço de momentos de tempo seja pelo menos um conjunto ordenado" (Thomason, 1974: 50).

É claro que o que se busca fazer neste livro é o oposto, pois estamos interessados nas ocorrências concretas tanto das explicitações semânticas quanto das previsões; e, por conseguinte, do ponto de vista de uma semiótica textual um mundo possível não consiste num conjunto vazio e sim num conjunto *pleno* ou, para usar uma expressão que circula na literatura em questão, um mundo *mobiliado*. Por isso, não devemos falar de tipos abstratos de mundos possíveis que não contenham listas de indivíduos (cf. Hintikka, 1873, 1), mas, ao contrário, de mundos "grávidos" cujos indivíduos e propriedades devemos conhecer.

Ora, uma decisão deste gênero presta-se a numerosas críticas, algumas das quais foram avançadas por Volli (1978). As críticas de Volli dirigem-se, contudo, para três objetivos: o uso excessivo que se faz, também em ambientes lógicos, da *metáfora* de "mundo possível"; a noção *substantiva* ou ontológica de mundo possível que circula em debates modais orientados metafisicamente; o uso da categoria de mundo possível *nas análises textuais*. Embora concordemos com as duas primeiras críticas, contudo não nos parece que devamos compartilhar a terceira.

Volli observa que a noção de mundo possível é usada em muitos contextos filosóficos como metáfora que, entre outras coisas, tem sua origem na narração de ficção científica (é verdade, mas é também verdade que o relato de ficção científica a tomou de Leibniz e afins). Quando serve para tratar de entidades intensionais em termos extensionais, a noção é legítima, mas o uso da metáfora é pelo menos inessencial para a teoria. Por outro lado, também muitas definições apresentadas em termos de lógica modal deixam margem a muitas perplexidades: dizer que uma proposição p é necessária, quando é verdadeira em todos os mundos possíveis, e dizer depois que dois mundos são mutuamente possíveis, quando neles valem as mesmas proposições necessárias, não é senão uma *petitio principii*. E o mesmo vale para a definição de proposições possíveis (que deveriam valer pelo menos num mundo).

Quanto a algumas teorias, que manifestam perigosas tendências metafísicas, passou-se depois de uma noção "formal" para uma noção "substantiva".

Do ponto de vista formal, mundo possível é um nome para uma estrutura de certo tipo, o domínio de uma interpretação *à la* Tarski, que no plano intuitivo pode muito bem ser justificado pela metáfora do mundo, ou pela situação contrafatual, mas que é feito de maneira assaz diversa e que, sobretudo, é caracterizado por propriedades de tipo muito diferente daquelas que mais

ESTRUTURAS DE MUNDOS

ou menos intuitivamente são atribuídas a uma entidade algo confusa como um "mundo" (por exemplo, um mundo possível "formal" não "existe" ou, melhor, tem o tipo de realidade das figuras geométricas ou dos números transfinitos...). Ao invés, a noção substantiva de mundo possível faz algo que "não é atual mas existe"[1] e mais ou menos sumariamente descrito pelo formalismo. Esta concepção substantiva parece supor que a realidade não seja apenas uma *entre* as muitas alternativas possíveis, porém uma *ao lado* das outras, com a única (um tanto inefável) diferença de que *ela é* (existe).

Concordamos plenamente com esta crítica de Volli e no capítulo anterior (7.2.) havíamos procurado definir o sentido estrutural em que se pode entender a noção de possibilidade: também intuitivamente, é claro que há diferença entre a possibilidade — que a rede ferroviária me oferece de ir de Florença a Siena, via Empoli — e a possibilidade de que Volli não tenha nascido. Esta última é uma possibilidade *contrafatual* e se dá, ao contrário, pelo fato (antes inefável) que Volli tenha nascido. Mas a possibilidade de ir de Florença a Siena via Empoli não é contrafatual no mesmo sentido: o cosmo (admitindo-se que o termo possua um sentido) é feito de modo que Volli nasceu ou Volli não nasceu. A rede ferroviária, ao contrário, é feita de maneira que é sempre possível efetuar uma escolha alternativa entre Empoli e Terontola. Podemos parafrasear Vico, sugerindo que *possibile ipsum factum* e que é muito diferente falar dos possíveis *cosmológicos* e dos possíveis *estruturais*, inscritos num sistema construído pela cultura, como são as redes ferroviárias, os tabuleiros de xadrez e os romances?

De maneira diferente, depois de ter justamente criticado a noção substantiva, acrescenta Volli: "Mas é também a concepção que está na base de alguns empregos aparentemente não comprometedores da noção de mundo possível, como aqueles relativos às atitudes proposicionais ou às análises literárias".

É preciso que fique claro que se poderia aprofundar uma crítica da noção como é usada pela semiótica textual[2], centrando-se na

---

1. Volli cita Plantinga, mas poderíamos citar também certas afirmações de Lewis em *Counterfactuals*: "Friso que não identifico em nenhum modo os mundos possíveis com respeitáveis entidades lingüísticas: aceito-os como entidades respeitáveis de pleno direito. Quando professo uma atitude realista para com os mundos possíveis, entendo estar apegado ao pé da letra. Os mundos possíveis são aquilo que são, e não outra coisa. Se alguém me pergunta o que são, não posso dar o tipo de resposta que ele provavelmente espera de mim, ou seja, a proposta de reduzir os mundos possíveis a algo diferente. Posso, apenas, convidá-lo a admitir que ele sabe que espécie de coisa é o nosso mundo atual e, portanto, explicar-lhe que os outros mundos são muito mais coisas do que *este* gênero, que não diferem quanto ao tipo, mas quanto às coisas que neles sucedem. O nosso mundo atual é somente um mundo entre os outros... Vós já credes no nosso mundo atual. Peço-vos que acrediteis em mais coisas deste gênero, e não em coisas de qualquer gênero diferente" (1973: 85-87).

2. A noção já está difundida no âmbito da semiótica textual, conforme o testemunham as pesquisas de van Dijk, Petoefi e Pavel, do grupo romeno dirigido por Lucia Vaina (cf. *VS 17*, 1977), de Schmidt (1976: 165-173) e Ihwe (1973: 339 e ss.) que discutem o conceito de "fictional possible world".

106   LECTOR IN FABULA

diferença (crucial) entre conjuntos *vazios* de mundos, conforme os utiliza a lógica modal, e mundos "individuais" *mobiliados*. Bastaria dizer que *não* são a mesma coisa. De fato: trata-se de duas categorias que funcionam em quadros teóricos diversos. Nas páginas seguintes tomaremos emprestadas numerosas sugestões provenientes da lógica modal, mas com o objetivo de construir uma categoria de *mundo possível pleno*, propositalmente instrumentada para servir a uma semiótica do texto narrativo. Uma vez pagos os débitos e reconhecidos os empréstimos, bastará afirmar que se trata de uma categoria que só tem relação de homonímia com a outra. Com exceção de que, se para os lógicos modais ela é uma metáfora, para uma semiótica do texto deverá funcionar como representação estrutural de atualizações semânticas concretas. E veremos como isto se dá. Por exemplo, a noção semiótico-textual não permite cálculos, mas permite comparação entre estruturas, como (por exemplo) as matrizes dos sistemas de parentescos em Lévi-Strauss, e permitirá enunciar algumas regras de transformação. Por ora, neste ponto é o que basta. E, se se corre o risco da homonímia (seria possível falar de "universos narrativos" ou de "histórias alternativas") é porque, tudo somado, julgamos que uma teoria dos mundos possíveis textuais — conquanto comporte para uma redefinição de conceitos como propriedades necessárias e essenciais, alternatividades, acessibilidades — pode também oferecer alguma sugestão a quem pratica os campos disciplinares de onde estas categorias foram emprestadas, com aquilo que talvez se pudesse definir como nada mais que um golpe de mágica. Mas o rapto das Sabinas não influiu apenas na história dos romanos; de algum modo influiu também na história dos sabinos.

Ao invés de se debater nesta frente (crítica das condições metodológicas de mobiliamento forçado dos mundos), Volli ironiza as finalidades que orientariam quem fala de mundos possíveis textuais. Critica impropriamente a aplicação da noção a mundos narrativos, perguntando-se o que significa dizer que o mundo em que vivo é um mundo possível e citando Quine que se pergunta sarcasticamente se um possível senhor calvo no vão de uma porta é o mesmo que um possível senhor gordo no vão de uma mesma porta, e quantos possíveis senhores podem achar-se no vão de uma porta. Mau serviço prestado a um filósofo que talvez não tenha razão de não acreditar na lógica modal, mas que possui muitos outros e interessantíssimos méritos. Quem disse que os que falam de mundos textuais estão interessados em saber quantos senhores se acham no vão de uma porta? Estes estão preferentemente interessados em saber que diferença estrutural existe entre uma história em que Édipo se cega e Jocasta se enforca, e outra em que Jocasta se cega e Édipo se enforca. Ou então entre uma história em que se trava a guerra de Tróia e outra em que não se travará a guerra de Tróia. E o que quer dizer, num texto, contar que Dom Quixote lança-se ao assalto de gigantes e Sancho Pança o segue de má vontade ao assalto a moinhos de vento? E que história previa Agatha Christie que o leitor havia de construir para desenredar a vicissitude de *Das Nove às Dez*, sabedora de que seria diferente

ESTRUTURAS DE MUNDOS

da história que ela concluiria, e, contudo, *contando* com esta diversidade como um enxadrista conta com o contramovimento errado que o adversário (possivelmente) fará, depois que tiver sido habilmente atraído para a armadilha de um gambito?

O que interessa a uma semiótica textual é a representação estrutural destas possibilidades, e não a trabalhosa indagação que Volli (embora retoricamente) faz quando pergunta se ele existe em todos os mundos que espera, imagina ou sonha, ou só naquele em que afirma existir. "Eu existo — diz Volli —, Ema Bovary não (Ema Bovary tem uma realidade cultural própria, existente, atual, mas isto não faz dela absolutamente algo que é)". Maldição. Há anos que percorríamos todas as festas de padroeiros da província francesa na tentativa de encontrá-la... Mas, brincadeiras à parte, é justamente a esquisita natureza das operações extensionais que um leitor realiza nos limites destas existências *culturais* que aqui procuraremos esclarecer. Um mundo cultural é mobiliado, mas nem por isso é substantivo. Dizer que se pode descrever este mundo pleno em termos de indivíduos-propriedade, não significa afirmar que ele se atribui alguma substancialidade. Isto não se enquadra no sentido em que se encontra a máquina de escrever com a qual estou redigindo estas linhas. Enquadra-se, porém, no sentido em que se encontra o significado de uma palavra: por meio de vários interpretantes posso dar-lhe a estrutura componencial (independente do fato de que no cérebro da gente, quando se compreende o significado de uma palavra, deveria acontecer alguma coisa, um estranho labor de sinapses e dendritos de que não nos ocupamos aqui, mas que não deveria ser muito diferente da rede ferroviária). E, se é lícito representar o tecido de interpretantes que constitui o significado de |gato|, por que não é lícito representar o tecido de interpretantes que constitui o universo em que age o Gato de Botas?

Mas é justamente o mundo do Gato de Botas que perturba Volli. Ou melhor — mas, dá no mesmo — o do Chapeuzinho Vermelho. Volli estigmatiza as tendências a representar o mundo da fábula e os mundos dos comportamentos proposicionais de Chapeuzinho Vermelho ou da Vovozinha, dizendo que isto peca por *fixidez fotográfica* e por *naturalismo*. Concordo quanto à fixidez fotográfica, porquanto para analisar um filme a gente o bloqueia também em fotogramas, perde-se a diegese, mas encontra-se a sintaxe; e, portanto, é certo que a empreitada para a qual estamos nos preparando correrá todos os riscos de quem trabalha na moviola. Quanto à pecha de naturalismo, ele acha que falar de mundos textuais equivalha a entender a narrativa ao modo realista stalinista, para quem uma narração deve representar fotograficamente a realidade.

Mas aqui não estamos preocupados em saber se e como um romance representa a realidade, no sentido do realismo ingênuo. Estes são problemas estéticos. Nós estamos interessados de maneira muito mais humildes em problemas semânticos. Estamos interessados no fato de que todo aquele que — no início de um romance — lê que |João foi a Paris|, embora seja um admirador de Tolkien ou um defensor truculento da literatura como mentira, é levado a atualizar como

108 LECTOR IN FABULA

conteúdo do enunciado que *em alguma parte* existe um indivíduo de nome João que se dirige a uma cidade chamada Paris, cidade da qual já se ouviu falar fora deste texto, porque é citada no livro de geografia como capital da França *neste mundo*. E talvez ela tenha sido objeto de visita pessoal. Mas, se depois o romance continua: |chegado a Paris, João foi morar num apartamento no terceiro andar da Torre Eiffel|, estamos prontos a jurar que o nosso leitor, se mal-e-mal tem uma enciclopédia consistente, resolverá que na Torre Eiffel, neste mundo, não há apartamentos (nem paredes). Com isto ele não se lamentará de que o romance não "representa" corretamente a realidade (a menos que não pertença ao grupo dos quatro): simplesmente assumirá algumas atitudes interpretativas, resolverá que o romance lhe está falando de um universo algo estranho, no qual Paris existe, como no nosso, só que a Torre Eiffel é feita de outra maneira. Preparar-se-á, talvez, para aceitar a idéia de que até mesmo em Paris não existe o Metrô, nem o Sena, porém um lago e um sistema de super-elevados. Em outras palavras: fará previsões de acordo com as indicações que o texto lhe forneceu sobre o tipo de mundo que deve esperar (de fato pensará: "aqui acontecem coisas do outro mundo" e estará muito mais disposto, com relação a uma teoria semiótica dos mundos possíveis, do que o são os seus críticos. Quanto ao problema da "completitude" que estes modos textuais deveriam (e não podem) ter, voltaremos a falar do assunto em 8.9[3].

À guisa de conclusão, diremos, pois, que: (i) parece difícil proceder a uma fundamentação das condições de previsão sobre os estados da fábula, sem construir uma noção semiótico-textual de mundo possível; (ii) esta noção, conforme será formulada nestas páginas, é tomada como instrumento semiótico e lhe são imputadas as falhas que eventualmente exibir, e não as falhas que outras noções homônimas exigem; (iii) se fosse verdade que a noção de mundo possível chegou à lógica modal, provindo da literatura, por que não citá-la?; (iv) é exatamente na tentativa de representar a estrutura de uma história como *Un drame bien parisien*, que se afigurou indispensável recorrer aos mundos possíveis.

Por outro lado, devemos a Alphonse Allais um belíssimo *slogan* (sem sombra de dúvida, para ele, um programa de poética), que passamos aos lógicos que se preocuparão com o uso que farão de um conceito de sua propriedade: "La logique mène à tout, à condition d'en sortir" *.

---

3. Dever-se-ia reconhecer a esta altura que Volli, ao desenvolver a sua crítica, pensava mais em certos empregos do conceito do que em outros e que provavelmente estaria disposto a aceitar usos atenuados ou mais ou menos metafóricos da expressão |mundo possível|. Acontece, porém, que do contexto do seu artigo não podemos inferir tais distinções; e, por conseguinte, a crítica genérica, resposta geral. Resposta que era dada justamente porque o artigo de Volli levanta utilmente um problema que existe e que é discutido, a fim de que se precisem sempre melhor as condições de um transplante disciplinar que certamente apresenta muitos riscos.

* "A lógica leva a tudo, desde que saia daí" (N. da R.).

ESTRUTURAS DE MUNDOS

8.2. DEFINIÇÕES PRELIMINARES

Definimos como mundo possível um estado de coisas expresso por um conjunto de proposições onde para cada proposição ou p ou $\sim p$. Como tal, um mundo consiste em um conjunto de *indivíduos* dotados de *propriedades*. Visto que algumas dessas propriedades ou predicados são *ações*, um mundo possível pode ser visto também como um *curso de eventos*. Dado que este curso de eventos não é real, mas absolutamente possível, ele deve depender dos *comportamentos proposicionais* de alguém, que o afirma, nele acredita, com ele sonha, deseja-o, o prevê etc.

Estas definições encontramo-las formuladas em boa parte da literatura sobre a lógica dos mundos possíveis. Além disso, alguns comparam um mundo possível com um "romance completo", ou seja, com um conjunto de proposições que não pode ser enriquecido sem torná-lo inconsistente.

O que este romance completo descreve é um mundo possível (Hintikka, 1967 e 1969b). Segundo Plantinga (1974:46) — cujas tendências ontologizantes nos preocupam, porém, — todo mundo possível tem o seu próprio "livro": para cada mundo possível W, o livro sobre W é o conjunto S de proposições tais que p é membro de S, se W implica p. "Todo conjunto maximal de proposições é o livro em algum mundo".

Naturalmente, dizer que um mundo possível equivale a um texto (ou livro qualquer) não significa dizer que todo texto fala de um mundo possível. Se escrevo um livro historicamente documentado sobre a descoberta da América, refiro-me ao que definimos como mundo "real". Descrevendo uma parcela (Salamanca, as caravelas, San Salvador, as Antilhas...), assumo como *pressuposto* ou *pressuponível* tudo o que sei sobre o mundo real (dizemos que a Irlanda se acha a oeste da Inglaterra, que na primavera florescem as amendoeiras e que a soma dos ângulos internos de um triângulo perfaz 180 graus).

Ao contrário disso, o que acontece quando delineio um mundo fantástico, como aquele de um conto de fadas? Ao contar a história do Chapeuzinho Vermelho, guarneço o meu mundo narrativo com um limitado número de indivíduos (a menina, a mãe, a avó, o lobo, o caçador, duas cabanas, uma floresta, um fuzil, uma cesta) provido de um limitado número de propriedades. Alguns processos de atribuições de propriedades a indivíduos seguem as mesmas regras do mundo da minha experiência (por exemplo, a floresta do conto de fadas também é feita de árvores), algumas outras atribuições de propriedades valem somente para aquele mundo: por exemplo, neste conto de fadas os lobos têm a habilidade de falar, as avós e as netinhas de sobreviver ao ingurgitamento por parte dos lobos.

No interior deste mundo narrativo, as personagens assumem atitudes proposicionais: por exemplo, o Chapeuzinho Vermelho acha que o indivíduo na cama é sua avó (ao passo que para o leitor a fábula contradisse antecipadamente a crença da menina). A crença da menina

110 LECTOR IN FABULA

é um construto *doxástico* dela, mas que pertence, apesar disso, aos estados da fábula. Assim sendo, a fábula nos propõe dois estados de coisas: um que tem na cama um lobo e o outro que tem na cama a avó. Sabemos imediatamente (mas a menina só fica sabendo disso no final da história) que um destes estados é apresentado como verdadeiro e o outro como falso. O problema consiste em estabelecer que relações existem entre estes dois estados de coisas, em termos de estrutura de mundos e de mútua acessibilidade.

8.3. OS MUNDOS POSSÍVEIS COMO CONSTRUTOS CULTURAIS

Mundo possível é um *construto cultural*. Em termos muito intuitivamente realistas, tanto o mundo da fábula do Chapeuzinho Vermelho quanto o mundo doxástico da menina foram "feitos" por Perrault. Em se tratando de construtos culturais, deveríamos ser muito rigorosos em definir-lhes as componentes: visto que os indivíduos são construídos por adições de propriedades, deveríamos considerar primitivas somente as propriedades. Hintikka (1973) mostrou como se pode construir diversos mundos possíveis através das diferentes combinações de um mesmo pacote de propriedades. Dadas as propriedades:

redondo vermelho não-redondo não-vermelho

elas podem ser combinadas de modo a constituir quatro diferentes indivíduos da seguinte maneira:

	vermelho	redondo
x_1	+	+
x_2	+	−
x_3	−	+
x_4	−	−

de tal forma que se possa imaginar um W_1, em que existem x_1 e x_2 e não x_3 e x_4, e um mundo W_2, em que existem apenas x_3 e x_4.

A propósito, está claro que os indivíduos se reduzem a combinações de propriedades. Rescher (1973:331) fala de mundo possível como sendo um *ens rationis* ou como "uma abordagem dos possíveis como construtos racionais" e propõe uma matriz (a que recorreremos a seguir) com a qual se podem combinar pacotes de propriedades essenciais e acidentais a fim de delinear diversos indivíduos. Por conseguinte, no quadro da história que a *constrói*, o Chapeuzinho Vermelho é apenas o coágulo espácio-temporal de uma série de qualidades físicas e psíquicas (semanticamente expressas como "propriedades"),

ESTRUTURAS DE MUNDOS

entre as quais também as propriedades de estar (ser) em relação com outros coágulos de propriedades, de realizar certas ações e de tolerar outras[4].

Contudo, o texto não arrola todas as possíveis propriedades desta menina: dizendo-nos que se trata de uma menina, confia às nossas capacidades de explicitação semântica a tarefa de estabelecer que ela é um ser humano de sexo feminino, que tem duas pernas etc. Para tanto o texto nos remete, salvo indicações contrárias, à enciclopédia que regula e define o mundo "real". Quando tiver de efetuar correções, como no caso do lobo, nos especificará que ele "fala". Por isso um mundo narrativo toma emprestadas — salvo indicações em contrário — propriedades do mundo "real"; e para fazê-lo, sem dispêndio de energias, põe em jogo indivíduos já reconhecíveis como tais, sem reconstruí-los propriedade por propriedade. O texto nos fornece os indivíduos mediante *nomes comuns* ou *próprios*.

Isso acontece por muitas razões práticas. Nenhum mundo narrativo poderia ser totalmente autônomo do mundo real, porque não poderia delinear um estado de coisas *maximal* e *consistente*, estipulando-lhe *ex nihilo* todo o mobiliamento de indivíduos e propriedades. Um mundo possível superpõe-se abundantemente ao mundo "real" da enciclopédia do leitor. Mas esta superposição é necessária não só por razões práticas de economia, como também por razões teóricas mais radicais.

Não só é impossível estabelecer um mundo alternativo completo, mas é também impossível descrever como completo o mundo "real". Também sob um ponto de vista formal é difícil realizar uma descrição exaustiva de um estado de coisas maximal e completo (postula-se, no caso, um conjunto de mundos vazios, sem dúvida alguma). Especialmente, porém, sob um ponto de vista semiótico, a operação parece desesperada: no *Tratado* (2.12 e 2.13) procurou-se mostrar como o Universo Semântico Global jamais pode ser descrito exaustivamente porque constitui um sistema de inter-relações em contínua evolução e fundamentalmente autocontraditório. Visto que também o Sistema Semântico Global é uma pura hipótese regulativa, não estamos em condições de descrever o mundo "real" como maximal e completo.

Com maior razão um mundo narrativo toma emprestado os próprios indivíduos e as suas propriedades do mundo "real" de referência. Eis aí por que podemos continuar a falar de indivíduos e propriedades, embora somente as propriedades devam parecer como

---

4. É possível também uma visão muito mais atomística. Limitamo-nos, porém, a aceitar como primitiva a noção de propriedade e não tanto porque é corretamente usada pela literatura corrente sobre os mundos possíveis, quanto porque traduz a noção de marca semântica, ou sema, ou unidade cultural utilizada como interpretante (e a própria noção peirceana de *ground*) que, no presente contexto, referindo-nos também ao *Tratado*, consideramos já fundadas categorialmente no quadro da teoria semiótica.

112 LECTOR IN FABULA

primitivas. Estes se apóiam nos mundos narrativos como já preconstituídos; e discutir-lhes as condições epistemológicas de constituição é problema de se delegar a outros tipos de pesquisa que dizem respeito à construção do mundo da nossa experiência. Não é de se estranhar que Hintikka (1969a) relacione o problema dos mundos possíveis às questões kantianas sobre a possibilidade de atingir a Coisa em Si.

8.4. A CONSTRUÇÃO DO MUNDO DE REFERIMENTO

No quadro de uma abordagem construtivista dos mundos possíveis, também o chamado mundo "real" de referência deve ser entendido como um construto cultural. Quando no Chapeuzinho Vermelho julgamos "irreal" a propriedade de sobreviver ao ingurgitamento feito por um lobo, é porque, mesmo em medida intuitiva, compreendemos que esta propriedade contradiz o segundo princípio da termodinâmica. Mas o segundo princípio da termodinâmica constitui precisamente um dado da nossa enciclopédia. Basta mudar de enciclopédia e passaria a valer um dado diferente. O leitor antigo que lia que Jonas foi devorado por um peixe e ficou três dias no seu ventre, para depois sair intato, não achava que este fato estivesse em desacordo com a *sua* enciclopédia. São extra-semióticas as razões por que julgamos a nossa enciclopédia melhor do que a sua (por exemplo, consideramos que, adotando a nossa, conseguimos prolongar a vida média e construir centrais nucleares), mas é certo que para o leitor antigo a história do Chapeuzinho Vermelho teria sido verossímil, por estar em consonância com as leis do mundo "real"[5].

Estas observações não visam neutralizar idealisticamente o mundo "real", afirmando que a realidade é um construto cultural (embora sem dúvida alguma a nossa maneira de descrever a realidade o seja): visam um preciso resultado operativo dentro de uma teoria da cooperação textual. De fato, se os vários mundos possíveis textuais se sobrepõem, conforme dissemos, ao mundo "real" e se os mundos textuais são construtos culturais, como poderíamos comparar um construto cultural a algo de heterogêneo e torná-los mutuamente transformáveis? Evidentemente, tornando homogêneos os entes a serem comparados e transformados. Daí a necessidade metodológica de tratar o mundo "real" como um construto; melhor, daí ser preciso mostrar que toda vez em que comparamos um curso possível de eventos com as coisas da maneira como são, de fato estamos nos representando as coisas como são sob forma de construto cultural, limitado, provisório e *ad hoc*.

---

5. Cf. a noção de mundo "atual" como aparelho semântico relativizado em referência a um usuário individual, apresentada por Volli (1973). Veja-se também em van Dijk (1976c: 31 e ss.) a noção de S-mundos (mundos possíveis do falante/ouvinte).

ESTRUTURAS DE MUNDOS 113

Como dissemos em 8.2, um mundo possível constitui parte do sistema conceitual de algum sujeito e depende de esquemas conceituais. Segundo Hintikka (1969a), os mundos possíveis dividem-se entre aqueles que se harmonizam com as nossas atitudes proposicionais e aqueles que não se harmonizam. Neste sentido, nosso empenho por um mundo possível constitui um fato "ideológico", conforme afirma Hintikka. Neste caso, parece-nos que por "ideológico" devemos entender "algo que depende da enciclopédia". Se a acredita em p, diz Hintikka, isto significa que p é o caso em todos os mundos possíveis compatíveis com as crenças de a. As crenças de a podem ser também opiniões muito banais que dizem respeito a um curso, um tanto privado, de eventos, mas fazem parte do sistema mais vasto das crenças de a, que são a sua enciclopédia (se a acredita que certo cão morde, é porque acredita também que é verdadeira a proposição segundo a qual os cães são animais que podem morder o homem). Se a acredita que Jonas pode ser engolido por uma baleia sem incorrer em sérias conseqüências para a sua saúde é porque sua enciclopédia aceita este fato como razoável e possível (se a acredita que o próprio adversário pode comer a sua torre com um cavalo é porque a estrutura do tabuleiro e as regras do xadrez tornam estruturalmente possível este movimento). Um medieval poderia dizer que jamais qualquer evento da sua experiência contradissera a enciclopédia no que concerne aos hábitos das baleias. O mesmo aconteceria no tocante à existência dos unicórnios, ou melhor, a sua competência enciclopédica influenciaria tão profundamente, sob forma de esquemas mentais e de expectativas, a sua dinâmica perceptiva que, com a ajuda da hora do dia e a densidade da floresta, poderia facilmente "ver" um unicórnio, embora julguemos que só erroneamente aplicaria seu esquema conceitual àquele tipo de campo estimulante que nos permitiria perceber um servo.

Por conseguinte, o mundo de referimento de a é um construto enciclopédico. Conforme sugere Hintikka (1969), não há nenhuma Coisa em Si que possa ser descrita ou identificada fora dos quadros de uma estrutura conceitual.

Pois bem, o que acontece quando se nos exime deste ato de prudência metodológica? Caso se considere outros mundos possíveis como se nós os encarássemos a partir de um mundo privilegiado, provido de indivíduos e propriedades já dados, então a chamada identidade mediante mundos (*transworld identity*) se transforma em concebilidade ou credibilidade de outros mundos do ponto de vista do nosso[6]. Rejeitar este modo de ver não significa negar que de fato

---

6. Veja-se, por exemplo, Hughes e Cresswell (1968: 78): "Podemos conceber um mundo sem telefones... mas, se não houvesse telefones certamente aconteceria que em tal mundo ninguém saberia o que era um telefone, e assim ninguém poderia conceber um mundo (como o nosso) em que há telefones; vale dizer que o mundo sem telefones seria acessível ao nosso, mas o nosso não seria acessível a ele". Embora o exemplo seja claramente proposto com fins didáticos, este tipo de didática implica fatalmente uma psicologização do problema.

114   LECTOR IN FABULA

temos experiência direta de um único estado de coisas, isto é, daquele em que estamos. Significa apenas que, se queremos falar de estados alternativos de coisas (ou mundos culturais), cumpre ter a coragem metodológica de reduzir o mundo de referimento à sua medida. Até o ponto em que se pode agir assim pela teoria dos mundos possíveis (narrativos ou não). Se vivemos, simplesmente, então vivamos no *nosso* mundo sem entregar-nos a dúvidas metafísicas. Mas aqui não se trata de "viver": eu vivo (digo: eu que escrevo tenho a intuição de estar vivo no único mundo que conheço), mas, no momento em que laboro uma teoria dos mundos possíveis narrativos, decido (partindo do mundo que experimento diretamente) efetuar uma redução deste mundo a um construto semiótico para compará-lo a mundos narrativos. Da mesma forma como bebo água (clara, doce, fresca, poluída, fria, mesmo que picante), mas no momento em que quero compará-la a outros compostos químicos, reduzo-a a uma fórmula de estrutura.

Não se aceitando este ponto de vista, acontece o que foi lamentado, e justamente, nas críticas já citadas no caso da teoria dos mundos possíveis: por exemplo, a conceptibilidade de um mundo alternativo é sub-repticiamente reduzida a conceptibilidade psicológica. No exemplo de Hughes e Cresswell citado na nota 6, se diz, por exemplo, que do meu mundo eu posso conceber um mundo sem telefones, ao passo que de um mundo sem telefones não se pode conceber um que os tenha. A óbvia objeção consiste no seguinte: como terão feito Meuci ou Graham Bell? É certo que toda vez em que se fala de possíveis estados de coisas surge a tentação de interpretá-los psicologicamente: nós estamos em nosso mundo e o nosso *in-der-Welt-sein* faz com que confiramos uma espécie de estatuto preferencial ao *hic et nunc*. E é curioso ver como nas fronteiras extremas da formalização lógica entra em jogo o sentido da *Lebenswelt* a coagir os russellianos a tornarem-se husserlianos, sem quererem[7]. Mas, para evitar este risco não resta, justamente, senão considerar o mundo de referência como construto cultural — e construí-lo como tal, com todos os sacrifícios do caso.

Decerto, parece intuitivamente difícil considerar de um ponto de vista neutro dois mundos W_1 e W_2 como se fossem independentes do nosso mundo de referência e, ainda mais, considerar este último um W_0 estruturalmente não diferente (não mais rico nem mais privilegiado) daqueles. Mas, pensando-se bem, é o esforço efetuado pela filosofia moderna, de Montaigne a Locke, quando procurou comparar os "nossos" costumes com os dos povos selvagens; fugindo dos preconceitos axiológicos do etnocentrismo. Por outro lado, também na filosofia da linguagem tem-se afirmado em várias oportunidades (conforme, por exemplo, Stalnaker, 1976) que "presente" ou "atual" (enquanto referido ao nosso mundo) é somente uma expressão *indicial* — ou

---

7. Naturalmente, existem os lógicos, que na realidade leram Husserl e procuram assimilá-lo de maneira crítica e produtiva. Veja-se por exemplo Hintikka (1978), onde se reconhece sem circunlóquios que para discutir a intensionalidade é preciso enfrentar o problema da intencionalidade.

ESTRUTURAS DE MUNDOS 115

um comutador como os pronomes pessoais ou expressões como |aqui| e |agora|. Uma expressão como |o mundo atual de referimento| indica qualquer mundo *pelo qual* um habitante julga e avalia os outros (alternativos e somente possíveis). Em palavras simples, para um Chapeuzinho Vermelho que julgasse um mundo possível em que os lobos não falam, o mundo "atual" seria o seu no qual os lobos falam.

Portanto, doravante consideraremos expressões como "acessibilidade" ou "conceptibilidade" quais simples metáforas que fazem alusão ao problema estrutural da mútua transformabilidade entre mundos – conforme veremos. Por outro lado, cumpre estar claro que "conceptibilidade" não deve ser confundida com "compatibilidade com as atitudes proposicionais do falante". Uma atitude proposicional depende da assunção de uma certa enciclopédia e, por conseguinte, nada tem a ver com eventos psicológicos como a conceptibilidade: trata-se de correspondência formal entre dois construtos. O mundo da Bíblia deveria ser "acessível" a um leitor medieval porque a forma da sua enciclopédia não contradiz a forma da enciclopédia bíblica. Logo, o nosso problema deve referir-se, apenas, a *transformabilidade entre estruturas*.

8.5. O PROBLEMA DAS "PROPRIEDADES NECESSÁRIAS"

Construir um mundo significa atribuir certas propriedades a um determinado indivíduo. Devemos porventura dizer que algumas destas propriedades são privilegiadas com respeito às outras – dizemos também "necessárias" – e que, por isso, resistem mais do que outras aos processos e narcotização? Que significa a lógica dos mundos possíveis, quando define as verdades necessárias como as que valem em qualquer mundo?

Aqui afloramos aquele problema que na semântica filosófica é conhecido com o nome de "relação de implicitação" (*entailment*). Vejamos que solução se pode dar a este problema, do ponto de vista de uma semiótica da cooperação textual.

Em *Un drame bien parisien*, Raoul e Marguerite, no Capítulo II, depois da briga no teatro, voltam para casa num *coupé*. Que faz o leitor quando depara com este lexema? Mediante uma elementar operação de explicitação semântica, ele salienta que um *coupé* é uma carruagem (|isto é um *coupé*| implicita "esta é uma carruagem") e que, por acréscimo, é também um veículo. Contudo, os dicionários[8] dizem que *coupé* é "uma carruagem curta de quatro rodas, fechada, com um assento para duas pessoas internamente e um assento externo, na frente, para o condutor". Nos dicionários ingleses, às vezes é con-

---

8. Foram consultados: *The Encyclopedia Americana, Grand Dictionnaire du XIX Siècle* (Larousse, 1869), *The Encyclopedia Britannica* (1876), *The Oxford English Dictionary, Webster's Dictionary* (1910), *Nuovissimo Melzi* (1905: onde "*brúm* = cupê".

116   LECTOR IN FABULA

fundido com um *brougham*, embora em enciclopédias mais acuradas se especifique que os *broughams* podem ter indiferentemente duas ou quatro rodas e que em todo caso têm o assento para o condutor *na parte de trás*.

Todavia, existe uma razão pela qual muitos dicionários fazem esta confusão: ambos os veículos são "carruagens burguesas", diferentes de carruagens mais populares como o *ônibus*, que podem levar também dezesseis passageiros (naturalmente, estes dados são tomados da enciclopédia vigente na época em que o conto de Allais foi escrito; pois, se assim não fosse, deveríamos considerar o caso de um leitor com o código muito restrito que acha que o *coupé* é um tipo de automóvel).

Pois bem, devemos reconhecer que as propriedades de um *coupé* tornam-se mais ou menos necessárias (ou acidentais) só com relação ao *topic* narrativo, motivo pelo qual necessidade ou essencialidade seriam apenas matérias de comparação contextual. Quando comparamos um *brougham* com um *coupé*, a posição do condutor se torna *diagnóstica*, enquanto que permanece no panorama de fundo o fato de (ambos) serem fechados (quanto às propriedades diagnósticas, cf. Nida, 1975). Então propriedade diagnóstica é aquela que permite identificar sem ambiguidade a classe dos indivíduos a que estamos nos referindo no contexto de um dado mundo contextual (cf. também Putnam, 1970).

No capítulo em foco o *topic* dominante é que os nossos dois heróis estão brigando; um *subtopic* é que estão indo para casa. O que permanece implícito (e permanece matéria de inferência, com a ajuda de várias encenações comuns) é que Raoul e Marguerite, sendo um casal burguês de bem, devem resolver o seu problema *na privacidade*. Logo, eles precisam de uma carruagem burguesa *fechada*. A posição do condutor conta bem pouco. Um cabriolé, com capota conversível costumeiramente aberta, não lhes conviria; mas um *brougham*, sim. Numa tradução inglesa do mesmo texto[9], *coupé* é traduzido com o termo *hansom cab* — que é exatamente uma carruagem com as mesmas propriedades do *brougham*.

Parece, todavia, que há certa diversidade entre ser uma carruagem (propriedade implicitada por |*coupé*|) e ter quatro rodas: com efeito, a expressão

(28)   Este é um *coupé*, mas não é um veículo

é semanticamente insustentável, ao passo que

(29)   Este é um *coupé*, mas não tem quatro rodas

é aceitável.

9. Trata-se da tradução escrita por Fred Jameson para a edição americana do nosso trabalho sobre *Un drame bien parisien*.

Por conseguinte, existe alguma diferença entre propriedades logicamente necessárias e propriedades acidentais ou fatuais e, a partir do momento em que foram aceitos alguns postulados de significado (Carnap, 1952), um *brougham* é *necessariamente* uma carruagem (e um veículo), enquanto que tem duas ou quatro rodas só acidentalmente[10]:

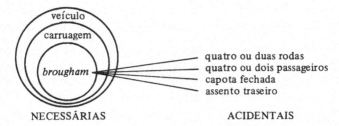

NECESSÁRIAS   ACIDENTAIS

Contudo, a diferença entre propriedades necessárias e acidentais depende de uma espécie de efeito "óptico". Tentemos perguntar-nos por que nenhum dicionário e nenhuma enciclopédia, ao definirem um *brougham*, não mencionam a sua capacidade de movimentar-se, de ser puxado por cavalos, de ser de madeira e metal. A óbvia resposta é: porque estas propriedades são *inclusas semanticamente* na propriedade, explicitada, de ser uma carruagem. Se não existisse este fenômeno de inclusão (um termo implicita outro e este, por sua vez, implicita um terceiro), uma representação "formal" de *brougham* deveria apresentar o seguinte formato:

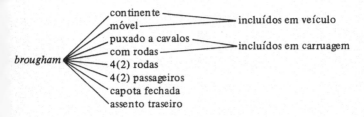

Para dizer a verdade, esta representação deveria ser ainda mais formal, visto que também "continente", "móvel" e "cavalo" deveriam ser por sua vez interpretados, e assim até o infinito. Felizmente, temos à nossa disposição uma espécie de estenografia metalingüística: para economizar tempo e espaço evitamos explicitar numa enciclopédia as propriedades que a enciclopédia já registrou sob termos de caráter *hiperonímico* (como "carruagem"), de modo que elas possam ser aplicadas não só aos *coupés* e aos *broughams*, mas também às vitórias, às berlindas, aos landaus, às caleças e aos coches. Visto que

---

10. Esta distinção corresponde àquela entre propriedade Sigma e propriedade Pi desenvolvida pelo Groupe μ na *Rhétorique générale*. Portanto, a crítica que segue abrange também aquela distinção, porém é útil para os efeitos descritivos das operações retóricas a que se destina.

LECTOR IN FABULA

existe a semiose ilimitada e que todo signo é interpretável por outros signos; dado que todo termo constitui uma asserção rudimentar e que toda asserção é um argumento rudimentar, é preciso sair disso de qualquer forma: e se estabelecem regras econômicas de implicitação.

Os procedimentos de implicitação servem, pois, para abreviar uma lista potencialmente infinita de propriedades fatuais. Numa representação semântica totalmente "formal" não haveria diferenças entre propriedades necessárias e propriedades fatuais ou acidentais. Como nos exemplos de postulados de significado fornecidos por Carnap, constitui igualmente matéria de implicitação dizer que um solteiro é um indivíduo de sexo masculino adulto ou que os corvos são pretos.

É verdade que na perspectiva de Carnap existe diferença entre L-verdade e verdades sintéticas e por L-implicação entende-se "um *explicatum* pela implicação lógica ou *entailment*" (Carnap, 1947: 11); assim que a implicitação ou *entailment* é entendida como um caso de verdade analítica. Deste modo deveríamos dizer que um *coupé* e um *brougham* continuam sendo analiticamente veículos, enquanto que apenas fatualmente são de caráter burguês. Mas, pelo que nos parece, a isto já deu resposta magistral Quine em "Two Dogmas of Empiricism" (1951), quando dirigiu a sua crítica à concepção carnapiana. Que um *coupé* seja uma carruagem é tão empírico (tão dependente das nossas convenções semânticas) quanto a noção histórica de que foi privilegiado por um público burguês.

Quine observa que, se por verdade analítica se entende uma verdade lógica como

(30)   Nenhum homem não casado é casado,

então ninguém põe em dúvida a verdade indiscutível desta tautologia. Mas outra coisa é dizer

(31)   Nenhum solteiro é casado

ou, em nosso caso, "nenhum *coupé* carece da propriedade de ser uma carruagem". Porque, neste caso, temos somente o registro lexicográfico de um uso semântico corrente. Ao tornar verdadeira ou falsa esta proposição, o que conta é o sistema geral da ciência que, como conjunto solidário, estabelece quais proposições devem constituir o seu centro (e por isso as assume como analiticamente indiscutíveis) e quais constituem a periferia, discutível, revisável, sujeita a estipulações transitórias: "Na sua globalidade, a ciência é como campo de força cujos pontos-limites são a experiência". Que na Elm Street exista ou não uma casa de tijolos, parece-nos um *fato contingente* porque não se afigura capaz de perturbar o centro do sistema. Mas, no tocante à globalidade do sistema, não há diferença entre uma lei física e o fato de que na Elm Street haja uma casa de tijolos: somos nós (a ciência) que decidimos a quais proposições devemos conferir

ESTRUTURAS DE MUNDOS 119

o papel de verdade cuja discussão exigiria a reacomodação do campo global, e a quais não[11] :

A cultura dos nossos pais é um tecido de enunciados. Nas nossas mãos, ela evolui e muda, mediante novas revisões e acréscimos mais ou menos arbitrários e deliberados, ocasionados mais ou menos pela contínua estimulação dos nossos órgãos sensoriais. É uma cultura cinzenta, negra de fatos e branca de convenções. Mas não encontrei nenhuma razão substancial para concluir que nela existam fios completamente negros ou outros totalmente brancos (Quine, 1963).

As leis de implicitação semântica constituem elementos de um sistema global deste tipo: "Quanto a fundamento epistemológico, os objetos físicos e os deuses só diferem por grau e não por sua natureza. Tanto um quanto o outro tipo de entidades entram em nossa concepção somente como postulados culturais". Cada uma das proposições sintéticas teria direito a tornar-se uma proposição analítica, "se fizéssemos retificações suficientemente drásticas em alguma outra parte do sistema".

É singular que se tenha tido necessidade de recorrer justamente ao próprio Quine para chegar a uma definição de propriedade aplicável no âmbito de uma teoria textual dos mundos possíveis — lá onde o conceito provém daquela lógica modal contra a qual Quine sempre polemizou. Mas, talvez ele nada tivesse a opor a *esta* noção de mundo possível. Seja como for, podemos concluir que a diferença entre sintético e analítico depende da determinação do centro e da periferia de um sistema cultural global e homogêneo (seja qual for o seu formato!). E aqui podemos aceitar a definição de Chisholm (1976:6) para quem uma propriedade "se torna necessária sob certa descrição".

Consideremos de novo as propriedades relevantes (mas, quais teremos negligenciado para tornar maleável o nosso exemplo?) de três tipos de carruagens supramencionadas, segundo os modos de uma análise semântica entre as mais simples (onde + significa presença da propriedade; − significa ausência e 0 = indeterminado).

	Continente	móvel	a cavalos	com rodas	capota fechada	2 passageiros	4 rodas	assento dianteiro
brougham	+	+	+	+	+	0	0	−
hansom cab	+	+	+	+	+	+	−	−
coupé	+	+	+	+	+	+	+	+
	1	2	3	4	5	6	7	8

11. Vem-nos à mente a discussão de Kuhn (*La struttura delle rivoluzioni scientifiche*, Turim, Einaudi, 1969; trad. bras.: *A Estrutura das Revoluções Científicas*, São Paulo, Perspectiva, 1978): todos os físicos estão interessados na mecânica quântica, "mas eles não aprendem, todos, as mesmas aplicações daquelas leis e por isso todos eles não são influenciados da mesma maneira pelas mudanças que ocorrem na *praxis* da mecânica quântica"; por conseguinte, uma mudança, que se reflete apenas sobre uma das aplicações da teoria será revolucionária (em outras palavras, obrigará a rever todo o sistema teórico) somente para uma parte dos físicos.

120 LECTOR IN FABULA

As propriedades de 1 a 6 são relevantes no contexto do *Drame*, enquanto que as propriedades 7 e 8 não o são e podem ser narcotizadas (tanto pelo autor como pelo leitor). Porém, se a exigir um *coupé* fosse o diretor do Museu das Carruagens, então relevantes seriam justamente as propriedades que vão do 3 ao 8, porque ele quer algo que se distinga tanto de um jinriquixá como de um *brougham*. Quanto ao resto, pouco importa se o *coupé* a ser exposto ainda se movimenta e realmente possa carregar pessoas (também um modelo em papelão no limite serviria). Cada qual escolhe as *suas* propriedades necessárias.

Mas é claro que a esta altura o termo "necessárias" revela-se ambíguo (e de fato em 8.15 o usaremos para outros objetivos). Agora afirmamos que ao descrever as propriedades de um indivíduo num mundo textual estamos interessados em privilegiar aquelas que se mostram *essenciais* aos objetivos do *topic*[12].

8.6. COMO DETERMINAR AS PROPRIEDADES ESSENCIAIS

A essencialidade de uma propriedade é tópico-sensível. É o *topic* textual que estabelece qual deve ser a estrutura mínima do mundo em discussão. Esta estrutura nunca pode ser global e completa, mas representa (do mundo em questão) um *perfil* ou uma *perspectiva*. É o perfil que resulta útil para a interpretação de uma dada parcela textual.

Se minha sogra me perguntasse:

(*32*)   Que teria acontecido se meu genro não se tivesse casado com minha filha?

a resposta seria que — visto que no seu mundo de referência W_0 eu sou descrito (e por conseguinte caracterizado) somente como seu genro (propriedade que o indivíduo considerado pelo seu contrafatual W_1 não pode ter) —, ela está curiosamente pensando em dois indivíduos diferentes, dos quais o segundo é bastante impreciso, e está inutilmente esforçando-se por fazê-los coincidir. Se, pelo contrário, alguém (se quiser, pode ser também minha sogra) se perguntasse:

12. Existirão propriedades que em hipótese alguma jamais poderiam ser reduzidas à categoria de propriedades acidentais? Também no Museu da Navegação um bergantim deveria conservar, pelo menos potencialmente, a propriedade de ficar flutuando. Mas só porque costumamos considerar os bergantins instrumentos de navegação. Para um caçador de tesouros submersos, um bergantim permanece como tal, embora tenha sido reduzido à categoria de restos, cujas propriedades tradicionais de um objeto flutuante e navegante não podem ser reconhecidas. Para o comandante de Dachau os seres humanos tinham a única propriedade de serem adequados para produzir sabão. Temos o direito de julgar a escolha moral que o levou a narcotizar todas as outras propriedades de um ser humano; mas, se podemos rejeitar a ideologia que governava a sua ética, nada podemos objetar à sua semântica: com referência ao próprio *topic* e às próprias encenações, o comandante de Dachau se comportava de maneira semanticamente lícita. No caso, o problema consistiu em destruir as suas encenações e expungi-las da nossa enciclopédia.

ESTRUTURAS DE MUNDOS 121

(*33*)   Que teria acontecido se o autor deste livro nunca se tivesse casado?

a resposta seria diferente. O indivíduo considerado nos dois mundos W_0 e W_1 é caracterizado em ambos os casos pela propriedade de ter escrito este livro. E, por conseguinte, se nunca se houvesse casado, provavelmente este livro não conteria o exemplo que estamos discutindo, mas, ao menos nos limites em que o contrafatual estabelece um próprio co-texto elementar, as coisas não teriam mudado muito (a menos que não fossem estipuladas especificações como: "O autor deste livro, que só é capaz de escrever no calor da família, etc."). Podemos dizer que em ambos os mundos temos que lidar com o mesmo indivíduo, salvo variação de propriedades acidentais.

Todavia, os dois exemplos supracitados continuariam sendo agradáveis jogos lingüísticos, se não nos servissem para aprofundar o problema sobre como estabelecer a essencialidade e a acidentalidade das propriedades em jogo e como construir os mundos de referimento.

Rescher (1973) sugere que para definir um mundo possível como construto cultural devemos especificar:

(i) uma família de indivíduos reais $x_1 \ldots x_n$;

(ii) uma família de propriedades F, C, M..., atribuídas aos indivíduos;

(iii) uma "especificação de essencialidade" para toda propriedade de indivíduo, em cuja base se deve estabelecer se uma propriedade lhe é essencial ou não;

(iv) relações entre propriedades (por exemplo, relações de implicitação).

Dado um W_1, habitado por dois indivíduos x_1 e x_2, e três propriedades F, C, M, o sinal + significa que o indivíduo em questão tem a propriedade em questão e o sinal − significa que não a tem, e *os parênteses consignam as propriedades essenciais:*

W_1	F	C	F
x_1	(+)	(+)	−
x_2	+	+	−

Agora imaginemos um mundo W_2 em que se acham os seguintes indivíduos com as seguintes propriedades:

W_2	F	C	F ·
x_1	(+)	(+)	+
x_2	+	−	(−)
x_3	(+)	(−)	(+)

Um indivíduo em W_2 constitui a *variante potencial* do indivíduo *protótipo* em W_1, se eles diferem somente nas propriedades acidentais.

122 LECTOR IN FABULA

Portanto, y_1 em W_2 constitui uma variante de x_1 em W_1 e y_2 em W_2 é uma variante de x_2 em W_1.

Um indivíduo constitui um *supranumerário* com relação a um indivíduo de outro mundo possível se dele difere também nas propriedades essenciais. Portanto, y_3 em W_2 é supranumerário com relação aos indivíduos de W_1.

Quando um protótipo num mundo W_1 possui uma só e única variante potencial num mundo W_2, a variância potencial coincide com aquilo que se chama *identidade através de mundos* ou *trans-world identity*. Naturalmente, sequer se discute os casos de absoluta identidade (iguais propriedades essenciais e iguais propriedades acidentais).

Ao formular o contrafatual (*32*), a minha sogra compara um mundo possível W_1 com um mundo de referimento W_0 e constrói a ambos como segue:

W_0	m	p
x_1	(+)	+

W_1	m	p
y_1	—	+

onde *m* representa a propriedade essencial de ser casado com sua filha e *p* é outra propriedade acidental qualquer (por exemplo, a de ser o autor deste livro). Dado que no seu contrafatual W_1 aparece um indivíduo que não tem a propriedade essencial *m*, deve-se dizer que os dois indivíduos não são idênticos.

Por outro lado, quem formula o contrafatual (*33*) está comparando dois mundos construídos deste modo:

W_0	m	p
x_1	+	(+)

W_1	m	p
y_1	—	(+)

e é claro que y_1 constitui uma variante potencial de x_1.

Na realidade, as coisas não são tão simples. No caso do contrafatual (*32*), o fato de que o sujeito da enunciação pensa em "seu" gênero introduz uma ulterior complicação tanto em W_0 como em W_1. Com efeito, definindo o indivíduo mediante uma relação com o sujeito da enunciação ("aquele que é caracterizado por certa relação com o sujeito da enunciação"), coloca-se também a minha sogra entre os indivíduos do mundo de referência (e do mundo contrafatual) e se fornece uma descrição relacional do indivíduo em questão. Como veremos em 8.15, introduzem-se aqui relações S-necessárias. Mas, por enquanto, basta somente mostrar como a construção do mundo de referimento depende de um *topic* textual: em (*32*) o *topic* era "relação de *x* com sua sogra", ao passo que em (*33*) era "relações de *x* com este livro".

A solução proposta nos permite em cada caso resolver uma objeção levantada por Volli (1978) contra a relação entre mundo possível e mundo "real" ao qual o primeiro fatalmente (por causa

ESTRUTURAS DE MUNDOS

da impossibilidade de formulá-lo como completo) se sobrepõe. Volli observa que, ao nos referir ao mundo "real", seremos obrigados a considerar todas as proposições que, em termos de enciclopédia, nele valham: por exemplo, que a terra é redonda, que 17 é um número primo, que as ilhas do Havaí ficam no Pacífico, e assim por diante, provavelmente até o infinito. A solução aqui proposta visa poupar à minha sogra um esforço tão grande, do qual queremos crer que o próprio Volli foge, quando de manhã se pergunta o que aconteceria se vestisse uma pequena malha Lacoste ao invés de uma Fruit of the Loom. O *topic* textual estabeleceu quais as propriedades que são tomadas em consideração: todas as outras, conquanto não negadas, são narcotizadas pelo autor e são narcotizáveis pelo leitor. No contrafatual *(33)*, não é pertinente se tenho ou não duas pernas (embora não devamos esperar que o eventual prosseguimento do texto o negue), mas é pertinente o que quer dizer, por força do *entailment*, |livro| ou |autor|. Construir o mundo de referimento, ao invés de tomar o nosso da forma como ele é, representa uma grande ajuda não apenas para a semiótica textual, mas também para as meninges de qualquer pessoa normal que, dada uma proposição, não se pergunta absolutamente quais e quantas são todas as suas possíveis conseqüências lógicas. Via de regra, quando me pergunto se devo ir ou não ao Scala para assistir à *Traviata* não considero também o fato de que o Scala foi construído por Piermarini. E se ajo desta maneira todos os dias, não vejo por que não deva fazê-lo ao estruturar os mundos possíveis de um texto[13].

13. O problema já foi, contudo, debatido nas discussões de lógica epistêmica. Poderemos dizer que se p então q, isto implica que se a conhece p, então a conhece q? Ou que se p então q, se a crê em p então a acredita também em q? Isto é, poder-se-á dizer então que, se alguém sabe ou crê em alguma coisa, então sabe ou crê *eo ipso* em todas as suas conseqüências lógicas? Responde-se sustentando que os casos idiossincráticos de ignorância não afetam este princípio (que é, afinal, aquele da *nota notae* de que se falava em 2.4). Mas a resposta depende do que quer dizer "compreender", isto é, do que se sabe ou se crê. Há diferença entre o que é pressuposto (*semanticamente*) péla enciclopédia e o que é *pragmaticamente* pressuposto no processo de interpretação de um texto. Perguntar-se se saber que um determinado indivíduo é um homem, significa também saber que ele tem dois pulmões e que, por força de sucessivas implicações, nada se cria e nada se destrói, depende da *profundidade quantificacional* do enunciado; vale dizer, depende da "complexidade maximal da configuração dos indivíduos considerados nele em qualquer tempo, comensurados ao número dos indivíduos envolvidos" (Hintikka, 1970: 170).

Tudo isto nos parece confirmado por Hintikka, no artigo "Degrees and Dimensions of Intentionality", publicado em *VS* 19/20: "Os críticos que põem em dúvida o realismo da semântica dos mundos possíveis descuram freqüentemente o fato de que uma das disciplinas mais importantes para o estudo da natureza e da sociedade, ou seja, a teoria da probabilidade, normalmente é formulada em termos afins aos de uma semântica dos mundos possíveis". Hintikka observa, porém, que provavelmente os modelos dos teóricos da probabilidade são mais "modestos" do que os mundos possíveis leibnizianos: eles são "pequenos mundos", isto é, um tipo de curso alternativo que um experimento pode razoavelmente levar em consideração. Mas — mostrando-se perplexo acerca do uso mais ambicioso da metáfora leibniziana — acha que se deve justamente trabalhar em "pequenos mundos".

124   LECTOR IN FABULA

8.7. IDENTIDADE

O verdadeiro problema da identidade mediante mundos consiste em *caracterizar algo 'como persistente através de estados de coisa alternativo*. Se refletimos bem, isto nos leva ao problema kantiano da constância do objeto. Mas, ao observar o fato, Bonomi (1975: 133) lembra que a idéia do objeto deve ser ligada a uma das suas congruências entre múltiplas localizações. Assim, a noção de identidade mediante mundos deve ser analisada sob o ponto de vista da noção husserliana de *Abschattung*, isto é, dos diversos perfis que eu consigno ao objeto da minha experiência. Ora, estabelecer um perfil não é senão delinear um *topic* textual.

Chisholm (1967) propusera certa vez um W_0 habitado por Adão (que segundo a Bíblia, viveu 930 anos) e Noé (que viveu 950). Depois começara a delinear mundos alternativos em que aos poucos Adão vivia um ano a mais e Noé um ano a menos, até chegar a um mundo possível em que não só Adão vivera 950 anos e Noé 930, mas Adão chegou a chamar-se Noé e Noé a chamar-se Adão. Ao chegar a este ponto, porém, Chisholm não dava a única resposta que nos parece razoável para definir a questão da identidade dos dois: ele não tinha decidido de antemão em que propriedades estaria textualmente interessado. Como sempre, a resposta depende da pergunta. Se o experimento de Chisholm concernia à identidade do *primeiro homem*, nenhuma mudança no nome e na identidade poderia prejudicar a identidade da personagem em questão. Naturalmente, tudo depende do fato de que fosse ou não postulado que se "aditar" em apêndice ao nome |Adão| a descrição "aquele que é essencialmente conhecido como sendo o primeiro homem". Em resumo, neste exemplo não podemos jogar com os meros "designadores rígidos", como seriam os nomes próprios segundo Kripke (1971a). Cumpre estabelecer através de que descrição definida (no âmbito de um dado texto) se atribuem a Adão as propriedades essenciais. Para Darwin ou para Theilhard de Chardin, parece-nos que era totalmente acidental o fato de o primeiro homem chamar-se Adão ou Noé e que tivesse novecentos ou mil anos. Eles estavam interessados em falar de um x definido como "o primeiro homem a aparecer sobre a terra".

Quando Hintikka (1969b) diz que, se eu vejo um homem sem ter a certeza se ele é João ou Henrique ou qualquer outra pessoa, de qualquer modo este homem será o mesmo em todo mundo possível, porque é o homem que eu vejo naquele preciso momento, ele está agitando em termos de evidência perceptiva o problema do *topic* textual, ou então daquilo de que estou falando naquele momento. Visto que a minha pergunta é "quem é o homem que vejo neste instante?", a única propriedade essencial deste indivíduo é a de ser aquele que vejo: as minhas necessidades materiais e empíricas estabeleceram aquilo que textualmente conta.

ESTRUTURAS DE MUNDOS

8.8. ACESSIBILIDADE

Procuremos agora estabelecer de que modo se pode falar de acessibilidade entre mundos. Segundo a literatura corrente, a acessibilidade é uma relação diádica $W_i R W_j$ onde W_j é acessível a W_i. Se queremos negligenciar as interpretações psicológicas (do tipo: um indivíduo em W_i pode "conceber" o mundo W_j), devemos limitar-nos a dizer que W_j é acessível a W_i, se da estrutura de W_i for possível gerar a estrutura de W_j, mediante a manipulação das relações entre indivíduos e propriedades.

Assim, temos diversas possibilidades de relação:

(i) $W_i R W_j$, mas não $W_j R W_i$: a relação é *diádica*, mas não *simétrica;*

(ii) $W_i R W_j$ e $W_j R W_i$: a relação é *diádica* e *simétrica;*

(iii) $W_i R W_j$, $W_j R W_k$, $W_i R W_k$: a relação é *diádica* e *transitiva;*

(iv) a relação anterior torna-se também *simétrica.*

Dados dois ou mais mundos, as relações supraconsideradas podem mudar, de acordo com as condições que seguem:

(a) o número dos indivíduos e das propriedades *é o mesmo* em todos os mundos considerados;

(b) o número dos indivíduos *aumenta* em ao menos um mundo;

(c) o número dos indivíduos *diminui* em ao menos um mundo;

(d) as propriedades *mudam;*

(e) (outras possibilidades resultantes da combinação das condições precedentes).

Falando de mundos narrativos, poder-se-ia tentar uma tipologia de diversos gêneros literários justamente sobre estas bases (quanto a uma primeira proposta, confira Pavel, 1975). Para os objetivos do presente discurso, consideramos apenas alguns casos.

Examinemos, antes de mais nada, um caso em que (aquém de qualquer diferença entre propriedades essenciais e acidentais) há dois mundos com o mesmo número de indivíduos e de propriedades:

W_1	F	M	C		W_2	F	M	C
x_1	+	+	−		y_1	+	−	−
x_2	+	−	+		y_2	−	+	+

É evidente que com algumas manipulações podemos fazer com que os indivíduos em W_2 se tornem estruturalmente idênticos aos indivíduos em W_1, e vice-versa. Falaremos então de relação diádica e simétrica.

Consideremos, agora, um segundo caso em que em W_1 existem menos propriedades do que em W_2. Seguindo o exemplo fornecido por Hintikka em 8.3, imaginemos que as propriedades em W_1 sejam

126 LECTOR IN FABULA

o ser redondo e o ser vermelho, ao passo que em W_2 os indivíduos podem ser também *rodantes*, além de serem redondos e vermelhos:

W_1	redondo	vermelho
x_1	+	−
x_2	+	+

W_2	redondo	vermelho	rodante
y_1	+	−	+
y_2	+	+	−

Vemos que em W_2 não é difícil gerar os indivíduos de W_1, pois é suficiente considerar para cada um deles a propriedade de *não* ser rodante:

W_2 $(+ W_1)$	redondo	vermelho	rodante
y_3	+	−	−
y_4	+	+	−

Efetuando uma transformação do gênero, nos damos conta que y_4 é estruturalmente idêntico a y_2, enquanto que y_3 aparece como um novo indivíduo (que em W_2 ainda não existia, mas que era possível conceber).

Pelo contrário, não é possível fazer o oposto, ou seja, gerar de W_1 os indivíduos de W_2, porque, com respeito ao segundo, o primeiro mundo possui uma matriz (ou estrutura de mundo) mais pobre, e nela não pode ser avaliada nem a essência nem a presença da propriedade de ser rodante. Por isso, a relação entre os dois mundos não é simétrica. Do segundo posso "conceber" (isto é, produzir por razões de flexibilidade da estrutura) o primeiro, mas não vice-versa.

Pensando bem, estamos diante da situação delineada por Abbott em *Flatlândia*: um ser vivo num mundo tridimensional visita um mundo bidimensional e consegue compreendê-lo e descrevê-lo, enquanto que os seres do mundo bidimensional não logram justificar a presença do visitante (que possui, por exemplo, a propriedade de poder atravessar o mundo deles de alto a baixo, ao passo que eles raciocinam somente em termos de figuras planas). Uma esfera tridimensional que atravessa um mundo bidimensional se apresenta como uma série de círculos sucessivos, de formato variável, mas os seres bidimensionais não conseguem conceber como pode acontecer que o visitante mude continuamente de formato.

Consideremos agora um terceiro caso, em que aos dois mundos do exemplo anterior se acrescenta um terceiro mundo W_3 no qual vale a discriminação entre propriedades essenciais e acidentais. Para este terceiro mundo a propriedade de ser rodante é essencial a cada indivíduo próprio (situação semelhante àquela dos indivíduos do nosso sistema solar):

ESTRUTURAS DE MUNDOS

W_1	redondo	vermelho
x_1	+	−
x_2	+	+

W_2	redondo	vermelho	rodante
y_1	+	−	+
y_2	+	+	−

W_3	redondo	vermelho	rodante
k_1	+	−	(+)
k_2	+	+	(+)

Para passar de W_3 a W_2, há várias soluções. Se consideramos que y_1 tem a propriedade de rodar de maneira acidental, ele será um supranumerário (como, por outro lado, y_2) com relação aos protótipos de W_3. Se decidimos construir com W_3 um y_1, a quem se reconhece como *essencial* a propriedade de ser rodante, eis que teremos obtido y_1 como variante potencial de k_1. Visto que de W_2 se passa facilmente para W_1, conforme já tínhamos demonstrado, obtivemos uma relação diádica e transitiva, porém não-simétrica.

Para passar de W_3 a W_1, basta construir um mundo onde cada indivíduo tem a propriedade *essencial* de *não* ser rodante. Segundo o que foi dito em 8.7, os indivíduos de W_1 assim caracterizados serão supranumerários com relação aos de W_3.

Como em lógica modal o tipo de relação muda de acordo com o sistema empregado (T, S_4, S_5, brouweriano), poderemos refletir sobre as relações entre as situações acima exemplificadas e os diversos sistemas modais; e o leitor informado acabará reconhecendo algumas analogias entre estas relações entre matrizes de mundos e os *parlour games* usados por Hughes e Cresswell (1968) para exemplificar os vários tipos de relação. Mas, no âmbito do presente discurso, não é necessário encontrar, a todo custo, uma homologia formal entre as duas ordens de pesquisa. O que nos interessa é ter estabelecido matrizes estruturais capazes de representar o formato de mundos textuais e de estabelecer regras de transformação entre si.

8.9. ACESSIBILIDADE E VERDADES NECESSÁRIAS

Ao reduzir as pretensas propriedades necessárias a propriedades essenciais (estabelecidas como tais pelo *topic*), evidentemente realizamos uma útil simplificação do problema. Isto não impede que subsista uma pergunta: que fazer com aquelas verdades ditas "logicamente necessárias", como, por exemplo, o princípio de identidade ou o *Modus Ponens*?

128 LECTOR IN FABULA

A resposta é que estas verdades não devem ser consideradas propriedades de indivíduos de um mundo, mas no máximo *condições metalingüísticas de construtibilidade das matrizes de mundos*. Dizer que todos os solteiros possuem essencialmente as propriedades de serem indivíduos humanos, do sexo masculino, adultos, não--casados, significa estabelecer (conforme já ficou dito) quais propriedades definimos como essenciais em virtude de certo *topic* discursivo; mas, é muito menos ilógico definir, de um lado, que é impossível ser ao mesmo tempo solteiro e casado (postulado de significado) e ao mesmo tempo asseverar que alguns solteiros são casados. Podemos conceber uma matriz de mundo em que, por uma razão qualquer, não consideremos essencial aos solteiros a qualidade de serem humanos (por exemplo, na expressão: "No universo de Walt Kelly, Pogo Possum é solteiro"); mas, uma vez estipulado que um solteiro (embora não-humano) não é casado, não podemos dizer que, "no universo de Walt Kelly, Pogo Possum é solteiro e é casado".

Uma verdade lógica como, por exemplo, "p ou $\sim p$", é a condição de possibilidade de uma estrutura de mundo. Se existisse um mundo W_4 no qual os indivíduos podem ter e não ter ao mesmo tempo a propriedade de ser redondos (vale dizer, no qual o sinal + ou − da matriz não tivesse nenhum valor estável, e um pudesse ser confundido com o outro), esse mundo seria inconstrutível (e, se quisermos, "inconcebível": mas no sentido de estruturalmente informulável). Ademais, percebemos que este parece ser o caso do exemplo (*32*) onde minha sogra pensa num mundo possível no qual um indivíduo, caracterizado pelo fato de ser seu genro, é ao mesmo tempo caracterizado pelo fato de *não* sê-lo. Mas tal contradição se tornará mais clara em 8.14 e ss.

As verdades logicamente necessárias não constituem elementos do mobiliamento de um mundo, mas construções formais de construtibilidade da sua matriz.

Alguém poderia objetar, todavia, que nos mundos narrativos se dão casos em que as verdades lógicas são negadas. Neste sentido, típicos são muitos romances de ficção científica em que, por exemplo, existindo cadeias causais *fechadas*[14], onde acontece que A causa B, B causa C e C por sua vez causa A, e se podem encontrar personagens que viajam para trás no tempo e não só deparam consigo próprias mais jovens, mas se tornam, em relação a si mesmos, pais e avós. Poderíamos também concluir que numa viagem do gênero o protagonista possa vir a descobrir que 17 não é mais um número primo e que acabe constatando que se acham questionadas muitas daquelas cha-

---

14. Entende-se |fechado| em sentido do todo diverso do usado para a oposição entre fábulas abertas e fechadas. Entendemo-lo no sentido proposto por Reichenbach (*The Direction of Time*, University of California Press, 1956, pp. 36-40): em tal sentido uma cadeia causal fechada permite percursos até o infinito e (quanto a efeitos textuais) saídas "abertas". Mas é claro que se trata de categorias diversas e que as duas recorrências do lexema |fechado| representam um caso de homonímia.

ESTRUTURAS DE MUNDOS

madas "verdades eternas". Não se deveria, então, falar de mundos em que as verdades logicamente necessárias não contam mais?

Parece-nos, porém, que se trata, aqui, de uma singular ilusão narrativa. Tais mundos não são "construídos", mas simplesmente "nomeados". Podemos muito bem afirmar que existe um mundo em que 17 não é um número primo, como podemos também dizer que existe um mundo onde há os verdelhões-come-pedra. Mas, para construir estes dois mundos, é preciso, no primeiro caso, fornecer as regras segundo as quais 17 pode ser dividido, com algum resultado, por um número que não seja ele mesmo e, no outro caso, é preciso descrever indivíduos nomeados como verdelhões-come-pedra, atribuindo-se-lhes propriedades: por exemplo, ter vivido no século XVII, ter sido verde, ter morado debaixo da terra para comer todas as pedras que o padre Kircher deixava cair nas crateras dos vulcões para ver se saíam pelo lado dos antípodas ou se permaneciam gravitando no centro do *Mundus Subterraneus*. Como se vê, em tal caso se construiriam indivíduos, combinando, ainda que de maneira inédita, propriedades que são registráveis numa matriz W_0 de referência. Trata-se, pois, da questão, debatida na história da filosofia, de saber se é possível conceber uma montanha de ouro, ou a discutida por Horácio, para saber se é possível imaginar um ser humano com a cerviz eqüina. Por que não? Trata-se de combinar coisas novas, partindo do já conhecido. Conforme ensina a história da lógica, mais difícil é conceber (no sentido de fornecer as regras de construção de) um círculo quadrado.

Ao invés, num romance de ficção científica em que se afirma que existe uma máquina que desmaterializa um cubo e o faz reaparecer mais atrás no tempo (pelo que o cubo aparecerá na plataforma da máquina uma hora antes de ter sido ali colocado), tal instrumento é *nomeado* mas não *construído*, isto é, se diz que existe e que se chama, de certo modo, mas não se diz como é que funciona. Ele então permanece um *operador de exceção* como o Doador Mágico das fábulas ou Deus nas histórias de milagres: um operador a quem se atribui a propriedade de poder violar as leis naturais (e as verdades logicamente necessárias). Porém, a fim de postular esta propriedade se deve aceitar as leis que ela violaria. De fato, para citar um operador capaz de suspender o princípio de identidade (e de transformar a mim mesmo no meu próprio pai), devo, contudo, construir matrizes de mundos em que *vale* o princípio de identidade, pois, caso assim não fosse, eu não poderia sequer falar de mim mesmo, de meu pai, da possível e curiosa confusão entre os dois, nem poderia consignar ao operador "mágico" esta propriedade, porque a teria e não teria ao mesmo tempo. Distinguimos, portanto, entre *nomear*, ou citar uma propriedade, e *construí-la*. Naturalmente, postulando um mundo em que existe um indivíduo x (Deus, um Doador, um "infundíbulo cronossinclástico", como acontece em Vonnegut) capaz de sustar as verdades logicamente necessárias, eu doto este mundo de um indivíduo que é supranumerário com respeito ao mundo de referência. Quanto a este indivíduo x, é posta em crise a identidade mediante mundos, mas não é posta

130 LECTOR IN FABULA

em crise a acessibilidade entre os dois mundos em questão, segundo as regras já enunciadas em 8.11, porque também na enciclopédia de W_0 existe a propriedade de ser nomeado como violador de leis lógicas. Já se objetou (Volli, 1978, nota 37) que não vale a distinção entre propriedades nomeadas e propriedades construídas ou descritas estruturalmente, porque "toda a história da ciência (e da literatura) está a demonstrar como é trabalhoso — usando modelos e metáforas que depois se tornam designadores — poder conhecer (ou seja, nomear e descrever) objetos e propriedades novos, isto é, antes 'inexistentes' nos mundos possíveis cognitivos". Se esta objeção quer dizer que, partindo de propriedades conhecidas, se pode sugerir combinações de propriedades ainda ignoradas, então se está afirmando aquilo que já dissemos (e conosco a história da filosofia) sobre a montanha de ouro. Observando o vôo dos pássaros e um cavalinho de balanço, um homem genial como Leonardo podia imaginar uma combinação de propriedades sortidas (ser mais pesado do que o ar, ter as asas voantes, constituir um modelo em material inerte de uma forma orgânica) de tal molde a permitir-lhes descreverem um avião, postularem um mundo em que ele fosse construtível e orientarem assim a imaginação de quem depois pensasse em construí-lo. Na obra *Le meraviglie del Duemila*, Emilio Salgari imaginara grandes elefantes metálicos destinados à limpeza dos caminhos, os quais aspiravam a varredura com a probóscide. Pelo que me lembro, já devia circular a idéia do aspirador de pó, naqueles tempos, mas não importa: não deixava de ser um modo de sugerir certa combinação de propriedades para produzir um indivíduo novo, foi suficiente para reduzir o indivíduo a um elemento tubiforme aspirante e a um "ventre" ou continente, e a coisa estava feita. Note-se, porém, que Salgari não dizia como é que se dava a aspiração: por isso ele construía o seu indivíduo somente em parte e, quanto ao resto, limitava-se a postulá-lo (a nomeá--lo) como *operador de exceção*. Se depois, lendo aquelas páginas, alguém pudesse ser levado a traduzir a excepcionalidade nomeada em operatividade construtível e descritível, isto é um outro discurso.

Mas, se a objeção citada significa que um romance de ficção científica pode sugerir a existência de infundíbulos cronossinclásticos e, agindo assim, antecipar a descoberta de uma entidade posteriormente descritível e construtível, então ela se equivoca quanto à definição do termo descrever. Reportemo-nos ao segundo capítulo deste livro onde vemos que, segundo Peirce o sabia, dar uma definição significa especificar as operações a serem efetuadas para realizar as condições de perceptibilidade da classe de objetos a que se refere o termo definido. Por conseguinte, dizer que um infundíbulo cronossinclástico é um vórtice espácio-temporal ainda não constitui uma definição satisfatória. Se um cientista, lendo a respeito desta estranha entidade, foi imaginativamente levado a procurar as condições de descrição e construção (operações a serem identificadas) de algo de análogo — nada a objetar; ora, quanta gente já foi procurar unicórnios e acabou encontrando rinocerontes. Que a literatura possa ter funções proféticas (um livro anuncia e nomeia algo que depois se realizará, deveras),

ESTRUTURAS DE MUNDOS 131

é opinião digna de acatamento. Mas aqui se trataria de redefinir a noção aristotélica de "verossímil". Será que é inverossímil afirmar hoje que se pode chegar até Aldebarã como se agiu no caso da Lua? De acordo com os critérios científicos correntes, não parece verossímil porque não parece realizável num lapso de tempo razoável. Porém, para uma mentalidade não-científica não deveria resultar repugnante pensar: "Já que chegamos à Lua quando se julgava que isso era impossível, por que não julgar possível uma viagem até Aldebarã? E como a ciência, segundo sabemos, é muito prudente no formular os próprios critérios de verossimilhança, ao passo que a opinião comum, a imaginação cotidiana e a poética o são muito menos, eis que um texto literário pode antecipar um mundo possível no qual se chegue até Aldebarã. Visto, porém, que o fará contra todas as evidências proporcionadas pelos nossos conhecimentos físicos, deverá limitar-se a *nomear* os indivíduos em condições de concretizar este empreendimento (foguetes, contraentes espácio-temporais, desmaterializadores com ondas zeta, operações parapsicológicas), sem *construí-los*. Será depois natural o efeito ópti o de quem − vivendo num mundo em que estes indivíduos existam − se pergunte, pasmo, como foi que o poeta antigo pôde descrevê-los, sem perceber que somente os havia nomeado. Assim nós, ao ler Roger Bacon, ficamos pasmos como é que ele afirmou decididamente a possibilidade de máquinas voadoras, e o consideramos tão brilhante quanto Leonardo: mas Leonardo as descrevera toscamente e Bacon as postulara apenas genialmente, limitando-se a nomeá-las.

Para terminar, decerto podemos dizer que às vezes se aventura a descrição de um mundo possível, lançando mão de metáforas. Trata-se, porém, de definir o mecanismo da metáfora. Atendo-nos à definição dada no *Tratado* (3.4.7.), lembramos que a metáfora se realiza quando, de duas unidades semânticas, uma se torna a expressão da outra devido a um amálgama efetuado sobre uma propriedade que ambas têm em comum. Portanto, a metáfora, se é tal, já constitui uma tentativa de "construção" com base numa combinação de propriedades: nomeio a entidade x (dotada das propriedades a, b e c) mediante a sua substituição pela entidade y (dotada das propriedades c, d, e), para amálgama sobre a propriedade c, e assim prefiguro uma espécie de unidade semântica inédita dotada das propriedades a, b, c, d, e. Neste sentido, também a metáfora poética pode tornar-se instrumento de conhecimento próprio porque representa o primeiro passo, ainda impreciso, rumo à construção de uma matriz de mundo. Um mundo, por exemplo, onde uma mulher seja um cisne porque são sugeridas possíveis fusões entre mulheres e cisnes, indivíduos precisamente de fantasia que participam das propriedades de um e de outro.

Quanto aos romances de ficção científica em que eu me torno o pai de mim mesmo e o amanhã se identifica com o ontem, eles costumam querer justamente nos fazer experimentar o incômodo da contradição lógica, jogando com o fato de que, segundo as regras de construção de mundos e o rol de propriedades que a nossa enciclo-

132 LECTOR IN FABULA

pédia nos fornece, o mundo possível que nos propõem não poderia funcionar (e de fato só é construtível de maneira desequilibrada e estruturalmente vaga). Pedem-nos que provemos o prazer do indefinível (jogando com nosso hábito de identificar palavras e coisas, pelo fato de crermos instintivamente que uma coisa nomeada seja por isso mesmo dada e, por conseguinte, de algum modo construída). Convidam-nos ao mesmo tempo a refletir sobre a possibilidade de que a nossa enciclopédia seja incompleta, mutilada, carente de alguma propriedade intuível. Querem, em suma, que nos sintamos como em Abbott se sentiam os habitantes do mundo bidimensional quando eram atravessados por uma esfera tridimensional. Sugerem-nos a existência de outras dimensões. Só que não nos dizem como identificá-las. Por isso subsiste alguma diferença entre os mundos da Flatlândia e a teoria da relatividade restrita. Além das nossas preferências pessoais.

8.10. OS MUNDOS DA FÁBULA

Agora já podemos traduzir os resultados dos parágrafos anteriores nos termos de uma teoria da fábula e da cooperação previsional do leitor.

Houve quem sugerisse que os vários estados de uma fábula constituem outros tantos mundos possíveis. É uma idéia que devemos rejeitar decididamente, se não quisermos justamente abusar daquela que, desta vez sim, se tornaria uma metáfora vazia, embora fascinante. Uma fábula é um mundo possível: o Chapeuzinho Vermelho esboça uma série de personagens e propriedades que são diversas das de nosso W_0. Ora, num primeiro estado da fábula, o Chapeuzinho Vermelho discute com a mãe, num segundo entra na floresta e depara com um lobo. Por que dizer que o fragmento temporal em que a menina encontra o lobo constitui um mundo possível com respeito àquele em que ela fala com a mãe? Se, enquanto fala com a mãe, a menina *imagina* o que fará na floresta, no caso de encontrar-se com o lobo, isto, sim, — com relação ao fundo delineado pelo estado inicial da fábula — seria um mundo possível, ou seja, aquele das crenças e expectativas da menina. Como tal poderia ser convalidada ou falsificada pelo estado sucessivo da fábula, onde se diz o que está acontecendo atualmente (e lembramos que "atual" é uma expressão indicativa: é atual o mundo da fábula uma vez que aceitemos considerá-lo ponto de referência para avaliar as crenças de suas personagens). Mas o Chapeuzinho Vermelho que fala com a mãe e o Chapeuzinho Vermelho que conversa com o lobo são absolutamente o mesmo indivíduo que passa por diversos cursos de eventos. Se dizemos:

(34)   Ontem eu estava em Milão e hoje estou em Roma

não há nenhuma dúvida de que o sujeito da enunciação está falando "hoje" de um indivíduo que é o mesmo daquele de ontem, e está falando de dois estados do mesmo mundo. Se, ao invés, dizemos:

ESTRUTURAS DE MUNDOS

(35)   Se ontem não tivesse partido de Milão, hoje eu não estaria em Roma

estamos delineando "hoje", no mundo real do falante, um estado de coisas possível (que de fato não se realizou), e o problema consistirá em estabelecer se, à luz do *topic* textual, o eu em questão, em ambos os mundos, é o mesmo indivíduo, um par protótipo-variante, um par indivíduo-supranumerário.

À luz destas observações, podemos passar a fornecer as seguintes definições:

(i) Numa fábula, o mundo possível W_N é aquele asseverado pelo autor. Não representa *um* estado de coisas, mas uma seqüência de estados de coisas $s_1 \dots s_n$ ordenada por intervalos temporais $t_1 \dots t_n$. Representaremos, portanto, uma fábula como uma seqüência $W_N s_1 \dots W_N s_n$ de *estados textuais*. Devendo delinear um W_N na sua completitude, deveríamos delineá-lo somente em $W_N s_n$ que se realizou. Em outras palavras, estamos certos quando dizemos que *Madame Bovary* é a história de uma adúltera pequeno burguesa que morre, e erraríamos se disséssemos que *Madame Bovary* é a história da mulher de um médico que vive feliz da vida, embora os estados iniciais da fábula possam confortar-nos nesta persuasão. Repitamos ainda que *os vários $W_N s_i$ não são mundos possíveis*, mas sim, estados diversos do mesmo mundo possível. Conforme veremos, o leitor que compara um dado estado da fábula ao próprio mundo de referimento ou ao mundo das próprias expectativas, assume este estado como um mundo possível; mas isto acontece porque ele ainda não possui o mundo possível narrativo na sua completitude — e justamente porque a sua tendência de avançar previsões se processa jogando com a sua persuasão de que o estado da fábula seja de algum modo completado.

(ii) No decorrer do texto nos são apresentados alguns W_{Nc} como elementos da fábula, isto é, os mundos dos comportamentos proposicionais das personagens. Por conseguinte, um dado $W_{Nc} s_i$ descreve o possível curso de eventos como é imaginado (esperado, querido, asseverado, e assim por diante) por uma determinada personagem *c*. Os estados sucessivos da fábula devem verificar ou falsificar estas previsões das personagens. Em certas histórias os comportamentos proposicionais das personagens não são verificados por estados sucessivos, mas por estados anteriores da fábula. Em outras palavras, quando o Chapeuzinho Vermelho chega ao leito da avó, acredita que a pessoa deitada na cama é a vovó (ao passo que a fábula *já disse* que é o lobo). Neste caso o leitor participa da onisciência da fábula e julga, com uma boa dose de sadismo, a credibilidade do $W_{Nc} s_i$ daquela personagem.

(iii) Durante a leitura do texto (ou da sua transformação sucessiva em macroproposições parciais de fábula), configura-se uma série de W_R, isto é, de mundos possíveis imaginados (temidos, aguardados, desejados etc.) do leitor empírico (e previstos pelo texto como movimentos prováveis do Leitor-Modelo). Estes W_R se configuram para as disjunções de probabilidades relevantes conforme falamos em 7.2. Os estados sucessivos da fábula verificarão ou falsificarão as previsões

134 LECTOR IN FABULA

do leitor. Diferentemente dos mundos das personagens, os mundos do leitor só podem ser verificados por estados da fábula sucessivos ao nó em que se insere a previsão (é completamente inútil preocupar-se com um leitor que, sabedor de que o lobo se deitou no lugar da vovó, continue a pensar, com o Chapeuzinho Vermelho, que a pessoa deitada na cama seja a vovó — vale dizer, é tolice do nosso ponto de vista, ao passo que é provavelmente bastante interessante para um pedagogo, um psicólogo infantil ou um psiquiatra). Naturalmente, há casos em que o texto deu a entender que se estava verificando um dado estado da fábula, mas somente nas entrelinhas, razão pela qual o leitor continua nutrindo uma crença de que a fábula já deveria ter providenciado a desaprovação. É o caso, como veremos, da estratégia narrativa de *Un drame bien parisien*.

(iv) No curso dos próprios movimentos previsionais o leitor pode também imaginar (e na narração de Allais acaba fazendo isto em alguns pontos) os mundos possíveis das crenças (expectativas, desejos etc.) das personagens da fábula. Chamaremos de W_{Rc} o mundo possível que o leitor, ao fazer previsões, atribui a uma personagem, e de W_{Rcc} o mundo possível que o leitor imagina que uma personagem atribua a outra personagem ("talvez ela creia que ela acredita que..."). Existem histórias em que o leitor é chamado a formular mundos de tipo $W_{Rcccc}...$, que é, depois, a situação de uma história "tipo espelhos de barbeiro"[15].

8.11. PROPRIEDADES S-NECESSÁRIAS

Se resumirmos em macroproposições de fábula o início de *Un drame bien parisien*, poderemos fazer dele a seguinte descrição de estado de coisas:

(36) Num período por volta de 1890 havia em Paris um homem chamado Raoul. Ele era o marido de Marguerite.

Recorrendo à própria enciclopédia, o leitor compreende que Paris é um elemento do próprio W_0 de referimento e que 1890 é um dos estados do mesmo mundo (a data de 1984 delinearia, ao invés, um mundo possível com relação a W_0). Até prova em contrário (extensões parentetizadas), o leitor assumirá que existe uma homologia fundamental entre W_N e W_0. Mas, o que decidirá a propósito de Raoul? Pelo que dele sabe, ele é descrito como o indivíduo que tem as únicas propriedades de ser um indivíduo do sexo masculino, humano e adulto e de viver em Paris por volta de 1890. Felizmente, logo depois se diz que Raoul é casado com Marguerite. Isto é suficiente para identificar Raoul no contexto da fábula sem possibilidade de erro. Pode

---

15. Propomos formalizar a seguinte afirmação, que se tornou também objeto de um *poster*: "I know that you believe you understand what you think I said, but I am not sure you realize that what you heard is not what I meant".

ESTRUTURAS DE MUNDOS

haver outros indivíduos do sexo masculino, humanos e adultos que vivem em Paris naquela época (e talvez todos tenham a propriedade de chamar-se Raoul), mas só *este* tem a propriedade de ser casado com *aquela* Marguerite de que o texto nos fala. Se quiséssemos usar uma simbolização apropriada, deveríamos consignar a Raoul um *operador iota* de identificação individual:

$$(\exists\, x)\ [\text{Homem}\ (x) \cdot \text{Casado}\ (x, z, W_N, s_0 < s_1\,] \cdot (\forall\, y)\ [\text{Homem}\ (y)$$
$$\text{Casado}\ (y, z, W_N, s_{0\cdot} < s_1) \cdot (z = \text{٦} x_2)] \supset (y = \text{٦} x_1) \cdot (\text{٦}\, x_1 = \text{Raoul})$$

Vale dizer que existe pelo menos um indivíduo x que é homem e que no mundo que estamos considerando se casou com outro indivíduo z num estado anterior àquele em que se inicia a história, e que para todo indivíduo y que participar das mesmas propriedades – contanto que o indivíduo z desposado por y tenha sido previamente identificado – este y não pode ser outro senão o x de que se falava (o qual, além do mais, se chama Raoul).

O que há de estranho nesta fórmula? É que, para identificar Raoul, precisa-se de outro indivíduo anteriormente identificado, ou seja, de Marguerite. Mas, para identificar Marguerite, é preciso agir como Raoul e estabelecer uma fórmula simétrica, na qual Raoul intervém como ancoradouro de Marguerite:

$$(\exists\, x)\ [\text{Mulher}\ (x) \cdot \text{Casada}\ (x, z, W_N, s_0 < s_1)] \cdot$$
$$\cdot (\forall\, y)\ [\text{Mulher}\ (y) \cdot \text{Casada}\ (y, z, W_N, s_0 < s_1) \cdot (z = \text{٦} x_1)] \supset$$
$$\supset (y = \text{٦} x_2) \cdot (\text{٦}\, x_2 = \text{Marguerite}).$$

Raoul não pode ser identificado sem Marguerite e Marguerite não pode ser identificada sem Raoul. Este não é talvez o modo pelo qual especificamos os x na nossa experiência (embora se devesse refletir sobre esta possibiliade), mas trata-se de fato do modo como identificamos eminentemente os x num texto narrativo. Pelo menos é a maneira como identificamos os *supranumerários* com relação a W_0. Com efeito, para Paris não há necessidade desta identificação cruzada, pois já está abundantemente identificada na enciclopédia. Mas, para Roul e Marguerite não podemos proceder de outra maneira.

Imaginemos um texto que diga:

(37)   Era uma vez João. E era uma vez João.

Intuitivamente, diríamos que não é uma bela história; mas antes, que não é sequer uma história; e não só porque nela nada sucede, mas porque não conseguimos compreender quantos João nela aparecem. Suponhamos, ao contrário, que a história comece assim:

(38)   Uma tarde em Casablanca um homem de paletó branco estava sentado no Rick's bar. No mesmo momento um homem acompanhado de uma mulher loura estava partindo de Lisboa.

O primeiro homem é identificado com respeito à sua relação específica com um determinado bar (por sua vez em relação com Casablanca, indivíduo já identificado em W_0); o bar é identificado por sua vez em relação ao homem. Quanto ao segundo homem, uma vez estabelecido que se acha "no mesmo momento" em Lisboa, ele não é identificado com o primeiro, mas em relação tanto a Lisboa quanto à mulher loura (para a qual valerá o mesmo processo de identificação).

É importante que os dois homens sejam distinguidos mediante dois diferentes processos de identificação, porque há romances como os folhetins oitocentistas que jogam muitas vezes com falsas distinções: veja-se em Eco (1976) a definição do *topos do falso desconhecido*, onde no início do capítulo nos é apresentada uma personagem misteriosa para depois revelar-nos (surpresa costumeiramente bastante clara e evidente) que se tratava de um x já abundantemente identificado e nomeado nos capítulos anteriores.

Ora, a relação intercorrente entre Raoul e Marguerite, como aquela entre o homem de paletó branco e o bar (e depois paulatinamente entre este e as outras duas personagens que estão chegando de Lisboa), é uma relação diádica e simétrica x R y onde x não pode existir sem y e vice-versa. Ao contrário, a relação entre o homem de paletó branco, o bar e Casablanca é diádica, transitiva, mas não simétrica, porque: (i) o homem é identificado pela sua relação com o bar; (ii) o bar é identificado tanto pela sua relação com o homem quanto pela sua relação com Casablanca; (iii) transitivamente, o homem é identificado pela sua relação com Casablanca; (iv) mas Casablanca, como indivíduo de W_0, não é necessariamente identificado pela sua relação com os outros dois indivíduos (é, porém, identificado pela enciclopédia com outros meios; e, na medida em que é identificado só pela sua relação com o homem e com o bar, não fica dito que é a Casablanca que conhecemos por intermédio da enciclopédia). Isto nos permite dizer que: (a) *numa fábula as relações entre supranumerários são simétricas*, ao passo que (b) *as relações entre as variantes e os seus protótipos em W_0 não o são*. Quando as relações são complexas, elas são transitivas.

A estas relações diádicas e simétricas (e, se for preciso, transitivas), que valem somente no âmbito interno da fábula, chamamos então de *relações S-necessárias*, ou *propriedades estruturalmente necessárias*. Elas são essenciais para a identificação dos indivíduos supranumerários da fábula.

Uma vez identificado como o marido de Marguerite, Raoul não poderá mais ser separado da própria parceira: poderá divorciar-se em um $W_N s_n$, mas não cessará de ter a propriedade de ser aquele que em um $W_N s_1$ foi marido de Marguerite.

ESTRUTURAS DE MUNDOS 137

8.12. PROPRIEDADES S-NECESSÁRIAS E PROPRIEDADES ESSENCIAIS

Raoul é um homem e Marguerite uma mulher. Trata-se de propriedades essenciais já reconhecidas a nível de estruturas discursivas e aceitas pela fábula. Pois bem, *as propriedades S-necessárias não podem contradizer as propriedades essenciais, porque também as propriedades S-necessárias acham-se semanticamente vinculadas.* Isto quer dizer que, se entre Raoul e Marguerite vale a relação S-necessária rSm, ela aparece na fábula como relação M de matrimônio (rMm) e está semanticamente vinculada, enquanto, em termos de enciclopédia de 1890, só pode haver casamento entre pessoas de sexo diferente: por conseguinte, não se pode estabelecer que Raoul está S-necessariamente casado com Marguerite, e depois sustentar que eles são, ambos, indivíduos masculinos (a menos que se queira ao fim declarar que aquela relação necessária era apenas aparente, não consistia em estar casados, mas no *aparecer* como casados (coisa semelhante acontece no final do *Falstaff*).

Enquanto semanticamente vinculadas, as relações S-necessárias podem ser submetidas a coações de diversos tipos. Por exemplo:

— relações de antonímia graduada (*x* é menor do que *y*);
— relações de complementaridade (*x* é o marido de *y* que, por sua vez, é sua mulher);
— relações vetoriais (*x* fica à esquerda de *y*);
— e muitas outras, inclusive as oposições não binárias, ternárias, os contínuos graduados etc. (cf. Lyons, 1977; Leech, 1974).

Basta pensar na maneira como se identifica "aquele braço do lago Como" ou na "casinha pequena, humilde, que surgia na pracinha de um grande povoado, bem em frente à igreja, aos pés do monte".

Mas, se as propriedades S-necessárias não podem contradizer as propriedades essenciais, elas podem contradizer as acidentais; seja como for, as duas ordens de propriedades não são estruturalmente dependentes. Raoul está necessariamente casado com Marguerite, mas só de maneira acidental toma um *coupé* a fim de voltar para casa, do teatro. Podia voltar para casa também a pé, e a história não mudaria em muito. Note-se que, se o *topic* textual não tivesse sido aquilo que é, mas sim afim ao da *Carta Roubada* ou do *Chapéu de Palha de Florença*, ou do *Fiacre n.º 13* — quer dizer, se toda a história tivesse sido baseada num misterioso objeto, o *coupé*, a ser encontrado a todo custo, então tanto Raoul quanto aquele *coupé* teriam estado ligados por relação S-necessária.

Por conseguinte, num mundo narrativo os supranumerários estão ligados por relações S-necessárias da mesma forma que dois trechos distintivos num sistema fonológico estão ligados pela sua mútua oposição. Para citar o diálogo entre Marco Pólo e Kublai Kan em *As Cidades Invisíveis*, de Calvino:

138 LECTOR IN FABULA

(*39*) Marco Pólo descreve uma ponte, pedra por pedra.
– Mas, qual é a pedra que sustenta a ponte? – pergunta Kublai Kan.
– A ponte não é sustentada por esta ou aquela pedra – responde Marco –,
mas pela linha do arco que elas formam.
Kublai Kan permanece em silêncio, refletindo. Depois acrescenta: – Por
que me falas de pedras? O que me importa é somente o arco.
Pólo responde: – Sem pedras não há arco[16].

É somente porque mantêm relações S-necessárias que duas ou mais personagens de uma fábula podem ser entendidas como atores que encarnam determinados papéis (o ser Adjuvante, Doador, Vítima, e assim por diante), que subsistem apenas como relações de S-necessidade. Fagin não é o Malvado de Clarice da mesma forma que Lovelace não é o Malvado de Oliver Twist. Achando-se fora das respectivas fábulas, Lovelace e Fagin poderiam ser reconhecidos como uma simpática dupla de folgazões, sendo que um talvez se torne o Adjuvante do outro. Poderiam. De fato não podem. Sem Clarice para seduzir, Lovelace não é mais nada, jamais nasceu. E mais adiante veremos que este seu destino tem algum peso em nosso discurso.

Para concluir, num W_N os indivíduos supranumerários são identificados mediante as suas propriedades S-necessárias, que representam relações diádicas e simétricas de estreita interdependência contextual. Elas podem ou não coincidir com as propriedades atribuídas aos mesmos indivíduos como essenciais, mas em todo caso não podem contradizê-las. As propriedades acidentais não são tomadas em estrita consideração com o mundo da fábula e só são consideradas a nível da estrutura discursiva. O que vale dizer que, tão logo uma propriedade se salva durante o trabalho de redução efetuado pelas estruturas discursivas de macroproposições narrativas, ela se torna estruturalmente necessária (dado que, embora essencial, deve ser semanticamente incluída por aquelas S-necessárias).

8.13. RELAÇÕES DE ACESSIBILIDADE ENTRE W_0 E W_N

A comparação entre mundo de referimento e mundo narrativo pode assumir formas diversas:

(i) O leitor pode comparar o mundo de referimento com estados diversos da fábula, procurando compreender se o que acontece neles corresponde a critérios de verossimilhança. Neste caso, o leitor assume os estados em questão como mundos possíveis, bloqueados na sua imobilidade ("é verossímil que exista uma floresta habitada por lobos que falam?").

(ii) O leitor pode comparar um mundo textual a *diversos* mundos de referimento: os eventos narrativos podem ser lidos na *Divina*

---

16. ITALO CALVINO, *Le città invisibili*, Turim, Einaudi, 1972, p. 89. Agradeço a Teresa De Lauretis ("Semiosis unlimited", *PTL 2*, 1977) por ter sugerido este texto como "parábola" final num artigo sobre meu *Tratado Geral de Semiótica*.

ESTRUTURAS DE MUNDOS

Comédia como "críveis" com relação à enciclopédia medieval e como lendários com relação à nossa. Assim, atuam também operações de "veridição" (do que falaremos no Cap. 9), atribuindo veracidade ou não a certas proposições, ou seja, reconhecendo-as enquanto propostas como verdadeiras ou falsas.

(iii) De acordo com o gênero literário, o leitor pode construir diversos mundos de referimento ou então diversos W_0. Um romance histórico pede que seja referido ao mundo da enciclopédia histórica, ao passo que uma fábula pede no máximo que seja referida à enciclopédia da experiência comum, a fim de poder usufruir (ou padecer) das várias inverossimilhanças que propõe. Por conseguinte, aceita-se que uma fábula narre que, quando reinava o Rei Roncisbaldo (que historicamente jamais existiu, mas o fato é irrelevante), uma mocinha tenha se transformado numa abóbora (inverossímil segundo o W_0 da experiência comum. Mas esta discrepância entre W_0 e W_N deve ser levada em consideração justamente para desfrutar da fábula). Ao contrário, se leio um romance histórico e acho que nele se fala de um rei chamado Roncisbaldo, da França, a comparação com o W_0 da enciclopédia histórica produz uma sensação de mal-estar que preludia o reajustamento da atenção cooperativa. Evidentemente, não se trata de um romance histórico mas de um romance de fantasia. Logo, a hipótese formulada sobre o gênero narrativo determina a escolha construtiva dos mundos de referimento.

Vejamos o que acontece ao leitor de *Drame*, o qual havia decidido que estava diante de um relato de costume contemporâneo e tinha escolhido como mundo de referimento a enciclopédia atualizada em 1890. O leitor terá construído certa estrutura de mundo W_0 em que Raoul e Marguerite não são considerados. Contudo, ao ler o segundo capítulo da novela, será levado a aceitar que existem em W_0 seja o Teatro de Aplicação que Mr. de Porto-Riche (que presumimos ser conhecido pelo Leitor-Modelo parisiense da época, como se numa história italiana hodierna se dissesse que uma personagem foi ao Piccola Scala para ouvir uma ópera de Luciano Berio). Agora consideremos as operações que o leitor deve efetuar a fim de comparar o W_N de Allais ao W_0 de referimento. Consideremos entre as propriedades em jogo: M (ser masculino), F (ser feminino), D (ser dramaturgo), bem como a propriedade S-necessária xMy (serem ligados por elação matrimonial e, portanto, como tais, identificados). Cumpre notar que uma propriedade como esta última pode ser registrada também na estrutura de W_0, onde não se exclui absolutamente que existam x casados com y. Diferentemente das estruturas de mundos realizadas nos parágrafos anteriores, introduzimos aqui também propriedades entre colchetes: trata-se das propriedades S-necessárias. Naturalmente, em W_0 não existem propriedades deste tipo. Portanto, quando se deve transformar a estrutura de W_N na de W_0, as propriedades entre colchetes tornam-se relações de qualquer ordem, digamos essenciais: xRy torna-se uma relação de conversibilidade ou de complementaridade (ser marido de uma mulher).

140   LECTOR IN FABULA

Por conseguinte, dado dois mundos W_0 e W_N (onde p = Porto-
-Riche, t = Teatro, r = Raoul e m = Marguerite):

W_0	M	F	D	xRy
p	(+)	(−)	(+)	0
t	(−)	(−)	(−)	0

W_N	M	F	D	xRy
p	(+)	(−)	(+)	0
t	(−)	(−)	(−)	0
x	(+)	(−)	(−)	[+]
y	(−)	(+)	(−)	[+]

eis que em W_0 aparecem dois indivíduos de onde procede a variante
em W_N (dada a elementaridade da estrutura, eles são absolutamente
idênticos). Mas em W_N há um x e um y que em W_0 não são considerados. Com respeito ao W_0, eles não passam de simples supranumerários. Não é impossível transformar a estrutura de W_0 na de W_N,
ou seja (segundo a metáfora psicológica) conceber, a partir do mundo
em que estamos, um mundo em que existam também Raoul e Marguerite. O único problema é que em W_N eles possuem uma propriedade
S-necessária. Visto que em W_0 semelhante propriedade não pode
ser reconhecida como tal, ela aparecerá traduzida em termos de propriedade essencial. E eis como se apresentará a estrutura de mundo
em que, a partir de W_0, se justifica W_N:

W_0 (+ W_N)	M	F	D	xRy
p	(+)	(−)	(+)	0
t	(−)	(−)	(−)	0
x	(+)	(−)	(−)	(+)
y	(−)	(+)	(−)	(+)

Por isso dizemos que o mundo narrativo é acessível ao mundo
da nossa experiência cotidiana. Mas não podemos afirmar o oposto.
Isto é, esta relação entre mundos $W_0 RW_N$ não é simétrica. De fato,
para construir a estrutura de W_0, partindo de W_N, deveríamos consignar a x e y uma relação S-necessária, o que a estrutura de W_0 não
permite fazer. Careceríamos, portanto, das regras para tornar identi-
ficáveis os x e y de W_N em W_0. Em outras palavras, vistos a partir do
mundo de referimento, Raoul e Marguerite são supranumerários que
poderiam existir e que poderiam também existir cada um por conta
própria, como provavelmente existiram antes de se encontrarem e se
casarem; mas, no âmbito da estrutura W_N (ou então nos termos cons-
trutivos daquela matriz de mundo) eles subsistem somente enquanto
ligados por relação necessária. Sem esta relação de mútua identificação, eles não existem, da mesma forma que Lovelace não existiria
se não tivesse existido (narrativamente) Clarice. Em W_N um indivíduo supranumerário com relação a W_0 é o conjunto dos x que satisfazem a condição de estar em relação simétrica com outro indivíduo

ESTRUTURAS DE MUNDOS

y. O fato de este conjunto ter um só e único membro faz com que seja narrativamente possível a identificação de um supranumerário.

Aqui não estamos dizendo que não se pode construir em W_0 os indivíduos x e y só porque não dispomos de colchetes: ou então estamos afirmando exatamente isto, conquanto se entenda que por meio do artifício dos colchetes introduzimos a propriedade de serem narrativa e indissoluvelmente simétricos, propriedade esta que num mundo de referimento W_0 não tem grande sentido, ao passo que num mundo narrativo W_N é constitutiva.

Em outros termos, se temos um mundo narrativo com dois indivíduos ligados por S-necessidades:

W_N	M	F	xRy
x	(+)	(−)	[+]
y	(−)	(+)	[+]

na realidade deveríamos registrá-lo como

W_N	M	F	xRy
xRy	(+)	(−)	[+]
yRx	(−)	(+)	[+]

porque os indivíduos não podem ser verdadeiramente nomeados senão como "aquele x que está S-necessariamente ligado a y" e vice-versa. Razão por que, se, a partir do W_N, quiséssemos pensar num mundo qualquer em que estas relações S-necessárias fossem negadas, poderíamos chegar a uma matriz contraditória deste gênero:

W_0	M	F	xRy
xRy	(+)	(−)	[−]
yRx	(−)	(+)	[−]

onde seria precisamente mencionado "aquele x que está ligado por relação com y e que não está ligado por relação com y" (e assim para y). Claro exemplo de matriz não-formulável, porque viola as suas próprias leis constitutivas.

Se o conceito corre ainda o risco de ser obscuro, ou caso se torne difícil aplicá-lo fora de uma matriz de mundos, basta recorrer mais uma vez ao exemplo do xadrez, que já utilizamos no capítulo anterior. Uma peça do xadrez em si não tem significados, só tem valências sintáticas (pode mover-se numa determinada maneira no tabuleiro). No início do jogo, a mesma peça tem todos os significados possíveis e nenhum (pode entrar em qualquer relação com qualquer outra peça). Mas, para um estado s_i da partida, a peça constitui uma unidade de jogo que significa todos os movimentos que pode fazer

142   LECTOR IN FABULA

naquela dada situação; ou é um indivíduo dotado de propriedades precisas e essas propriedades são as de poder fazer certos movimentos imediatos (e não outros) que preludiam uma gama de movimentos futuros. Neste sentido, a peça é, quer uma entidade expressiva que veicula certos conteúdos de jogo (e por isso também no *Tratado*, 2.9.2. defendia-se o ponto de vista de que o xadrez não é um sistema semiótico monoplanar como queria Hjelmslev), quer algo de estruturalmente semelhante a uma personagem de uma fábula, no momento em que se abre uma disjunção de possibilidades.

Suponhamos que este indivíduo seja a rainha branca; então podemos dizer que possui algumas propriedades *essenciais* (ou seja, aquela de poder mover-se em todas as direções, de não poder fazer o movimento do cavalo, de não poder transpor outras peças no seu caminho em linha reta), mas tem, na situação s_i, também propriedades S-necessárias, que as derivam do fato de estarem em relação com outras peças, naquele estado do jogo. Será por isso uma rainha S-necessariamente ligada à posição, digamos, do peão preto, o que lhe permite executar certos movimentos, mas não aqueles que a colocariam sob ameaça do peão. O inverso vale simetricamente para o peão. Tudo o que se pode pensar, esperar, projetar e augurar com respeito aos movimentos da rainha branca, deve partir do fato de que estamos falando de uma rRa, ou de uma rainha que só se define pela sua relação com o peão.

Pois bem, se alguém quisesse pensar numa rainha não vinculada àquele peão, estaria pensando em outra situação de jogo, em outra partida, e, por conseguinte, em outra rainha definida por outras relações S-necessárias. Naturalmente, o paralelo só vale caso se compare a fábula completa, na totalidade dos seus estados, a um estado da partida: com efeito, constitui propriedade de uma partida de xadrez (ao contrário de uma narração) poder mudar as relações S-necessárias entre peças, movimento por movimento.

Ora, se procurássemos imaginar a rainha do estado s_i esforçando-se em pensar em si mesma como desvinculada da sua relação necessária com o peão, essa rainha se encontraria na situação muito estranha representada pela última matriz de mundo. Ou seja, ela deveria pensar em uma ela mesma, que não é ela mesma, ou deveria formular o contrafatual "que aconteceria se aquela rRa, que não sou eu, não fosse uma rRa?" isto é: "que aconteceria se eu não fosse eu?" — joguinho metafísico a que às vezes cada um de nós se entrega, mas quase sempre com escassos resultados.

Dizer, porém, que do interior de certo mundo narrativo (ou de certo estado de uma partida de xadrez) não se pode conceber ou construir o mundo de referimento do leitor (ou do jogador, o qual está em condições de imaginar estados diversos), pareceria em si uma tolice, condenada pe a sua própria obviedade. Seria o mesmo que dizer que o Chapeuzinho Vermelho não tem condições de conceber um universo em que se realizou o encontro de Yalta e em que, num período ulterior, o TG 2* foi dirigido por Andrea Barbato. A coisa, porém, é menos

---

*   Tele Giornale do Canal 2 italiano. (N. do T.)

ESTRUTURAS DE MUNDOS

143

tola do que parece, pois basta rever as matrizes logo depois de construídas para compreender o partido que dali se pode tirar. Para começo de conversa, elas nos dizem por que nos parecia tão estranho o contrafatual (*32*), em que minha sogra se perguntava o que teria acontecido com o seu genro se ele não tivesse casado com sua filha. Minha sogra teria construído seu mundo de referimento *como um texto*, definindo-me a mim mesmo somente nos termos de uma relação S-necessária e não conseguindo conceber-me de outra maneira. É natural que ao pensar num mundo possível W_1 — no qual eu seria e não seria contemporaneamente seu genro — ela se encontrava numa situação semelhante àquela representada pela última (e impossível) matriz. Por conseguinte, aquele contrafatual apresentava-se esquisito porque deixava entrever uma tendência, de parte do sujeito hipotético, para construir o mundo da própria experiência como um mundo irreal, mais afim aos da fantasia do que aos que se formulam no decurso do nosso viver cotidiano. É o que acontece com o doente, do qual se diz que vive num mundo totalmente seu, ou com a criança que pensa na mãe tão estreitamente ligada a si que, quando a mãe se ausenta e ela, não podendo mais defini-la em relação com a própria presença, considera-a dissolvida.

Não se pode pensar num mundo em que os indivíduos se definem somente com respeito ao fato de que nós os imaginamos *sob certa descrição* e depois pretender identificar os mesmos indivíduos num mundo possível em que eles não satisfazem a essa descrição. Para voltar ao exemplo de Hintikka (já citado em 8.10), não podemos imaginar o que seria o indivíduo que agora percebo, se não fosse o indivíduo que agora percebo. No máximo podemos pensar onde estaria João (o primo de Lúcia, o diretor do banco local) que agora vejo diante de mim, se não estivesse na minha frente. É óbvio que estaria alhures, mas poderia estar alhures porque sacamos sua identificação mediante uma relação S-necessária com o sujeito enunciador do contrafatual: em outras palavras, teríamos saído da efabulação pseudonarrativa para entrar no universo das hipóteses controláveis.

Visto que são impossíveis as transformações de mundo narrativo para mundo real, compreendemos melhor o que acontece num drama como *Seis Personagens em Busca de um Autor*, de Pirandello. Onde "parece" que as personagens podem conceber o mundo do seu autor, mas na verdade concebem outro mundo textual, do qual o autor faz parte como personagem do drama. A obra *Seis Personagens* é simplesmente um texto em que colidem um W_N dramático e um W_N metadramático.

Aclarado este ponto, poderíamos dizer que a discussão partia de uma questão paradoxal (pode uma personagem pensar o mundo dos próprios leitores?) simplesmente para esclarecer outros problemas que dizem respeito, de um lado, ao mundo da personagem e, de outro, ao mundo do leitor. A pergunta inicial, todavia, não deixava de ter uma força heurística própria.

144 LECTOR IN FABULA

Este experimento – mesmo que conduzido em termos de psicologia fantástica – tem sua utilidade e vale a pena desenvolvê-lo em profundidade. Tomemos *Os Três Mosqueteiros*. Neste W_N temos certos indivíduos que são variantes potenciais de indivíduos no W_0 da enciclopédia histórica: Richelieu, Luís XIII e d'Artagnan, este em certa medida mas com cautela. Há também supranumerários como Athos e Milady (deixemos de lado a possível identidade, que foi, aliás, discutida pelos filólogos dumasianos, entre Athos, Conde de la Fere, e um provável Conde de La Fare)[17]. Estes dois supranumerários possuem a propriedade S-necessária de serem (estarem) marido e mulher. Se esta interidentificação não houvesse ocorrido, *Os Três Mosqueteiros* teriam sido *outro* romance.

Pois bem, vejamos se podemos imaginar Athos, o qual (de dentro do seu W_N) pensa o que teria acontecido se ele jamais tivesse casado com Milady, quando ainda se chamava Ana de Breuil. A pergunta é destituída de sentido. Athos não pode identificar Ana de Breuil a não ser como aquela que desposou quando jovem. Ele não pode conceber um mundo alternativo no qual existe uma variante potencial dele mesmo, que não desposou Ana, porque, para a sua definição narrativa, depende justamente daquele matrimônio. Seria diferente se Dumas nos dissesse que Athos pensa "como teria sido maravilhoso se não tivesse desposado aquela desgraçada" (e, de fato, Dumas nos dá a entender que Athos não faz outra coisa e, além disso, bebe para esquecer o mundo real e sonhar com um mundo diferente). Mas, se houvesse feito isto no romance, Athos teria formulado o seu mundo W_{Nc}, referindo-se ao seu W_N como se fosse um mundo W_0, real, no qual não valem relações S-necessárias – trata-se, pois, de um artifício a que as narrações recorrem, da mesma forma como recorrem também a operadores de exceção. Aceitamos que uma personagem possa pensar em contrafatuais com respeito ao mundo da narração por uma simples convenção narrativa. Em outras palavras, é como se o autor nos dissesse: "fingindo assumir o meu mundo narrativo como um mundo real, agora imagino uma personagem deste mundo a qual imagina um mundo diverso. Mas deve estar claro que este mundo é inacessível ao mundo da minha fábula". Realmente, se tivéssemos que imaginar o contrafatual de Athos (entendendo Athos como x, Milady como y e M como casado), deveríamos imaginar que Athos, partindo de um W_N assim constituído:

W_N	xRy	M
xRy	[+]	(+)
yRx	[+]	(–)

17. Cf. CHARLES SAMARAN, "Introduction" para *Les trois mousquetaires*, de A. Dumas, Paris, Garnier, 1968.

ESTRUTURAS DE MUNDOS

configura-lhe um alternativo assim constituído:

W_{Nc}	xRy	M
xRy	[−]	(+)
xRx	[−]	(−)

Ora, os dois mundos não são acessíveis porque nele valham diferentes condições estruturais de identificação das personagens. No primeiro mundo, x pode ser definido como se tivesse a propriedade xRy; a qual, negada, resulta não só no fato de x do segundo mundo não ser o mesmo, mas de não ser sequer formulável, visto que só pode ser formulado nos termos da relação que o constitui. .

A segunda observação, ao contrário, é de relevo para a estética e a crítica literária. É bem verdade que costumamos julgar o mundo de uma narração a partir do ponto de vista do nosso mundo de referência e raramente procedemos ao contrário. Mas, que significa afirmar com Aristóteles (*Poética*, 1451b e 1452a) que a poesia é mais filosófica do que a história, porque na poesia as coisas acontecem necessariamente, ao passo que na história ocorrem acidentalmente? Lendo um romance, que significa, pois, reconhecer que tudo o que nele acontece é mais "verdadeiro" do que tudo o que sucede na vida real, que o Napoleão visado por Pierre Besuchov é mais verdadeiro do que aquele que faleceu em Santa Helena? Que significa dizer que os caracteres de uma obra de arte são mais "típicos" e "universais" do que os seus efetivos e presumíveis protótipos reais? Quer-nos parecer que o drama de Athos, que em nenhum mundo possível jamais poderá abolir o próprio encontro com Milady, nos dá testemunho da verdade e da grandeza da obra de arte, para além de toda metáfora, por força de matrizes estruturais de mundos, fazendo-nos entrever o que significa "necessidade poética" [18].

Concluindo: *o mundo W_N da fábula é acessível ao mundo W_0 de referimento, mas a relação não é simétrica.*

18. Que dizer então das paródias literárias, onde permance como a imagem viva da obra original, mas onde são alteradas muitas propriedades S-necessárias? Como podemos estabelecer, nestes casos, identidade entre um indivíduo de um mundo W_N parodiado e aquele, homônimo, de um mundo W_p parodiante? Imaginemos um musical inspirado em *Os Três Mosqueteiros*, no qual, porém, Richelieu seja um dançarino de tango e d'Artagnan se casa com a feliz Milady (que nunca conheceu Athos), depois de vender a um usurário as agulhas de diamantes de Ana d'Áustria. Assim, acaso nos seria permitido reconhecer as personagens do musical como personagens de Dumas, depois que foram alteradas tantas propriedades S-necessárias e essenciais? Uma primeira resposta é que muitas vezes paródias deste gênero não mais se referem às personagens de um romance, porém a personagens agora míticas, que passaram do romance de origem para um repertório enciclopédico generalizado. Muita gente nunca chegou a ler Cervantes e, no entanto, conhece uma personagem da enciclopédia que se chama. Dom Quixote, o qual tinha a propriedade de ser magro, doido e espanhol. É com estes tipos genéricos que a paródia joga. Mas, poderia também acontecer que a paródia tivesse identificado o verdadeira caráter de uma personagem roma-

146   LECTOR IN FABULA

8.14. RELAÇÕES DE ACESSIBILIDADE ENTRE W_{Nc} E W_N

A comparação entre W_0 e W_N (mesmo que feita num dos seus estados transitórios) é sempre sincrônica. Ao contrário, um certo W_{Nc} pode ser comparado tanto a um estado precedente quanto a um estado sucessivo de W_N, como já dissemos em 8.13. Uma personagem pode adiantar previsões e formular mundos epistêmicos e doxásticos tanto a nível de estruturas discursivas quanto a nível de estruturas narrativas. Como temos visto, os mundos delineados pela persona- gem a nível de estruturas discursivas podem referir-se a propriedades acidentais negligenciadas pela fábula. Para os objetivos da fábula, é assaz irrelevante se, no Cap. II de *Drame*, Raoul possa ou não bater em Marguerite (e, portanto, se não somente o leitor, mas também as personagens adiantam previsões a propósito da situação) — conforme veremos, o Cap. II fornece uma espécie de modelo reduzido da fábula, mas poderia ser suprimido sem que a fábula mudasse; ao contrário, ele é essencial ao enredo, sustentado pelas estruturas discursivas, para induzir o leitor a fazer previsões de certo tipo acerca do curso da fábula.

No curso das estruturas discursivas, as personagens podem ima- ginar ou querer muitas coisas (contraditadas ou não pelos eventos sucessivos); o texto põe em jogo essas suas atitudes proposicionais a fim de lhes delinear a psicologia. A personagem pensa que a pessoa em questão virá, essa não vem; então a personagem reconhece a falsi- dade da própria previsão, abandona-a. Veja-se o que acontece, sempre no Cap. II de *Drame*. Raoul e Marguerite vão ao teatro, Marguerite pensa que Raoul está observando com desejos a Mlle. Moreno (ele que é *S-necessariamente* seu marido e que é *essencialmente* um homem e que *acidentalmente* deseja uma certa outra mulher). Note-se que o texto não se preocupa em verificar se realmente Raoul desejava Mlle. Moreno. É psicologicamente interessante saber que Marguerite tem a propriedade de pensar nisso (isto é, de ser ciumenta, como se chegará a compreender a nível de macroproposições de fábula). No mundo doxástico de Marguerite, aquele Raoul que acidentalmente deseja a Mlle. Moreno é uma variante potencial do Raoul narrativo que, supo- nhamos, não a deseja. Não se trata de nenhum problema de identifi- cação através de mundos. A identificação é realizável.

Existem, ao invés, casos em que as atitudes proposicionais das personagens concernem às relações S-necessárias da fábula. Quando Édipo acha que nada tem a ver com a morte de Laio, estamos diante de uma crença que tem duas características: (i) refere-se a proprie- dades indispensáveis ao desenvolvimento da fábula e (ii) refere-se a

---

nesca: digamos que em nosso caso tivesse resolvido que a verdadeira moral (a verdadeira fábula) de *Os Três Mosqueteiros* seja "como vencer com golpes baixos e levar boa vida". E, neste caso, reduzindo os indivíduos romanescos às únicas propriedades necessárias que se referem a *esta* fábula, sugerisse: "Vós não os reconheceis, ou então só os reconheceis como homônimos, mas eu vos digo que, lendo-se bem o livro, as personagens não eram outra coisa senão estas". Haveria uma redução das propriedades que contam à luz de uma certa descrição.

ESTRUTURAS DE MUNDOS 147

relações S-necessárias (pois, narrativamente, Édipo não é senão aquela personagem que matou seu pai e casou-se com sua mãe, sem saber). Naturalmente, ser S-necessário e ser indispensável ao desenvolvimento da fábula são a mesma coisa, o que deveria ser claro neste ponto.

A certa altura da história de Sófocles, Édipo acredita que estão em jogo quatro indivíduos: Édipo (e) que matou certo dia um viajante desconhecido (v), Laio (l) e um assassino desconhecido (a) que o matou.

No mundo W_{Nc} das próprias crenças, Édipo é de opinião que valem certas propriedades S-necessárias, isto é:

— eAv: a relação que o assassino faz de Édipo, e a que a vítima faz do viajante;

— aAl: a relação que o assassino faz de um desconhecido, e a que a vítima faz de Laio.

Mas o final da fábula, conforme Sófocles no-lo apresenta, é muito menos complicado (*menos* complicado estruturalmente e *mais* complicado psicologicamente, mas por isso mesmo esta relação inversa tem algum significado para nós). Na fábula existem apenas duas personagens, Édipo e Laio, porque seja o assassino desconhecido seja o viajante desconhecido se identificam respectivamente com Édipo e com Laio. Daí que as propriedades S-necessárias em jogo se reduzem de duas para uma:

— eAl: a propriedade que faz de Édipo o assassino e de Laio a vítima.

Vejamos o que isto comporta em termos de estruturas de mundos e, para tornar as estruturas mais manejáveis e os indivíduos mais reconhecíveis, acrescentemos ao pacote das propriedades em jogo também a de ser vivo (V): dado que também o presumido assassino é considerado vivo no mesmo mundo possível das previsões de Édipo. É quando as estruturas dos dois mundos W_N e W_{Nc} assumem então o seguinte formato:

W_{Nc}	eAv	aAl	V		W_N	eAl	V
e	[+]		(+)		e	[+]	(+)
l		[+]	(−)		l	[+]	(−)
v	[+]		(−)				
a		[+]	(+)				

É fácil perceber que estes dois mundos são mutuamente inacessíveis porque as suas duas estruturas *não são isomorfas*. Não que um tenha mais indivíduos que o outro: é porque os indivíduos são identificados nos dois mundos mediante propriedades S-necessárias diversas. Note-se que as estruturas dos dois mundos poderiam ter sido complicadas, introduzindo-se as relações que fazem de Édipo o filho e de Laio o pai (mas no mundo das crenças de Édipo também aqui

148 LECTOR IN FABULA

teriam estado em jogo mais indivíduos e diferentes relações) e finalmente as que fazem de Édipo o filho e de Jocasta a mãe, e de Jocasta
a mulher e de Édipo o marido (também aqui com discrepâncias entre
o mundo das crenças de Édipo e o da fábula). Tudo se tornaria então
(como de fato se torna em Sófocles) bem mais dramático. Mas já é
suficiente a representação reduzida que temos oferecido. O final da
fábula propõe uma estrutura de mundo absolutamente não homo-
gênea com respeito àquela em que Édipo acredita. Édipo não pode
reacomodar o seu mundo e transformá-lo naquele da fábula. Édipo
acreditava em p e agora descobre ao invés q, percebendo que no mundo
"real" não podem ocorrer p e q ao mesmo tempo, ou seja que $p = \sim q$.

Édipo deve "jogar fora" o mundo das suas crenças. Visto que
o mundo a ser tomado em troca é muito menos agradável e dado que
sobre o mundo acreditado ele havia edificado a própria saúde mental,
eis uma boa razão para ficar louco. Ou melhor, para cegar a si mesmo.
Com efeito, a história destes mundos incompatíveis se nos apresenta
justamente como a história de uma "cegueira" antecipada. Como era
possível ser tão cego para não perceber o quanto o mundo das próprias crenças era inacessível ao mundo da realidade? A raiva e o desespero são incrementados pelo fato de que — se a nível de fábula os
mundos são mutuamente inacessíveis — a nível de estruturas discursivas haviam sido fornecidos a Édipo numerosos traços evidentes a
fim de construir para si mesmo um mundo doxástico mais acessível
àquele final da fábula... Se Édipo tivesse obtido êxito, os dois mundos W_{Nc} e W_N seriam acessíveis, como são acessíveis os mundos doxásticos que o bravo detetive constrói para adequar quer o mundo da
fábula quer o mundo das intenções do assassino. Mas *Édipo Rei* constitui exatamente a história de uma investigação malograda.

Por conseguinte, para concluir este parágrafo temos que dizer
o seguinte: no que tange às relações S-necessárias, *quando o $W_{Nc}s_m$
é isomorfo na sua estrutura com o estado da fábula $W_N s_n$ que o verifica
(onde tanto m < n quanto n < m), então o $W_{Nc}s_m$ é aprovado pela
fábula e os dois mundos são mutuamente acessíveis.* Quando isto não
ocorre, o mundo doxástico da personagem é desaprovado e os dois
mundos se tornam por isso mutuamente inacessíveis — com todas
as conseqüências do caso em termos do efeito psicológico ou estético
da narração.

8.15. RELAÇÕES DE ACESSIBILIDADES ENTRE W_R E W_N

Os mundos delineados pelas previsões do leitor são submetidos
às próprias regras de acessibilidade:

(i) o mundo das expectativas do leitor pode ser comparado
com o estado da fábula que o verifica (sempre e somente ulterior à
previsão, como já foi dito);

(ii) também o leitor pode adiantar previsões menores e parciais
no decurso da atualização das estruturas discursivas, e o fenômeno

ESTRUTURAS DE MUNDOS

não tem um andamento diferente daquele que concerne aos mundos possíveis da personagem;

(iii) quando os mundos possíveis delineados pelo leitor se referem a propriedades S-necessárias, o seu mundo é acessível ao mundo da fábula, e vice-versa, caso se verifique o isomorfismo entre os dois mundos. De outro modo, ele deve "jogar fora" a própria previsão e aceitar o estado de coisas definido pela fábula.

Basta pensar num Leitor-Modelo que siga os mesmos processos mentais de Édipo e que faça previsões sobre aquele nó de eventos: a descoberta da revelação final colocará o leitor na mesma situação estrutural de Édipo.

Falou-se, porém, que um texto prevê e calcula os possíveis comportamentos do Leitor-Modelo, que a sua possível interpretação faz parte do processo de geração do texto. Como se pode então afirmar que as previsões do leitor são refutadas? A este propósito cumpre prestar atenção para não confundir *os mecanismos do texto no seu complexo* com *os mecanismos da fábula*. Em *Drame* veremos como o texto, a nível discursivo, convida o leitor a preparar-se para fazer falsas previsões, e depois, a nível de fábula, lhas contesta. Ao contrário, o caso de *Drame* é mais complexo porque, como veremos, as falsas previsões do leitor são ambiguamente assumidas pela própria fábula, no próprio momento em que as contradiz. Mas tudo o que se disse vale para textos mais "normais", por exemplo um romance policial, onde as estruturas discursivas induzem em enganos o leitor (por exemplo, fazendo-lhe aparecer como ambíguo e reticente uma certa personagem) para forçá-lo a adiantar previsões arrojadas; depois intervirá o estado final da fábula, obrigando o leitor a "jogar fora" a própria previsão. Assim se estabelece uma dialética entre engano e verdade a dois diferentes níveis textuais.

O texto, por assim dizer, "sabe" que o seu Leitor-Modelo se enganará com relação à previsão (e ajuda-o a formular previsões enganadoras), mas o texto no seu conjunto não é um mundo possível: trata-se de uma parcela de mundo real e é no máximo *uma máquina para produzir mundos possíveis* — o da fábula, os das personagens da fábula e os das previsões do leitor.

Certamente, pode-se dizer que ao escrever um texto o autor faz suposições sobre o comportamento do próprio Leitor-Modelo, e o conteúdo desta hipótese é um mundo possível previsto e esperado pelo autor. Mas esta hipótese não se refere ao texto, porém à psicologia do autor. Estas intenções de quem escreve podem ser extrapoladas em termos de descrições de estratégia textual: tão logo, porém, se descrevem metatextualmente as possíveis antecipações do leitor, já temos a nos haver — mesmo que seja como hipótese crítica — com os mundos possíveis atuado pelo leitor. Em outras palavras e voltando à nossa metáfora ferroviária de 7.2. (de que ir de Florença a Siena por uma linha ou por outra não é ainda uma descrição de mundos possíveis), isso constitui a descrição de uma estrutura *atual* que permite formular decisões, opiniões, expectativas, hipóteses em torno da linha que se deve escolher ou da linha que outros poderiam escolher ou ter escolhido. Um mundo possível é um *ens rationis*, ao passo que o tecido da rede ferroviária é um *ens materiale*, com todos os seus nós de fato realizados.

Podemos dizer do texto aquilo que se pode dizer de qualquer expressão que vise um efeito oratório. Afirmar |hoje está chovendo| pode significar que o falante está emitindo uma ordem, mascarando-a sob a forma de assertiva, e confia que o ouvinte se represente uma possível ação (não sair). Mas a expressão em si mesma não configura mundos possíveis, embora possa ser valorizada como mecanismo em condições de estimular-lhe a formulação.

9. Estruturas Actanciais e Ideológicas

9.1. ESTRUTURAS ACTANCIAIS

Uma vez atualizadas as estruturas narrativas e enquanto adianta previsões sobre os estados da fábula (delineando mundos possíveis), o leitor pode formular (antes, depois, contemporaneamente) uma série de macroproposições ainda mais abstratas do que as narrativas. Isto é, pode especificar papéis atoriais (Greimas) ou funções narrativas (Propp). Pode despojar os papéis atoriais da sua individualidade residual e reduzi-los a oposições actanciais (sujeito/objeto, adjuvante/oponente, destinador/destinatário), decidindo que em alguns casos um único papel actancial é desempenhado por mais atores.

O que torna difícil definir a colocação teórica deste nó cooperativo reside no fato de que, de um lado, o leitor já deveria ter prefigurado hipóteses acerca dos actantes para poder definir certas estruturas narrativas, e, de outro, deveria já ter delineado mundos possíveis, com seus indivíduos, a fim de poder estabelecer quais são os atores em jogo. Vejamos, por exemplo, um texto como *Sylvie*, de Gerard de Nerval. Cada uma das três mulheres que aparecem no texto — Sylvie, Aurelia e Adrianne — entra com outra num jogo de oposição sempre mutável, revestindo diversos papéis actanciais, alternativamente tornando-se uma ou outra a presença real enquanto oposta à lembrança, segundo o estado da fábula e da seção temporal (presente, passado próximo ou passado remoto) de que o narrador está falando. Assim, de um lado, o leitor já deve ter adiantado uma hipótese sobre o papel da personagem naquele trecho de fábula para poder formular macroproposições narrativas e, de outro, deve ter reconhecido os estados da fábula na sua sucessão lógica para estabelecer se uma deter-

152 LECTOR IN FABULA

minada porção discursiva representa um fato que está acontecendo, que aconteceu, que é lembrado, que no passado se acreditou e depois foi contraditado pela realidade sucessiva, e assim por diante. Obviamente, nem se pode identificar mundos possíveis sem ter atualizado as estruturas discursivas; mas, para desambiguar, a nível destas últimas, certos intricos de tempos verbais, seria preciso já ter formulado hipóteses não só acerca dos mundos, mas sobre a urdidura actancial e os papéis desempenhados pelas personagens.

Eis algumas das razões que tornam improvável uma representação teórica dos níveis profundos de cooperação em seqüência linear. Conforme se sugeria em 4.2, o texto é permeado por citações e saltos, antecipações e controles retroativos.

Por outro lado, a temática das estruturas actanciais, para a qual sem dúvida a contribuição mais interessante e fecunda é a de Greimas, tem tido várias antecipações também fora do estudo das narratividades. É só pensar nas noções de agente e contra-agente em Burke (1969), nos papéis situacionais de Pike (1964) e sobretudo nos casos de Fillmore (1970), bem como nas propostas de análise semântica em Bierwisch (1971). A noção de actante se introduz no próprio coração de uma representação semêmica em forma de enciclopédia (como se procurou mostrar nos dois primeiros capítulos deste livro). E então, se, de um lado, o semema já propõe elementos para a formulação de hipóteses actanciais a níveis narrativos mais complexos, de outro, hipóteses actanciais formuladas além do nível da fábula determinam, desde as primeiras passagens da cooperação textual, as decisões sobre as atualizações semânticas.

Quando lemos *Noventa e Três*, de Hugo, a que ponto do romance decidimos, sobre explícitas e reiteradas declarações do autor, que nele se conta a história de um indivíduo grandioso, a revolução, voz do povo e voz de Deus, que se esboça contra o próprio oponente, a reação? Ou seja: quando é que se compreende cabalmente que Lantenac ou Cimourdain, Gauvain ou a Convenção, Robespierre ou a Vendéia constituem manifestações superficiais de um conflito mais profundo sobre o qual e do qual o autor fala de maneira tão eminente? E quando é que acontece que, uma vez compreendido isto, o leitor renuncia a caracterizar as personagens, algumas "históricas" e outras fictícias, que povoam o romance além do limite do memorizável? É claro que, numa obra desse gênero, a hipótese actancial surja não como solução de uma série de abstrações sucessivas, partindo de estruturas discursivas até a fábula e desta até as estruturas ideológicas, mas instaura-se, muito depressa, no decorrer da leitura e guia as escolhas, as previsões, determina as filtragens macroproposicionais.

Pode-se deixar passar uma ação ou um evento, ao passo que as longas perorações filosóficas do autor passam a fazer parte daquilo que verdadeiramente pertence à fábula, porque entre uma multidão de rostos, gestos e eventos devemos reter somente o que nos diz o que a revolução está fazendo para perseguir o seu objetivo e como ela age nos indivíduos e lhes dirige as ações.

ESTRUTURAS ACTANCIAIS E IDEOLÓGICAS 153

Com isto não queremos absolutamente dizer que se deva negligenciar a tentativa de construir quadrados e oposições, de fazer emergir a urdidura profunda de um texto. Antes, só assim se evidencia o que no texto "conta". e que o leitor cooperativo, de algum modo, deveria fazer. O que aqui queremos dizer é que a construção da urdidura profunda é resultado final de uma inspeção crítica e, como tal, só ocorre numa fase avançada (e reiterada) de leitura. Mas, do ponto de vista do discurso que estamos desenvolvendo (no qual se procura especificar os nós textuais em que se requer determinado tipo de cooperação), a decisão teórica se torna desesperadamente necessária. Pelo menos depois de verificada a reconstrução crítica, sabemos que um texto tem ou deveria ter essa estrutura actancial, mas dificilmente poderíamos dizer em que fase da cooperação o Leitor-Modelo é convidado a identificá-la.

9.2. ESTRUTURAS IDEOLÓGICAS

O mesmo podemos dizer daquelas que chamamos de estruturas ideológicas, e às quais tanto espaço foi dedicado nas pesquisas textuais do último decênio[1]. Na esteira de tudo quanto no *Tratado* (3.9) foi dito sobre a natureza semiótica das ideologias, observaremos de pronto que, enquanto uma armação actancial se apresenta — já como arsenal de enciclopédia, ainda antes que seja realizada num texto — como um sistema de oposição, isto é, um *s-código* (ver *Tratado*, 1.3 e Eco, 1977), uma estrutura ideológica (seja a nível de competência enciclopédica, seja na sua atualização textual) apresenta-se como código em sentido próprio, ou seja, como sistema de correlações. Poderíamos até dizer que uma estrutura ideológica se manifesta quando conotações axiológicas aparecem associadas a papéis actanciais inscritos no texto. É quando uma armação actancial surge investida de juízos de valor e os papéis veiculam oposições axiológicas como Bom *vs.* Mau, Verdadeiro *vs.* Falso (ou também Vida *vs.* Morte ou Natureza *vs.* Cultura) que o texto exibe em filigrana a sua ideologia.

A esta altura nos damos conta daquilo que apenas fora sugerido em 4.6.7: a competência ideológica do Leitor-Modelo intervém para dirigir a escolha da armação actancial e das grandes oposições ideológicas. Por exemplo, um leitor cuja competência ideológica consistia numa rude porém eficaz oposição entre Valores Espirituais (conotados como "bons") e Valores Materiais (conotados como "maus") poderá ficar tentado a concretizar, num romance como *Morte em Veneza*, duas grandes oposições a nível actancial, a vocação estética de Aschenbach contra o seu desejo carnal (e, portanto, Espírito *vs.* Matéria), consignando, a nível de estruturas ideológicas, ao primeiro uma marca de "positividade" e ao segundo uma marca de

---

1. Cf., por exemplo, as nossas pesquisas sobre James Bond, *Os Mistérios de Paris*, Superman, etc. em Eco, 1965a, 1965b, 1968, 1976.

154   LECTOR IN FABULA

"negatividade". Leitura um tanto pobre e escassamente problemática, mas procurava-se exatamente um exemplo para mostrar como a competência ideológica determina a atualização das estruturas textuais profundas. Naturalmente, um texto pode prever tal competência no próprio Leitor-Modelo e trabalhar — na totalidade dos próprios níveis inferiores — no sentido de gerar nela uma crise e induzir o leitor a especificar estruturas actanciais e ideológicas mais complexas.

Existem, ademais, os casos de decodificação "aberrante" (mais ou menos feliz)[2]: típico é aquele dos *Mistérios de Paris* (cf. 3.3.) onde a propensão ideológica dos leitores proletários funcionou como "comutador" de código e os induziu a atualizar em chave revolucionária um discurso feito em chave social-democrática. A competência ideológica não age necessariamente como freio para a interpretação, mas pode funcionar também como estímulo. E às vezes leva a encontrar no texto aquilo de que o autor era insciente, mas que o texto de algum modo veiculava[3].

9.3. OS LIMITES E AS POSSIBILIDADES DA INTERPRETAÇÃO PROFUNDA

Mas, que acontece quando o leitor, identificando estruturas profundas, traz à luz algo que o autor *não podia* querer dizer e no entanto o texto parece exibir com absoluta clareza? É evidente que aqui se está aflorando o limite sutilíssimo que separa cooperação interpretativa da hermenêutica: e, de outra parte, não é próprio da

---

2. Sobre o conceito de decodificação aberrante já nos detivemos repetidamente (Eco, 1968, 1977, e Eco e Fabbri, 1978); veja-se também o diagrama da Figura 1 neste livro (retomado pelo *Tratado* 2.15). Ao termo |aberrante| não é atribuída nenhuma conotação negativa: pretende-se apenas uma decodificação que, longe de adequar as intenções do emitente, precipita-lhes os êxitos. Essa decodificação é "aberrante" com relação ao efeito previsto, mas pode constituir um meio de levar a mensagem a dizer o que podia dizer, ou outras coisas que são de qualquer forma interessantes e funcionais para os propósitos do destinatário.

3. Aqui não estamos considerando o caso de Sue acreditar ser revolucionário, ao passo que era social-democrata. As estruturas ideológicas não concernem às intenções do destinatário, mas ao que o texto manifesta ou contém virtualmente. Tampouco dizem respeito a nomes ou etiquetas, mas a estruturas semióticas atualizáveis. Por isso, era muitíssimo possível que Sue, por razões idiossincráticas, chamasse de "ideologia revolucionária" àquilo que outros (por exemplo, Marx e Engels, leitores de Sue) chamavam de "ideologia reformista": a oposição de etiquetas deixava e deixa imutadas as oposições ideológicas que se delineiam nos *Mistérios*; por exemplo, a oposição "oceano da raiva popular *vs.* iluminada ação caritativa do capital", que conota a oposição "Risco a evitar *vs.* Solução optimal". Naturalmente, é difícil ler Sue e separar tais oposições ideológicas da maneira como o autor as rotula. Para trazer à luz estas contradições entre nível discursivo e nível ideológico, não é por acaso que se requer uma análise crítica, como exemplo de cooperação interpretativa "excelente" que premia o texto contra o autor, ou seja, o Autor-Modelo contra o autor empírico.

ESTRUTURAS ACTANCIAIS E IDEOLÓGICAS 155

hermenêutica assumir o fato que descobre no texto a verdade que este oferece, desencrava e deixa transparecer?

Obviamente, há hermenêutica e hermenêutica. As etimologias de Isidoro de Sevilha — e muitas entre as de Heidegger — fazem as palavras dizer aquilo que elas não podem dizer, se a enciclopédia tem uma objetiva existência social própria; e as leituras medievais de Virgílio, usado como texto profético, violentavam o discurso virgiliano. Estes são os casos em que um texto é interpretado ao mesmo tempo que usado com absoluta liberdade, como se fosse um naipe.

Mas diferente parece o caso de quem percorre um texto para dele tirar conclusões sobre as pulsões profundas do autor ou para nele encontrar traços da sua ideologia inconfessa. Sue queria ser revolucionário e escreveu um livro brandamente reformista. Mas nele os seus leitores operários encontraram apelos revolucionários. Quem tinha razão? Poe queria contar a história de uma mente lucidíssima, Dupin, e muitos acharam na trilogia de Dupin a encenação de um teatro do inconsciente. É lícito, porventura, não dar atenção às numerosas afirmações explícitas do autor sobre a lúcida e controlada racionalidade de Dupin?

Suponhamos que exista um texto narrativo, produzido nos últimos anos, no qual não só a nível de indivíduos, propriedades e relações, mas a nível das próprias estruturas sintáticas se manifestam de modo obsessivo imprecisões actanciais, trocas de anáforas, passagens bruscas da primeira para a terceira pessoa, numa palavra, dificuldades em reconhecer e tornar reconhecíveis os sujeitos postos em jogo pelo enunciado e pelo próprio sujeito-autor entendido como estratégia enunciativa. Não é difícil atribuir esta descrição a uma vasta série de textos experimentais ou de vanguarda. Em tal caso se pode tranqüilamente presumir que o autor tivesse presente todos aqueles aspectos da enciclopédia corrente para os quais tais fenômenos expressivos são correlatos ao conteúdo de dissociação e crise de identidade. Entre os seus conteúdos, ao texto é atribuída uma visão esquizomorfa — não descrita, porém manifestada em tomada direta, como estilo, como modalidade organizativa do discurso. O autor como sujeito empírico do enunciado podia ser mais ou menos consciente do que fazia, mas textualmente o fez, do mesmo modo em que eu posso não saber que certa palavra tem certo significado mas que, se a pronuncio, então disse aquilo que disse. Quando muito, a nível psicológico se falará de gafes, se poderá dizer que falei em estado de obnubilação mental, que estou apalermado, que cometi um lapso.

Mas, a esta altura, já passamos para uma situação diferente. Exemplifiquemo-la com outro texto emitido numa época em que muitas descobertas da psiquiatria ou da psicanálise ainda não eram do domínio público (ou por um autor contemporâneo, mas de enciclopédia muito restrita). Este texto narra, talvez, uma história irrelevante, mas dá a clara impressão de que, mediante o uso de metáforas obsessivas ou a particular disposição sintática, nela se projeta como que em filigrana a representação de uma atitude esquizóide,

156 LECTOR IN FABULA

ou de um complexo de Édipo. Poderemos, acaso, dizer que esta estrutura faz parte do conteúdo do texto que o Leitor-Modelo era chamado a atualizar?

Por interpretação se entende (no âmbito deste livro) a atualização semântica de tudo quanto o texto, como estratégia, quer dizer através da cooperação do próprio Leitor-Modelo — nos modos e aos níveis delineados nos capítulos anteriores. Poder-se-ia então sustentar que um texto que, mediante as próprias estruturas, manifesta a personalidade esquizóide do próprio autor, ou o fato de que ele esteja obcecado por um complexo edipiano, não é um texto que pede a cooperação de um leitor ideal para tornar patentes estas tendências inconscientes. Não cabe ao processo de cooperação textual realçar tais tendências. Cabe, antes, a uma fase sucessiva da abordagem textual, razão por que, depois de se ter atualizado semanticamente o texto, passa-se a avaliá-lo, a *criticá-lo*; e a crítica pode apontar para a apreciação do seu sucesso "estético" (qualquer definição que se queira dar deste efeito), para a apreciação das relações entre ideologia e soluções estilísticas do autor e situação econômica, para a busca daquelas estruturas inconscientes que se manifestam através das estruturas actanciais (sem que, no entanto, não constituam o conteúdo como pretendido pelo autor). Por conseguinte, essas investigações psicológicas, psiquiátricas ou psicanalíticas, importantes e proveitosas, pertenceriam à *utilização do texto* para fins documentários que seriam colocados numa fase seguinte à sua atualização semântica (embora os dois processos possam sobredeterminar-se sucessivamente). Como se, diante da expressão |confesso tudo|, fosse matéria de cooperação textual atualizar as explicitações semânticas, definir o *topic*, enfim, esclarecer as pressuposições remotas e as circunstâncias de emissão deste ato lingüístico; e constituísse, ao invés, matéria de utilização documentária empregar o texto como testemunho do fato de que o falante é culpado de um certo delito. Mas isto significaria dizer que, diante da expressão |venha cá, lhe peço|, não constitui matéria de cooperação textual inferir daí que o falante é movido por um evidente desejo de que eu vá até ele. Ao passo que nos parece que este tipo de inferência faz parte essencial da atualização da mensagem. Suponhamos que exista um texto em que o autor claramente não podia estar inteirado de dados enciclopédicos — pelo que uma série de ações ou relações exprimem determinados conteúdos psíquicos — e, todavia, parece bastante evidente que toda a estratégia textual leva fatalmente a nela investir conteúdos deste gênero. Um caso típico poderia ser o *Édipo Rei*, de Sófocles, pelo menos como o leu Freud. É claro que podemos ler agora a tragédia como referida a uma enciclopédia que contém, entre os próprios subcódigos, os resultados da hipercodificação freudiana, mas se deveria dizer que nem Sófocles como sujeito da enunciação, nem Sófocles como estratégia textual podia reenviar a esta enciclopédia. E, contudo, a cega obstinação de Édipo em afastar a verdade, que também lhe é oferecida diversas vezes e de modo tão indiscutível, parece justamente o conteúdo primário do texto sofocliano (veja-se a leitura em termos de mundos

ESTRUTURAS ACTANCIAIS E IDEOLÓGICAS 157

possíveis e relações estruturalmente necessárias que apresentamos no Cap. 8). Diremos então que neste caso o autor estava *instituindo* novos dados de código, ou de enciclopédia. O texto como ato de *invenção* (ver a definição desta categoria no *Tratado* 3.6.7 e ss.) institui um novo código, estabelece pela primeira vez correlação entre elementos expressivos e dados de conteúdo que o sistema semântico, até aquele ponto, ainda não tinha definido e organizado. Neste caso, a leitura freudiana constitui uma operação legítima de cooperação textual, ela atualiza o que há no texto e que o autor, como estratégia de enunciado, nele coloca. Que, depois, o Sófocles empírico, como sujeito da enunciação, fosse mais ou menos consciente do que estava fazendo textualmente, isto, sim, é matéria de uso, leitura sintomatológica, e foge da atividade definida por uma teoria da cooperação textual; diz respeito, se quisermos, a Freud como médico pessoal de Sófocles e não a Freud como Leitor-Modelo de *Édipo Rei*. Isto leva também a dizer (ou a repetir) que o Leitor-Modelo de *Édipo* não é aquele em que Sófocles *pensava*, mas aquele que o texto de Sófocles postula.

A este ponto, é igualmente claro que o texto de Sófocles, ao postular o próprio Leitor-Modelo como estratégia cooperativa, *constrói* um leitor capaz de trazer à luz aqueles dados de conteúdo que até então tinham permanecido encobertos (admitindo-se, naturalmente, que Sófocles não tivesse sido o primeiro a dar-se conta daqueles fenômenos que aparecem sob o nome de complexo de Édipo e que na enciclopédia da cultura grega da época já não existissem competências organizadas a propósito, talvez como tradição intertextual). Em outros termos, o Leitor-Modelo de *Édipo* é requerido a realizar cooperativamente as mesmas operações de reconhecimento de relações que Édipo como personagem é convidado a realizar – e que realiza melhor com atraso. Neste sentido certos textos narrativos, ao contar a história de uma personagem, fornecem ao mesmo tempo instruções semântico-pragmáticas ao seu Leitor-Modelo, *cuja* história relatam. É lícito supor que, numa certa medida, aconteça assim em todo texto narrativo e talvez em muitos outros que não são narrativos. *De te fabula narratur.*

Para consignar melhor a diferença que estamos procurando especificar, tome-se como exemplo uma das interpretações dadas por Maria Bonaparte da obra de Edgar Allan Poe. No seu trabalho sobre "Luto, Necrofilia, Sadismo"[4], ela no início se demora numa série de tratamentos sintomatológicos da obra do poeta para daí tirar a conclusão de que ele (já definido por Lauvrière como um degenerado superior e por Probst como um epiléptico) era evidentemente um impotente completo, dominado pela impressão que experimentou como criança quando viu a mãe – morta de definhamento – sobre o cadafalco, pela qual na vida adulta sempre se sentiu morbidamente

4. Ver MARIA BONAPARTE, *Psicoanalisi e Antropologia*, Bolonha, Guaraldi, 1971.

158 LECTOR IN FABULA

atraído, tanto na imaginação quanto na realidade, por mulheres com os atributos morbosos e mortuários da mãe. Daí os amores por mulheres, crianças, doentes e histórias povoadas de mortos vivos.

Naturalmente, os dados são tomados indiferentemente quer da vida do poeta quer dos seus textos; procedimento não incorreto para uma investigação psicológica sobre a personagem dita Edgar Allan Poe, mas que deve ser rejeitado como investigação sobre o Autor-Modelo que o leitor destes textos se configura e tem necessidade de configurar-se, embora não possua dados biográficos sobre Edgar Allan Poe. Neste caso podemos dizer tranqüilamente que Maria Bonaparte está *usando* os textos de Poe como documentos, como sintomas, como protocolos psiquiátricos. É pena que Poe não tenha podido fazê-lo quando vivo, contribuindo assim para curá-lo das suas obsessões; mas a culpa não é da autora, e a Poe morto resta a satisfação (humaníssima, e também cientificamente produtiva) de refletir sobre casos exemplares de um Grande e sobre os misteriosos nexos entre doença e criatividade.

Tudo isto nada tem a ver com uma semiótica do texto nem com uma análise do que o leitor pode encontrar em Poe. Acontece, porém, que Maria Bonaparte sabe fazer também semiótica textual, e egregiamente. Com efeito, algumas páginas adiante, no mesmo trabalho, ela analisa o poemeto "Ulalume": o poeta quer dirigir-se ao astro de Vênus-Astarté, Psique aterrorizada o retém, ele prossegue igualmente o seu caminho mas, ao fim do percurso, encontra o túmulo da amada. Maria Bonaparte observa que o simbolismo do poemeto é muito transparente e faz dele uma espécie de análise actancial *ante litteram*: um ator morto impede Poe de caminhar para o amor normal, psíquico e físico, simbolizado por Vênus. Transformamos os atores em puras polaridades actanciais e temos um sujeito que mira um objeto, um adjuvante e um oponente.

Finalmente a autora examina três contos — "Morela", "Ligéia" e "Eleonora" —, constatando que todos os três têm a mesma fábula. Salvo poucas diferenças, temos sempre um marido apaixonado por uma mulher extraordinária, a mulher morre de consunção, o esposo lhe jura luto eterno, não mantém a promessa e liga-se a outra criatura; mas a falecida reaparecerá e envolverá a nova mulher no manto do seu fúnebre poder. Desta fábula (verdadeira encenação intertextual) é fácil passar para estruturas actanciais, o que Maria Bonaparte faz instintivamente quando resolve considerar morta também a segunda mulher da última novela — que também não morre mas que de algum modo desempenha o papel de objeto de amor que se subtrai ao amado, identificando-se, assim, com a primeira mulher. Maria Bonaparte reconhece nas três novelas a estrutura de uma obsessão e reconhece-a, antes de mais nada como obsessão textual.

Mas eis que, depois desta bela análise, a autora conclui: "Pois bem, a vida de Edgar Poe foi semelhante àquela dos heróis destes relatos", efetuando um desvio metodológico que desloca a sua atenção da interpretação dos textos para o seu *uso* em chave clínica.

ESTRUTURAS ACTANCIAIS E IDEOLÓGICAS 159

Vejamos agora uma leitura de sinal oposto e mais afim aos nossos entendimentos. Trata-se daquela realizada por Jacques Derrida sobre a "Carta Roubada", em *Le facteur de la vérité* (reportando-se tanto a outra leitura de Maria Bonaparte quanto àquela celebérrima de Lacan, que no entanto ele critica)[5]. Partindo de uma competência ideológica própria que o leva a privilegiar no texto o discurso do inconsciente, ele identifica nele sujeitos mais gerais do que os atores que os representam. Não conta tanto a natureza da carta quanto o fato de que ela retorna à mulher a quem havia sido subtraída, ou que é encontrada pendurada num prego debaixo do centro da lareira ("no imenso corpo da mulher, entre os umbrais, entre os suportes da lareira"); e não conta tanto o ator Dupin quanto o fato de que ele se manifesta como um caráter *duplo*, razão pela qual "se identifica sucessivamente com todas as personagens". Aqui não é o caso de decidir se a interpretação de Derrida satisfaz a pluralidade de conteúdos possíveis que o texto de Poe oferece. O que nos interessa é que Derrida quer evidenciar, como ele diz (e em contraste com a posição que ele imputa a Lacan), as "estruturas textuais": isto é, quer "interrogar o inconsciente de Poe", mas "não as intenções do autor"; e, para fazer isto, procura identificá-lo aos poucos "com esta ou aquela posição de suas personagens".

Ao fazê-lo, Derrida procede a partir da fábula (selecionada) segundo as próprias propensões ideológicas, que o induzem a identificar aquilo que para ele constitui o *topic* de toda a ocorrência, uma história de castração) e passa para as estruturas actanciais, demonstrando como elas se manifestam nos níveis profundos do texto. Seja ela boa ou má, o fato é que a operação é *legítima*.

Faltaria dizer se este modo de proceder não deve ser reconhecido mais como *interpretação crítica* do que como *cooperação interpretativa*. Mas as fronteiras entre estas duas atividades são muito tênues e são estabelecidas em termos de intensidade cooperativa e de clareza e lucidez na exposição dos resultados de uma cooperação concreta. Neste caso, o crítico é um leitor cooperante que, depois de ter atualizado o texto, relata os próprios passos cooperativos e torna evidente a maneira pela qual o autor, mediante a própria estratégia textual, o levou a cooperar daquele modo. Ou ainda, valoriza em termos de êxito estético (independentemente da maneira como a defina na teoria) as modalidades da estratégia textual.

Os modos da crítica são vários, conforme sabemos: há crítica filológica, crítica estética, crítica sociológica e crítica psicanalítica; crítica que exprime juízos de valor e crítica que traz à luz o percurso de uma escritura. E outras mais. A diferença que nos interessa não passa entre cooperação textual e crítica, mas entre crítica que narra

---

5. JACQUES DERRIDA, *Il fattore della verità*, Milão, Adelphi, 1978. A obra de Maria Bonaparte a que aqui se faz referência é *Edgar Poe, sa vie son oeuvre. Etude analytique*, Paris, PUF, 1933 (trad. it. *E. A. Poe. Studio psicoanalitico*, Roma, 1976).

160 LECTOR IN FABULA

e faz frutificar as modalidades de cooperação textual e crítica que *usa* o texto, como temos visto, para outros fins. Limitamo-nos a considerar o primeiro tipo de crítica como estreitamente ligado aos processos que este livro está procurando evidenciar. Esta é a crítica que ajuda a realizar a cooperação também lá onde a nossa desatenção a levara a malograr. E é o tipo de crítica que se deverá definir, nos limites do presente discurso, como exemplo de cooperação textual "excelente". Também quando discorda dos resultados da *nossa* cooperação e se acha no dever de negar ao crítico a função de Leitor-Modelo. Devemos ser-lhe gratos por tê-lo tentado.

9.4. ESTRUTURAS PROFUNDAS INTENSIONAIS E ESTRUTURAS PROFUNDAS EXTENSIONAIS

Há outra razão por que no decurso deste capítulo se preferiu discutir não tanto a mecânica estrutural das oposições ideológicas e actanciais quanto o momento e as condições da sua identificação. Consideremos ainda a Figura 2. À direita temos os movimentos efetuados pelo leitor *em extensão* (que indivíduos estão em jogo, que estados do mundo, que cursos de eventos? Achamo-nos diante de uma série de assertivas que dizem respeito ao mundo em que vivemos ou a um mundo possível? E, não importa qual seja esse mundo, que previsões podemos fazer sobre o que está por se realizar nele?). À esquerda os movimentos efetuados pelo leitor *em intensão*: que propriedades atribuiremos aos indivíduos em jogo, independentemente do fato de existirem ou não no mundo da nossa experiência? Que abstrações representam eles? São bons ou maus? Há mais indivíduos desempenhando o mesmo papel? Etc.

Mas, será que estas duas ordens de movimentos são verdadeiramente tão irredutíveis? Se um texto narrativo (se todo texto) fosse significante só na medida em que as suas proposições fossem verificáveis no mundo da nossa experiência — isto é, somente se tudo aquilo que o texto diz *é ou foi o caso* no mundo dito "real" — então sobre um texto narrativo (sobre todo texto) haveria bem pouco trabalho cooperativo a fazer. Tudo se resolveria lá onde (na Figura 2) tínhamos, ao invés, *parentetizado* as extensões. Se achamos que o texto fala de estados "reais" ou não fala de nada, então é inútil fazer previsões, tentar nele identificar actantes.

Mas é justamente para safar-se desta dificuldade que a semântica lógica elaborou a noção de *mundo possível*, a fim de traduzir os problemas intensionais em termos extensionais. Dizer então que uma propriedade vale por um indivíduo num mundo possível e que uma proposição é verdadeira num mundo possível (decisão formulada em termos extensionais), significa voltar a propor aquela problemática da "veridição" que a semântica estrutural greimasiana (1973: 165; 1976: 80) põe em jogo a nível intensional. Dizer que um texto nos propõe uma dada proposição como verdadeira num mundo possível (aquele designado pela fábula ou aquele que o texto atribui

ESTRUTURAS ACTANCIAIS E IDEOLÓGICAS   161

às atitudes proposicionais das personagens significa dizer que o texto realiza *estratégias discursivas* para apresentar-nos algo como verdadeiro ou como falso, como objeto de mentira ou de reticência (segredo), como objeto de crença ou como proposição asseverada para *fazer crer* ou para *obrigar a fazer*. Assim, o fato de que o leitor, a nível de previsões, adianta um projeto de possível estado de eventos, é avaliado a nível extensional como coerente ou não como o desenvolvimento sucessivo da fábula, mas a nível intensional pode nos propor interrogações sobre como o texto agiu para estimular aquela crença (a que o texto, numa fase sucessiva da fábula, atribui um valor de verdade 1 ou 0).

A esta altura, construir matrizes de mundos mutuamente comparáveis e atribuir propriedades a indivíduos, não parece muito diferente do que consignar papéis actanciais a atores, especialmente se algumas das propriedades dos indivíduos de uma fábula são estruturalmente necessárias, ou seja, acham-se fundamentadas numa mútua solidariedade dos indivíduos no interior de um mundo. Ao contrário, é o caso de nos perguntarmos se também as atribuições de valores de verdade, em termos extensionais, não devem constar das estruturas ideológicas do texto. Existem estruturas ideológicas também nas fábulas lógicas.

Por estes motivos, os processos de decisão extensional em termos de estruturas de mundos, estudados no capítulo anterior, parecem superar, em muitos aspectos, os processos intensionais de que falamos neste capítulo — os quais propõem talvez apenas uma versão alternativa dos primeiros.

Dissemos "parecem" e "talvez", por cautela metodológica: porque de fato o modelo representado pela Figura 2 tentou relacionar categorias provenientes de universos de pesquisa assaz diferentes. Julgou-se necessário realizar esta operação (sem ocultar-lhe o risco sincretista) porque definitivamente todos estes universos de pesquisa têm um objeto comum, embora o definam de modo diferente, e é a semântica e a pragmática dos textos.

10. Aplicações: *O Negociante de Dentes*

As propostas teóricas dos capítulos anteriores foram postas à prova aos poucos em curtos fragmentos textuais. Neste capítulo e no seguinte procuraremos aplicá-las a trechos textuais mais amplos. Neste capítulo trataremos do início de um romance de agradável consumo, menos de uma página; no próximo, de uma novela completa que apresenta, além do mais, a característica de ser "difícil", ambígua, passível de diversas leituras.

O texto que agora será analisado constitui o início do romance *The Tooth Merchant*, de Cyrus A. Sulzberger. Foi escolhido por duas razões. A primeira, porque se trata de um exemplo de narratividade "plana", que não apresenta particulares dificuldades interpretativas e, por conseguinte, segundo toda aparência, não requer intervenções cooperativas da parte do leitor: mas se verá, pelo contrário, o quanto ele o requer e com que complexidade, o que constitui, portanto, um sinal de que o princípio de cooperação interpretativa vale para todo tipo de texto. A segunda razão é que deste texto temos também um exemplo de tradução italiana (o livro foi publicado alguns anos atrás pela Bompiani com o título de *Il Mercante di Denti*). A tradução é correta mas, como veremos, "acrescenta" algo ao texto original: ou seja, coloca sob forma de lexemas na superfície linear do texto o que o original inglês deixava à atualização do leitor. Procedimento típico de todas as traduções, que efetivamente representam, quando são bem-sucedidas, um exemplo de cooperação interpretativa posta em público. Portanto, a tradução italiana será cotejada com o original inglês justamente para a verificação das hipóteses teóricas que até

164   LECTOR IN FABULA

agora temos elaborado. O tradutor é um leitor empírico que se comportou como um Leitor-Modelo.

Uma última advertência. Poderíamos traduzir o trecho em exame, passo a passo, em fórmulas lógicas que mostram com extrema minúcia as várias fases de atualização; e poderíamos submeter o texto a um tratamento em termos de matrizes de mundo quando se inserem quer as atitudes proposicionais das personagens quer (presumivelmente) previsões de parte do leitor. Mas, por razões de brevidade, forneceremos apenas indicações sintéticas, deixando que o *nosso* Leitor-Modelo execute formalizações mais acuradas com base nas propostas do Cap. 8[1].

(40)

1.	*The foulest brothels in Europe*	1.	*I casini più luridi D'Europa**
			(Os bordéis mais sórdidos da Europa)
2.	*and I know all of them,*	2.	*e io li conosco tutti,*
			(e eu os conheço todos,)
3.	*are on Albanoz street,*	3.	*si trovano in via Albanoz*
			(encontram-se na rua Albanoz)
4.	*in the Perah district of Istanbul*	4.	*nel quartiere de Perah, a Istanbul,*
			(no bairro de Perah, em Istambul,)
5.	*and there I was sleeping*	5.	*e in uno di questi stavo dormendo io*
			(e num deles eu estava dormindo)
6.	*one late summer morning in 1952*	6.	*una mattina de tarda estate del 1952,*
			(uma manhã de adiantado verão de 1952,)
7.	*beside a Turkish whore named Iffet*	7.	*accanto a una puttana a nome Iffet*
			(ao lado de uma prostituta de nome Iffet)
8.	*with a cunt as broad as the mercy of Allah*	8.	*dalla fica grande quanto la misericodia de Allah,*
			(com uma vulva tão grande quanto a misericórdia de Alá,)
9.	*when suddenly there was a scream at the door*	9.	*quando fummo risvegliati de soprassalto*
			(quando fomos acordados de sobressalto)
10.	*followed by a thump on the stairs.*	10.	*da strilli giù in basso, seguiti da uno scalpiccio su per la scale.*
			(por gritos lá embaixo, seguidos de um tropel pela escada acima.)
11.	*"Aaaaaaiiiieee, the American Fleet",*	11.	*"Ahiahiahi, la flotta americana!",*
			("Ai, ai, ai, a frota americana!",)
12.	*moaned Iffet,*	12.	*gemette Iffet*
			(gemeu Iffet)

    1. O texto a seguir está subdividido, tanto em inglês quanto em italiano, em "versículos". A subdivisão não reflete nenhuma hipótese sobre presumíveis unidades minimais do texto, pausas do leitor e nós de disjunção de probabilidades: responde apenas às exigências da exposição que segue.

    * Tratando-se de uma referência direta à tradução italiana, mantivemos o texto nesta língua, seguido de uma transposição para o português para facilidade de nosso leitor. (N. da T.)

APLICAÇÕES: *O NEGOCIANTE DE DENTES* 165

13. *hauling the flyblown sheet about*   13. *coprendosi la testa col lenzuolo.*
    her head   (cobrindo a cabeça com o lençol.)
14. *as the police burst in.*   14. *Irrupe invece la polizia.*
                                     (Quando a polícia irrompeu.)

O leitor já deve ter resolvido os problemas que dizem respeito às circunstâncias de enunciação. Estabeleceu que há um x no qual, em data anterior àquela da leitura, emitiu por escrito o texto em foco. Este x sujeito da enunciação (empiricamente: Cyrus A. Sulzberger) poderia identificar-se com o sujeito do enunciado, ou seja, o eu narrador que aparece em 2. Assumindo-se, portanto, regras de gênero, ter-se-á dissociado o sujeito da enunciação do sujeito do enunciado, que é claramente um indivíduo do mundo narrativo. Por conseguinte, a narração não expõe somente fatos externos mas também fatos "internos", concernentes em particular às reações psicológicas da voz narradora.

Por isso, uma vez atualizado 1 (explicitações semânticas que visam enriquecer |bordel| inclusive com todas as suas componentes), em 2 se passa a atualizar as declarações do protagonista (há um x, o qual por enquanto é imprecisamente descrito como aquele que está enunciando as proposições em tela e que presume conhecer todos os bordéis da Europa) e por conseguinte a aplicar nelas uma regra de *hipercodificação retórica*: trata-se claramente de uma hipérbole. *Inferência*: visto que conhecer todos os bordéis da Europa constitui operação que requer muito tempo, até se se considerar uma razoável redução da hipérbole, o narrador dedicou grande parte de sua vida a esta prática. A hipérbole é temperada pela limitação que restringe o número dos bordéis conhecidos como os mais sórdidos: isto empobrece o mundo epistêmico do narrador, mas enriquece o nosso conhecimento dos seus gostos e dos seus hábitos. *Outra inferência*: ou freqüenta os bordéis mais sórdidos por perversão ou é obrigado a limitar-se àqueles por razões sociais; portanto, o narrador é provavelmente um homem de baixa condição; dado que deve ter viajado muito pela Europa, aparece como um vagamundo. Somente em 4, apreendendo-se que se encontra em Istambul, conhecido porto marítimo, a inferência se enriquece com outros prováveis elementos: talvez se trate de um marinheiro.

No curso de todos estes movimentos cooperativos, o leitor fez referência à enciclopédia para estabelecer, mediante |Europa| uma referência ao mundo W_0 da própria experiência. O que ao mesmo tempo lhe permitiu também atualizar melhor tanto |bordéis| como |mais sórdidos|, recorrendo a encenações comuns válidas na própria enciclopédia (não se tratará da taverna galáctica de *Guerra nas Estrelas*, mas de bordéis como os que existem em Gênova, em Marselha, em Atenas). Note-se que, depois de chegar ao 6, o leitor está em condi-

166 LECTOR IN FABULA

ções, graças à data de 1952, de tomar decisões sobre a natureza da enciclopédia a que recorre (por exemplo: naquela época o narrador ainda podia freqüentar legalmente os bordéis de Gênova). Naturalmente, neste ponto o leitor ainda não sabe qual das propriedades semânticas de |bordel| deve explicitar e quais narcotizar. Espera, mantendo por assim dizer aberta a gaveta da enciclopédia. Uma coisa sabe, porém, graças à pressão contextual: dos bordéis atualizará a propriedade conotativa de serem eles lugares sórdidos.

Uma vez lidos 3 e 4, realizam-se algumas operações bastante complexas. Pode-se prever, antes de tudo, que o formato da enciclopédia do leitor permita ter noções acerca de Istambul, mas não acerca da rua Albanoz e do bairro de Perah. O leitor, portanto, atualiza antes de mais nada tudo quanto lhe serve de Istambul. De um lado, que se trata de cidade turca que é porto de mar, porta do Oriente (e terá à disposição algumas encenações intertextuais sobre esta cidade levantina, lugar de tráficos ambíguos; para um leitor que se dispõe a uma encenação cinematográfica, aqui são ativadas também encenações visivas e musicais). A pressão contextual diz que de Istambul se devem antes de tudo atualizar as dimensões: com efeito, deve-se realizar uma operação lógica segundo a qual Istambul-cidade maior do que bairro e bairro maior do que rua. O leitor (embora parentetizando as extensões, isto é, não se perguntando se o bairro de Perah realmente existe, nem se existe em Istambul uma rua com o nome de Albanoz) constrói um universo narrativo dotado destes três indivíduos dispostos segundo relações espaciais precisas. Eis um caso em que a atualização de estruturas discursivas e a atualização de estruturas de mundos seguem *pari passu*. Desta maneira o leitor já estabeleceu procedimentos de individuação: Perah está ligado por relação S-necessária com a Albanoz street (simetricamente) e ambas estão ligadas por relação S-necessária a Istambul (que, pertencendo à enciclopédia, já está individuada e não exige relações S-necessárias; veja-se o que foi dito em 8.14).

Agora se trata de identificar o narrador sem possibilidade de equívoco. Para isso temos as providências proporcionadas pelos fragmentos 5 e 6. O narrador é aquele x que num preciso momento de tempo está dormindo num lugar já anteriormente atualizado e a ele está ligado, por isso, por relação S-necessária. Note-se que neste ponto o tradutor efetua uma operação de determinação espacial precisa que o original evita. O texto italiano diz, de fato, |in uno di questi (casini)| (num destes (bordéis)), ao passo que o texto inglês diz apenas |there|: que pode ser na rua Albanoz, no bairro de Perah, em Istambul. Naturalmente, o tradutor tem razão porque realiza as seguintes inferências: se o narrador me nomeou com tanta precisão não só a cidade, mas o bairro e a rua e começou tematizando a noção de bordel, não se vê por que, depois de tantas especificações exatas, ele deveria dizer-me que dormia num lugar que não era um bordel. É verdade que o texto original poderia sugerir: "Os bordéis mais sórdidos da Europa se acham na rua Albanoz, e justamente nesta rua estava eu dormindo — não necessariamente num dos seus bordéis"; mas aqui vale uma boa regra de conversação, segundo a qual se supõe que o narrador não é mais

APLICAÇÕES: *O NEGOCIANTE DE DENTES*   167

explícito do que a situação exige. Por isso, a inferência do tradutor é, se não semanticamente, pragmaticamente (conversacionalmente) correta, e depois é verificada pelo item 7, no qual se fica sabendo que o protagonista está dormindo ao lado de uma prostituta. Se o narrador queria dizer que, embora se encontrasse no paraíso dos bordéis, tinha escolhido o único edifício respeitável da rua Albanoz, tê-lo-ia precisado em termos bem claros.

Quanto à especificação de que se tratava de uma manhã de avançado verão, por enquanto está acantonada. De fato, revestir-se-á de um certo relevo narrativo somente nas páginas seguintes, que não tomamos em consideração. Também o ano de 1952 por ora vale apenas como indicação genérica: "nos nossos tempos". Só nos capítulos seguintes se verá qual a função que tem: com efeito, o romance conta uma história de guerra fria.

Enfim, parece-nos escusável que o tradutor deixe de registrar que a prostituta é turca: comporta-se como leitor normal que julga o fato totalmente redundante, dado que nos encontramos em Istambul. Discursivamente, podemos presumir que o texto inglês pretendia acrescentar uma conotação depreciativa – o que seria confirmado pelo fragmento 8. Fragmento que não submeteremos à análise, e não por pudor, mas porque põe em jogo mecanismos de hipercodificação retórica e encenações intertextuais demasiado complexas. Existe uma similitude, uma hipérbole, o reclamo a encenações comuns sobre condições ginecológicas das prostitutas dos portos e a encenações intertextuais sobre o estilo imagístico dos muçulmanos... Em suma, demasiado material. Dizemos que o Leitor-Modelo deveria compreender que a prostituta é velha e desagradável e não obstante generosa com seus próprios atributos. Mais uma vez, por fáceis inferências, o narrador nela é conotado como indivíduo com gostos grosseiros (ou sutilmente depravados).

O que é mais interessante no item 7 é que aqui o narrador é definitivamente individuado em termos de fábula, já estreitamente limitado por uma série de relações S-necessárias: antes no lugar e agora em Iffet. Igualmente Iffet é identificada sem ambigüidade como aquela única prostituta que naquela manhã de 1952 dorme com aquele indivíduo naquele lugar. Sabemos ainda pouquíssimo daquele x que está narrando, mas doravante não o confundiremos com nenhum outro indivíduo. Se inadvertidamente este enunciasse o improvável contrafatual "o que aconteceria se eu hoje não estivesse num bordel da rua Albanoz, ao lado de Iffet?", deveríamos falar de absoluta inacessibilidade entre mundo contrafatual e mundo de referência, porque não disporíamos mais de alguma propriedade que nos permita falar de qualquer forma de identidade.

Com o item 9 acontece algo de textualmente mais interessante, e as mesmas discordâncias entre original e tradução nos dizem que aqui nos encontramos diante de um interessante nó cooperativo. Antes de mais nada, o original diz que se ouviu inesperadamente um

168 LECTOR IN FABULA

grito à porta, e o tradutor interpreta que o narrador e Iffet foram acordados de sobressalto. A inferência é explicável: se alguém conta a respeito de uma experiência pessoal, diz que estava dormindo e que depois houve um grito, significa que o grito foi ouvido; visto que antes dormia, é preciso que tenha sido acordado subitamente antes ou durante a emissão do grito; é provável (encenação comum) que tenha sido acordado pelo grito (e também Iffet, visto que em 11 ela se lamenta em alta voz). O tradutor preferiu inserir em estrutura narrativa profunda uma série de fases temporais ordenadas que o original deixava inexpressas: primeiro x dorme, depois alguém solta o grito, depois (mas trata-se de fração de segundo) x desperta. Se assim não fosse, por que o grito deveria ter sido "de repente"? De repente para quem? Evidentemente, para quem não estava acordado, o que foi de repente não foi o grito, mas a experiência que o dormidor teve com ele. Aquele |suddenly|, caso se referisse ao grito, seria uma hipálage.

Não é tudo. O original diz que houve um grito à porta seguido de um tropel surdo na escada. O tradutor infere daí uma série de operações ordenadas temporal e· espacialmente: o grito foi à porta de entrada no andar térreo, pois o ruído (aqui apresentado com |tropel|) se fez sentir ao longo das escadarias que levam ao quarto onde os dois dormiam. Observemos que, segundo o original, existem outras interpretações possíveis: (i) o grito é emitido à porta, no andar térreo, pelos intrusos, que golpeiam alguém que lhes barrava o caminho, fazendo-o causar um baque nos primeiros degraus da escada; (ii) o grito é emitido à porta por alguém da casa, que depois foi golpeado e acabou caindo nos primeiros degraus da escada; (iii) o grito é emitido por alguém da casa em frente à porta do quarto, depois esse alguém é golpeado e rola escadaria abaixo. E se poderia continuar. Que fez o tradutor? Recorreu a encenações comuns e ficou sabendo que uma casa de tolerância costuma ter uma porta que dá para a rua, depois ·uma escadaria que leva aos quartos do pecado, via de regra nos andares superiores. O tradutor verteu |scream| por strilli ("tropel"). Exato, mas nos parece que nisso acrescentou uma conotação de feminilidade. Portanto, a inferência, aliás implícita na própria tradução, é: os intrusos encontraram na porta a cafetina, que gritou, entraram por baixo e agora estão subindo a escada que leva ao quarto (onde evidentemente há uma segunda porta). O assunto das duas portas nos diz que traduzir (e ler) significa estabelecer estruturas de mundos, com indivíduos em jogo. Neste caso a porta de baixo é importante, a porta de cima um pouco menos (configura-se em transparência no item 14, presumivelmente arrombada pela polícia). Mas que a porta que aparece em manifestação linear não é a porta do aposento, é certificado pelo fato de que antes há um grito à porta e depois o ruído pelas escadarias. Embora já se tenha constatado que o ruído é um tropel e não um baque... Em suma, eis como uma expressão aparentemente plana e literal envolve o leitor numa série de decisões interpretativas. Um texto é verdadeiramente uma máquina preguiçosa que obriga o leitor a executar grande parte do trabalho.

APLICAÇÕES: *O NEGOCIANTE DE DENTES* 169

Os fragmentos 11 a 13 são ainda mais complexos. Por que Iffet geme e profere a frase que diz? O leitor deve fazer as mesmas inferências que o texto atribui a Iffet: se a chegada de alguém é violenta e ruidosa, então há muitas pessoas; se muitas pessoas irrompem num bordel do porto, então marinheiros; se são marinheiros num porto mediterrâneo, então são marinheiros da NATO; se os marinheiros chegam de repente, não se trata de frota nacional; por abdução, são provavelmente americanos. Estão em jogo, além disso, numerosas sinédoques (a frota para alguns dos marinheiros que dela fazem parte), hipérboles (toda a frota! exagerada!). E depois uma segunda ordem de inferências: também para uma mundana de vulva grande como a misericórdia de Alá, toda a frota, ou também somente uma boa representação dela, é demais; e depois encenações comuns e intertextuais: quando os marinheiros mal desembarcaram e se precipitaram para os bordéis, foi um deus-nos-acuda!... Em suma, a situação é sofrivelmente goliardesca, mas para concretizá-la o trabalho cooperativo não é de pouca monta. Entre outras coisas, sobre Iffet adensam-se implicitamente descrições que a conotam em tudo com seu desgaste de velha prostituta que deve ter passado por todas as espécies de situações, e que por experiência própria sabe como são certas coisas.

Mas é mesmo verdade que Iffet geme desesperada? Assim interpreta o tradutor, mas alguns falantes americanos nos fizeram observar que a interpretação poderia ser diferente: |*moaned*| pode querer dizer gemer de dor, mas também ganir de luxúria, e então o |*Aaaaaaiiieeee*| poderia ser um urro de triunfo, tanto mais que no item 13 Iffet agita o lençol como uma vela ou como um estandarte. Na verdade, nas páginas seguintes Iffet perde toda função narrativa e por isso a decisão interpretativa de que estamos falando não é depois tão relevante: mas o nó permanece ambíguo.

Algumas palavras sobre |*hauling*|: existem seguras conotações de vela, vôo, grande pavês, mas poderia ser metáfora irônica, Iffet estantada quer cobrir a cabeça, como um avestruz. O lençol é |*flyblown*|, cheio de vermes, cheio de moscas, asquerosamente sujo. Veja-se como o tradutor — diante destas duas expressões, em todo caso para permanecer fiel à isotopia do espanto — deixou escapar estes particulares.

Mas a questão mais interessante é saber de onde vem aquele lençol: o lençol, *the sheet*, justamente aquele e não um qualquer. A resposta de qualquer leitor, por mais desprevenido que seja, é de molde a justificar a desenvoltura do texto: é claro, Iffet dorme, portanto dorme num quarto e numa cama, uma cama tem um colchão, um travesseiro e um lençol, ou melhor, tem dois, mas só um pode ser retirado da pessoa que dorme... Certamente, é assim, mas, para que o texto seja atualizado desta maneira, devemos postular que o leitor haja ativado a encenação comum "quarto com cama". Suponhamos que o item 13 seja entregue a um computador alimentado com um léxico mas não com um bloco consistente de encenações (entre as quais "bordel" e "quarto com cama"). Ele saberia atualizar

170 LECTOR IN FABULA

o fato de que há uma mulher que dormia — mas teria podido dormir no chão ou num saco de estopa — e que existe um lençol que curiosamente o texto identifica mediante um artigo definido, como se a gente devesse pressupor que já fora mencionado. E não saberia dizer de onde veio o lençol. Somente o Leitor-Modelo — que sabe que os bordéis são organizados com quartos individuais, mobiliados segundo certo padrão (ou encenação comum) — não tem hesitações em identificar aquele lençol: pertence à classe dos lençóis que em toda encenação cobrem uma cama, e é aquele lençol que se encontra em relação S-necessária com Iffet. O lençol é de se pressupor, porque *já está* na encenação.

E chegamos ao fragmento 14. Aqui o original é lapidar. Depois de ter prefigurado o mundo possível de Iffet habitado pela marinha americana e ter permitido que o leitor se associasse nesta previsão, o texto opõe o estado final desta porção de fábula, ou o mundo (W_N) *assim como é*. Todo o barulho fora provocado pela polícia. Iffet e o leitor devem jogar fora seus mundos possíveis, pois os indivíduos que os habitavam narrativamente *não existem*. Poderíamos dizer que o mundo das crenças de Iffet permanece acessível ao mundo da fábula: é habitado por marinheiros supranumerários, mas no restante os outros indivíduos (bordel, escada, Istambul) permanecem os mesmos. Sinal de que não se trata de uma colisão de mundos relevantes para o desenvolvimento da fábula, mas é um simples jogo de previsões desenvolvido a nível de estruturas discursivas; quem fizer um resumo final do livro esquecerá este equívoco de Iffet, tal como em *Drame* se esquecerá facilmente que, no Capítulo II, Marguerite acreditou que Raoul olhava com desejo para a Mlle. Moreno.

Seja como for, o tradutor sublinha a diferença entre mundos com um |*invece*| (quando): contrariamente ao *topic* do mundo possível de Iffet, conforme se dizia no Cap. 1.

A esta altura o leitor percebe que está diante de uma disjunção de probabilidade bastante interessante. Que será que a polícia quer com este vagabundo dos sete mares? Talvez tenhamos entrado no ponto central da fábula. Mas também até este ponto o leitor teve de fazer a sua parte para levar o "texto a falar". Efetivamente, um texto não é "um cristal". Se o é, a cooperação do próprio Leitor-Modelo faz parte da sua estrutura molecular.

11. Aplicações: *Un Drame Bien Parisien*

11.1. COMO LER UM METATEXTO

Ao leitor superficial, *Un drame bien parisien*, publicado por Alphonse Allais em 1890 no *Le chat noir*, pode parecer um simples jogo de argúcia, um exercício de *trompe-l'oeil* literário, algo a meio caminho entre as gravuras de Escher e as novelas de Borges (em ambos os casos, no entanto, valorosamente *ante litteram*). Admitamos também que não passe realmente disso. Justamente por estas razões deve ser visto, respeitosamente, como um texto narrativo que tem a coragem de contar a própria história. Que, depois de tudo, se trata de uma história infeliz, no entanto acrescenta certo sabor ao experimento. E, visto que esta desdita foi cuidadosamente planejada pelo autor, *Drame* não representa um malogro, mas um sucesso metatextual.

Drame foi escrito para ser lido duas vezes (pelo menos): a primeira leitura pressupõe um Leitor Ingênuo, a segunda, um Leitor Crítico, que interprete o malogro do cometimento do primeiro. Eis, pois, um exemplo de texto com duplo Leitor-Modelo.

Ao fazer a nossa leitura se presume que o nosso leitor já tenha lido *Drame* (veja Apêndice 1) e que o tenha lido somente uma vez, a uma velocidade normal de leitura. Com efeito, para o leitor ingênuo calcula-se um tempo de leitura que deixe na sombra muitos traços

---

1. Alphonse Allais (1864-1905) publicou esta novela em *Le chat noir*, a 26 de abril de 1890. André Breton transcreveu os capítulos IV-VII na *Anthologie de l'humour noir*. Quanto ao texto original completo e a tradução, ver o Apêndice 1 deste livro.

172 LECTOR IN FABULA

importantes dedicados ao leitor crítico. Por conseguinte, a nossa leitura será uma leitura segunda, realizada às custas da primeira, uma análise crítica da leitura ingênua de *Drame*. De outra parte, visto que toda leitura crítica constitui sempre uma representação e uma interpretação dos próprios procedimentos interpretativos, este capítulo é também, implicitamente, uma interpretação da possível leitura crítica (segunda) da novela. Talvez esta premissa seja ambígua, mas tranqüilize-se o leitor: *Drame* o é ainda mais.

Drame é um metatexto que conta ao menos três histórias: a história daquilo que acontece com as suas *dramatis personae*, a história do que ocorre com o seu leitor ingênuo e a história daquilo que se dá com a própria novela como texto (pois esta mesma história é, no fundo, a história do que acontece com seu leitor crítico). Por conseguinte, o presente capítulo não constitui a história do que acontece à margem de *Drame* como texto (haja vista que as aventuras dos seus leitores empíricos se revestem de escasso interesse para os nossos objetivos: é óbvio que um texto tão ambíguo pode oferecer a oportunidade para muitos usos e aberrações, além de se recusar a cooperar): ele não é senão a história das aventuras dos Leitores-Modelo de *Drame*[2].

11.2. ESTRATÉGIA METATEXTUAL

Quando chega ao Capítulo VI, o leitor de *Drame* não sabe mais onde se acha. Em termos intuitivos, os Capítulos VI e VII não podem ser justificados se não se assume que os capítulos anteriores postulariam um leitor capaz de elaborar as seguintes hipóteses:

(i) no final do Capítulo IV, o leitor ingênuo deveria suspeitar que Raoul e Marguerite resolvem ir ao baile fantasiados, um de Templário e o outro de Piroga Congolesa, cada um com o propósito de surpreender o outro em flagrante adultério.

(ii) Durante a leitura do Capítulo V, o leitor ingênuo deveria suspeitar que as duas máscaras que participam do baile são Raoul e Marguerite (no máximo deveria suspeitar que quatro pessoas, importantes para os objetivos da ação, participam da festa: Raoul, Marguerite e os seus dois supostos parceiros).

Note-se que, para elaborar estas duas hipóteses, se deveria postular que cada um dos dois cônjuges tenha lido a carta que recebeu do outro, pois, do contrário, não saberia como está travestido o rival que deve ser substituído; ao passo que o texto não só não encoraja, mas claramente exclui esta hipótese: de qualquer forma, o leitor ingênuo comporta-se via de regra assim, conforme provam também os controles empíricos citados no Apêndice 3. Os resumos costumam soar desta maneira: "Raoul recebe uma carta onde se diz que Mar-

---

2. Ver o Apêndice 3 sobre uma avaliação do comportamento dos leitores empíricos.

APLICAÇÕES: *UN DRAME BIEN PARISIEN*   173

guerite, vestida de Piroga, encontrará o próprio amante vestido de Templário" e vice-versa). O que aqui se assume é que este tipo de interpretação ingênua, concretizada em ritmo normal de leitura, é aquele mesmo previsto por Allais ao preparar sua armadilha textual. E não porque se adiantam hipóteses sobre as intenções da pessoa empírica do autor, mas porque o texto não concluiria como conclui, se não falasse a este tipo de Leitor-Modelo[3].

Para sermos honestos, o texto é de uma honestidade adamantina. Não diz absolutamente nada que possa fazer suspeitar que Raoul e Marguerite estão planejando ir ao baile: apresenta Piroga e Templário no baile sem nada dizer que possa fazer crer que se trata de Raoul e Marguerite; em definitivo não diz sequer, nem ao menos uma vez, que os nossos dois heróis têm cada qual um/uma amante. Por conseguinte, é o leitor empírico que assume a responsabilidade de fazer falsas inferências, é só o leitor empírico que se permite adiantar insinuações sobre a moralidade dos nossos dois cônjuges.

Mas o texto *postula justamente este tipo de leitor como elemento constitutivo próprio*: do contrário, por que se deveria dizer no Capítulo VI que o Templário e a Piroga, quando descobrem que não são Raoul e Marguerite, lançam um grito de estupor? O único a ficar espantado deveria ser o leitor empírico que alimentara esperanças não satisfeitas pelo texto... Todavia, este leitor empírico foi autorizado, como Leitor-Modelo, a cultivar justamente estas expectativas. *Drame* tomou a seu cargo os seus possíveis erros por tê-los planejado com todo cuidado.

Mas então, se o erro do leitor foi astutamente provocado, por que rejeitá-lo como indébita inferência? E por que é de algum modo legitimado, depois de ter sido rejeitado?

A lição (implícita) de *Drame* é na realidade coerentemente contraditória: Allais quer nos dizer que não só *Drame* mas todo texto é feito de duas componentes: a informação fornecida pelo autor e aquela acrescentada pelo Leitor-Modelo, sendo que a segunda é determinada e orientada pela primeira. Para demonstrar este teorema metatextual, Allais força o leitor a preencher o texto com informações que contradizem a fábula, obrigando-o a cooperar no sentido de pôr em pé uma história que não se sustenta. O fracasso de *Drame* como fábula é a vitória de *Drame* como metatexto.

---

3. Esta suposição não exclui que se possam fazer outras leituras, mesmo as mais "aberrantes", da novela. Os dois Leitores que propomos constituem duas estratégias interpretativas dedutíveis da estratégia textual. Como se verá no fim, é possível também prever diversas estratégias interpretativas (por exemplo, mais "racionalizantes"), mas estas contrastam com a estratégia textual, ou a tornam incompleta, inexplicável, obscura. Em outras palavras, toda interpretação que oferecesse uma vantagem ao leitor colocaria o texto em desvantagem. O texto como resultado só é vencedor e "bem-feito" enquanto máquina que visa pôr o leitor em dificuldade.

174 LECTOR IN FABULA

11.3. ESTRATÉGIA DISCURSIVA: ATOS LINGÜÍSTICOS

Para construir um Leitor-Modelo é preciso acionar alguns artifícios semânticos e pragmáticos. Assim, a novela tece imediatamente uma rede sutil de sinais perlocutivos e de efeitos oratórios, ao longo de toda a sua superfície discursiva.

O texto é dominado pela primeira pessoa do singular (o narrador) que a toda passagem sublinha o fato de que alguém, estranho à fábula, está narrando (com destaque irônico) acontecimentos que não há necessidade de tomar como verdadeiros. Estas intervenções pesadas do sujeito da enunciação estipulam indiretamente (mas sem equívoco, por pouco que o leitor cultive na própria enciclopédia dados de hipercodificação estilístico-retórica) um mútuo contrato de educada desconfiança: "Vocês não crêem naquilo que lhes conto e eu sei que vocês não acreditam em nós, mas, uma vez estabelecido isto, sigam-me com boa vontade cooperativa, como se eu estivesse dizendo-lhes a verdade". É a técnica definida por Searle (1975) como "assertiva fingida", sublinhada mais que alhures e que implica justamente uma parentetização preliminar e provisória das extensões.

Muitas expressões hipercodificadas são postas em jogo a fim de estabelecer este contrato (des)confiado:

— |à l'époque ou commence cette histoire| (na época em que começa esta história) é um indicador de fingimento (artifício) como "era uma vez";

— |un joli nom pour les amours| (um lindo nome para os amores) remonta a convenções literárias hipercodificadas, também de cunho simbolista;

— |bien entendu| (bem entendido, naturalmente) é uma piscadela que significa "como já sabem por tantas encenações intertextuais";

— |Raoul, dis-je...| (Raoul, digo eu...) repete, como muitas outras expressões, a presença de um narrador, a fim de dissolver a impressão de realidade que a história pode criar;

— |c'était à croire que...| (era de se crer que...) convida quase o leitor a adiantar as suas próprias suposições, assim como o autor adianta as suas, colaborando para a história; em suma, é um convite a procurar esquemas narrativos sob a estrutura discursiva. E o elenco poderia continuar, mas basta reler o texto para identificar todas estas instâncias da enunciação.

O texto projeta o próprio leitor ingênuo como um típico consumidor de histórias de adultério burguês de *fin-de-siècle*, educado pela comédia de *boulevard* e pelas facécias da *Vie parisienne*. Não se ocultam as propensões deste leitor ao golpe de cena e a natureza de "cliente" disposto a pagar para ter produtos saborosos: |simple episode que donnera à la clientèle| (simples episódio que dará à clientela), expressão que aparece no título do segundo capítulo, evoca à mente as primeiras frases do *Tom Jones*, de Fielding (um autor que tinha clara a idéia do romance como produto confeccionado para um mercado):

APLICAÇÕES: *UN DRAME BIEN PARISIEN* 175

Um autor não deveria considerar-se como um gentil-homem que oferece um banquete privado e ou de beneficência, mas qual administrador de um local público em que cada um é benvindo em virtude do próprio dinheiro...

Estes clientes são membros de um auditório pagante, pronto a apreciar uma narratividade construída segundo receitas garantidas. O exergo do Capítulo I, com a sua citação de Rabelais, menciona um |challan|, que significa justamente "cliente".

O título do Capítulo III |vous qui faites vos malins| (vós que praticais vossas malandragens) põe na berlinda o leitor presumido porque reconhece como um daqueles que contam com uma narrativa construída segundo encenações correntes. Justamente por causa deste tipo de leitor o texto não se nega a expressões obsoletas, modos de dizer por apêndice ou por conversação de portaria como |la pauvrette s'enfuit, furtive et rapide comme fait la biche en les grands bois| (a coitadinha fugia, furtiva e rápida, como faz a corça nos grandes bosques) ou |ces billets ne tombèrent pas dans les oreilles de deux sourds| (os dois surdos fizeram ouvidos moucos a estes bilhetes). A mensagem reiterada a todo instante é: "aguardem uma história padrão".

Todavia, não se pode dizer que o texto deixe de levantar suspeitas sobre a sua verdadeira estratégia (voltando-se assim ao próprio segundo leitor). Expressões como |c'était à croire| (era de se crer que), |un jour, pourtant... un soir, plutôt| (um dia, no entanto... ou melhor, uma noite), |bien entendu| (bem entendido), |comment l'on pourra constater| (conforme se poderá constatar) são tão profundamente irônicas que chegam a desvelar uma mentira no momento em que a impõe. Mas, trata-se de estratégias que só se tornam claras numa segunda leitura.

11.4. DAS ESTRUTURAS DISCURSIVAS ÀS ESTRUTURAS NARRATIVAS

A nível discursivo não existem problemas de ambigüidade. As personagens são nomeadas e descritas de maneira suficiente, as co-referências são manifestamente levadas a poder tornar-se desambíguas, o leitor reconhece os *topics* discursivos e estabelece as suas isotopias. Os dados da enciclopédia do leitor fluem suavemente para preencher os espaços vazios do texto, o mundo de Raoul e Marguerite assume uma forma semelhante ao mundo do leitor de 1890 (ou do leitor capaz de "pescar" naquela enciclopédia).

Somente os exergos parecem introduzir alguma complicação: são herméticos. Mas acabam abrindo-se na primeira leitura (não é assim que acontece de costume?). O leitor é encorajado pela estratégia de cumplicidade que a instância da enunciação faz funcionar em regime pleno. É fácil cair na situação aristotélica de "piedade" ou de participação afetiva: *de te fabula narratur*. Tudo está a posto para suscitar, após a piedade, o terror ou a expectativa do inesperado.

176 LECTOR IN FABULA

Mas não é absolutamente verdade que as estruturas discursivas sejam tão pouco problemáticas. O mecanismo sintático das co-referências é escassamente ambíguo, mas o mecanismo semântico das co-indicialidades não é tão simples. Quando no Capítulo V aparecem finalmente a Piroga e o Templário, o leitor está pronto a acreditar que eles sejam Marguerite e Raoul. Esta co-indicialidade é favorecida pela carta do Capítulo IV: visto que aí se dizia que Raoul iria ao baile vestido de Templário e no baile há um Templário; portanto, Raoul e o Templário são uma só pessoa (e o mesmo vale para Marguerite). Logicamente falando, a inferência não está de forma alguma correta — é como dizer que os gatos são animais, o meu lebreiro é um animal e, por conseguinte, um gato. Mas, narrativamente falando, a suposição é mais do que justificada: já havíamos falado do *topos* do falso desconhecido, tão popular na narrativa oitocentista, na qual uma personagem já nomeada reaparece em início de capítulo com disfarce que o torna irreconhecível, até que o autor revela do que se trata. Parece justamente o caso do Templário no baile. Espera-se somente que diga: "Conforme nossos leitores devem ter adivinhado, nossa personagem não era outro senão Raoul". Na realidade, Allais está tomando justamente de contragolpe esta encenação intertextual. Assim como mais tarde fará outro grande humorista, Achille Campanile, no seu inspirado início de *Se la luna mi porta fortuna* (Se a lua me der sorte):

(41) Quem, naquela cinzenta manhã de 16 de agosto de 19.., se tivesse introduzido furtivamente, por seu próprio risco e perigo, no quarto em que se desenrola a cena que dá início à nossa história, teria ficado sobremodo surpreso ao encontrar um jovem de cabelos desgrenhados e faces lívidas, que passeava nervosamente de cá para lá; um jovem no qual ninguém reconheceria o Dr. Falcúcio, antes de mais nada porque não era o Dr. Falcúcio e, em segundo lugar, porque não tinha nenhuma semelhança com o Dr. Falcúcio. Observamos, de passagem, que é completamente injustificada a surpresa de quem se introduzisse furtivamente no quarto de que falamos. Acontece que este homem estava em sua própria casa e tinha o direito de passear como e quanto lhe aprouvesse.

Assim, especulando sobre um passeio inferencial nutrido de boas encenações, a novela estabelece um vínculo entre os dois indivíduos e faz com que todos os pronomes usados no Capítulo V para o Templário sejam referidos implicitamente a Raoul e a Marguerite. Está claro que, a co-referência não tem bases gramaticais, mas sim, narratológicas, graças à mediação de uma incorreta operação em extensão. Mas isto é prova de que já na atualização das estruturas discursivas entram em jogo não só hipóteses avançadas a nível de estruturas narrativas, mas também prefigurações tentativas de estruturas de mundos.

Por outro lado, é normal, em todo texto narrativo, que as estruturas discursivas preludiem a formulação das macroproposições de fábula e que ao mesmo tempo sejam por elas influenciadas. O que é singular em *Drame* é que até o Capítulo VI as estruturas discursivas deixam o caminho aberto para duas fábulas diferentes. Os *topics* pode-

APLICAÇÕES: *UN DRAME BIEN PARISIEN* 177

riam ser dois: história de um adultério e história de um mal-entendido, com as respectivas encenações intertextuais; de acordo com o *topic* que se escolhe, eis duas histórias possíveis:

> (i) Raoul e Marguerite amam-se ternamente mas são muito ciumentos. Cada um deles recebe uma carta que anuncia como o respectivo parceiro está se preparando para encontrar o próprio amante. Ambos procuram pegar o próprio parceiro em flagrante. E descobrem que as cartas diziam a verdade.

> (ii) Raoul e Marguerite amam-se ternamente mas são muito ciumentos. Cada um deles recebe uma carta que avisa como o próprio respectivo parceiro está se preparando para encontrar-se com o próprio amante. Ambos procuram pegar o próprio parceiro em flagrante. Descobrem, no entanto, que as cartas mentiam.

O final não confirma nem contradiz nenhuma das duas hipóteses narrativas: verifica e falsifica ambas. *Drame* planeja a nível discursivo uma manobra que deve produzir seus frutos a nível narrativo e cujas razões se situam a um nível ainda mais profundo (estruturas de mundos). O texto nunca mente a nível discursivo, mas induz em equívoco a nível de estruturas de mundos.

Temos dito que um *topic* discursivo (do qual se deve inferir depois o *topic* narrativo) se deduz (formulando uma pergunta) de uma série de palavras-chave, estatisticamente reiteradas ou estrategicamente colocadas. Pois bem, na novela todas as palavras-chave que orientam para o *topic* (i) estão estatisticamente reiteradas, enquanto que as que orientam para o *topic* (ii) estão estrategicamente colocadas.

A primeira pergunta é: "Quem são os dois intrusos que estão pondo em risco a fidelidade dos nossos dois heróis?" (ou então: "conseguirão nossos heróis surpreender o respectivo cônjuge com seu amante desconhecido?"). Demasiado tarde o leitor descobrirá que o verdadeiro *topic* era "realmente, quantos indivíduos estão em jogo?"

Para desenvolver o próprio jogo, isto é, para forçar a atualizar o primeiro *topic*, o texto joga sabiamente com as presumíveis *competências ideológicas* do leitor, o qual não consegue conceber a vida conjugal senão em termos de posse recíproca. Este leitor está assim tão propenso a conceber o sexo como posse e o matrimônio como conjunto de deveres sexuais, que se espera da história, o que ela, aliás, despudoradamente promete no título: um drama "bem parisiense", onde se adquire um cônjuge e como bom *challan* se espera que ele funcione como fiel mercadoria (a lei vale tanto para a mulher quanto para o homem, um drama muito parisiense é um drama muito democrático-burguês, não pode ser feudal).

Naturalmente, o texto envida todos os esforços para encorajar esta perspectiva ideológica. Para analisar enciclopedicamente o assunto, um matrimônio é muitas coisas, é um contrato legal, um consenso sobre a comunhão dos bens, uma relação parental que institui outras, um hábito de comer e dormir juntos, a possibilidade de gerar filhos com o crisma da legalidade, toda uma série de obrigações sociais (especialmente na Paris da Belle Époque). Mas o discurso de *Drame* não faz senão pôr em relevo, de todas estas propriedades, o contrato

178 LECTOR IN FABULA

de fidelidade sexual, bem como o risco contínuo a que ele está sujeito. A sombra do adultério é continuamente evocada. A unidade semântica "matrimônio" é circundada por outras unidades pertencentes ao campo das relações sexuais: o matrimônio é "por inclinação" (amor *vs.* economia), Raoul jura que Marguerite não pertencerá a nenhum outro, o ciúme aparece a todo instante. O Capítulo II constitui justamente uma epifania do ciúme: poder-se-ia dizer que ele não é outra coisa senão um macro-interpretante do lexema |ciúme|, assim como em Peirce o comportamento dos soldados é o interpretante da ordem a-tenção! Por outro lado, que dizer do Capítulo IV? É uma série de instruções semânticas sobre como realizar quer uma denúncia de adultério (anônima) quer um comportamento evasivo em caso de suspeitos adulterinos.

Quanto ao segundo *topic*, o título, no momento em que sugere frivolidade e atmosfera "parisiense", está construído como um oximoro e deveria também sugerir a idéia dominante de contradição: drama e comédia alegre não podem andar juntos. O título do primeiro capítulo põe em evidência a noção de mal-entendido. A última frase do mesmo capítulo dá a compreender que os nossos heróis trapaceiam, enganam a si mesmos ou ao cônjuge, fazem uma coisa para obter o contrário. O exergo do Capítulo II borda sobre a coincidência dos opostos: falsas etimologias, paranomásias, semelhanças fonéticas e rimas sugerem que qualquer coisa pode transformar-se em outra, em amor e morte, em morso e remorso. Para supermercado, se o leitor fosse ·propriamente desatento, aparece também o termo |piège|, armadilha. Mas o leitor *deve* estar desatento.

O Capítulo III aparentemente não tem história, mas é muito importante no que concerne a ambos os *topics*. O leitor é convidado pela série de reticências a imaginar o que acontecerá na intimidade da alcova. O exergo evoca ao leitor *muito* culto (demasiado: onde encontrá-lo?) um verso de Donne: "For God's sake hold your tongue and let me love". No que se refere à tentativa de levar o leitor a uma falsa pista, este capítulo vazio é um convite implícito a preenchê-lo, a fazer antecipações, a escrever capítulos "fantasma" (errados). Mas, no que se refere ao segundo *topic*, o exergo representa um claro (?) aviso: "Controla a tua língua, não fale demais, não te intrometas nos meus assuntos de narrador".

É verdade que o Capítulo II é dominado pelo tema da infidelidade, mas o IV põe em jogo o tema da incoerência (a que é dedicado o baile), ao passo que o título sugere uma idéia de confusão e intrusão, censurando-a. Ainda um aviso: "Não se metam nos assuntos que não vos dizem respeito, deixem-me contar a minha história!" E, se quisermos, encontraremos outros traços de incoerência num Templário *fin-de-siècle* (quando, pois? Eles se acabaram com Filipe o Belo!) e até a idéia de uma máscara de Piroga. Mas todas estas indicações são dadas justamente no capítulo onde o nível discursivo parece resolver-se todo num discurso sobre a infidelidade...

APLICAÇÕES: *UN DRAME BIEN PARISIEN* 179

Certamente, o leitor sagaz poderia perceber (mas só depois de uma porção de leituras) que do primeiro ao quarto capítulos o ciúme é sempre estimulado por um texto: uma canção (1), uma comédia (2), uma leitura (4). Nenhuma insinuação é validada por provas diretas, tudo depende do que diz, pensa, afirma, crê qualquer outra pessoa.

11.5. *FABULA IN FABULA*

Como se tudo isto não bastasse, eis que todo o segundo capítulo se apresenta como um modelo reduzido da novela inteira e da sua estratégia profunda. É o que diz também o título: "Simples episódio que, sem ligar-se diretamente à história, dará à clientela uma idéia sobre o modo de viver dos nossos heróis". Que coisa mais clara... E qual é esta maneira de viver? É um viver, sim, no ciúme, mas por vagas suspeitas, e um resolver o drama na comédia de uma confusão entre papéis desempenhados.

Raoul persegue Marguerite, Marguerite se vira e lhe pede que a ajude. Quais são os actantes em jogo? Há um Sujeito e um Objeto da luta, um Destinatário e um Destinador do pedido de ajuda, um Adjuvante e um Oponente. Mas os papéis são três: Vítima, Prisioneiro e Salvador. Salvo que os três papéis são manifestados apenas por dois atores. Está claro como Marguerite se coloca, mas o que fazer de Raoul? Raoul, que na realidade (narrativa) é o Prisioneiro, torna-se o Salvador do mundo dos desejos (ou das ordens) de Marguerite. Marguerite quer ou crê que Raoul é o seu salvador e a sua atitude proposicional cria uma espécie de situação performativa: ela pratica coisas com as palavras.

Vale a pena rever em pormenor o que acontece neste final de capítulo, porque ele contém *in nuce* todo o *Drame*. Se quisermos simbolizar o que acontece nesta *fabula in fabula* poderemos dizer que: (i) dado s como Salvador e $\sim s$ como Prisioneiro ou Oponente; (ii) dado B_m como "Marguerite crê que", K_m como "Marguerite sabe que" e W_m como "Marguerite quer que", o leitor (depois de ter constatado que Raoul é o Prisioneiro, mas que Marguerite lhe pede que seja o seu Salvador contra o Prisioneiro) é levado a concluir, por uma série de inferências:

$$(\forall x) \ [s(x) v \sim s(x)]$$
$$K_m \ \{[(\exists x) \sim s(x) \cdot (x = Raoul)] \cdot$$
$$\cdot W_m \ [(\exists x) \ s(x) \cdot (x = Raoul)]\} \supset$$
$$B_m \ \text{possível} \ [\sim s(x) \cdot s(x)]$$

Por conseguinte, Marguerite *sabe* que ela *quer* o que é logicamente (e narrativamente) impossível. Mas, como o quer, *crê* que esta contradição é aceitável. Naturalmente, esta não é a única inferência que o leitor pode fazer: pode-se julgar que Marguerite *acredita* que, a partir do momento em que ela *quer* alguma coisa, o impossível se

180 LECTOR IN FABULA

torna possível. Ou que ela *quer* que Raoul acredite que o impossível é possível e assim por diante.

Seja como for, *fabula in fabula* antecipa o labirinto de contradições entre mundos epistêmicos e doxásticos e mundo real de que toda a história está permeada e no qual o leitor será levado a envisgar-se; e ao mesmo tempo assegura ao leitor que é possível tomar os próprios desejos (ou expectativas) pela realidade. Se esta *fabula in fabula* fosse lida logo com espírito crítico, o leitor poderia evitar os próprios sucessivos erros: mas, como pôr em foco tão lucidamente o tema do mal- -entendido e da contradição quando também neste capítulo redunda repetidas vezes o tema do adultério? Quando muito a gente sorri com as esquesitices do cerebrozinho de Marguerite, capaz de tão estranhas incongruências. E mais uma vez o texto especula sobre a competência ideológica do leitor: "Tu *sabes* que as mulheres são animalzinhos que raciocinam assim, não ligues para isso!" É o lampejo genial da suprema angústia que ilumina o "pequeno" cérebro de Marguerite, que escapa pelo rasgo da coifa, misturando deliciosamente as cartas... E assim o leitor não se dá conta que Allais está denunciando com antecipação a maneira como *ele* misturará as cartas textuais.

Mas é inútil: Deus torna cegos aqueles que quer perder. Ou perde aqueles que quer cegar. Dizia-se de Édipo... Um texto é um deus cruel e vingativo, que pune quem não segura a língua e quer saborear a árvore do possível e do necessário. Assim pelo menos quer dizer Allais. Nas enciclopédias é definido como autor "menor". As enciclopédias se vingam de quem as questiona.

11.6. PASSEIOS INFERENCIAIS E CAPÍTULOS FANTASMA

Uma fábula estabelece uma sucessão temporal de eventos $a ... n$, permitindo que o leitor antecipe previsões de toda disjunção de probabilidade. Para formular as suas previsões, o leitor realiza os seus passeios inferenciais, no universo extratextual da intertextualidade, e depois espera que o estado sucessivo da fábula aprove ou contradiga as suas previsões. Mas não raramente as fábulas, dada uma sucessão $a ... e$, introduzem o estado a e por isso, depois de algumas dilações discursivas (que podem ser também substituídas por subdivisões textuais, intervalos entre capítulos), passam a falar do estado e, dando como subentendido que, com base nos próprios passeios inferenciais, o leitor já tenha providenciado para "escrever" por conta própria, como capítulos fantasma, o que diz respeito aos eventos b, c e d. É o que acontece também nos filmes: dois se beijam, sucedem-se os meses da folhinha e se vê uma criança no berço. O que aconteceu no entretempo? O texto, que é mecanismo bastante preguiçoso, deixou que o leitor fizesse parte do seu trabalho — e manifesta a máxima convicção de que o leitor fez o que devia fazer. Também porque muitos textos, a nível discursivo, não colocam os eventos em sucessão temporal ordenada, antecipam, retardam e o leitor deve preencher os vazios.

APLICAÇÕES: *UN DRAME BIEN PARISIEN*   181

Assim quando o leitor, no Capítulo IV, toma conhecimento das duas cartas, dispõe-se a escrever um primeiro *capítulo fantasma*. Tema: os projetos dos dois cônjuges, os passos que cada um dará para ir à festa etc. Quando, depois, se percebe que o Capítulo V descreve a festa já em andamento, o leitor não tem mais hesitações: preencheu o vazio que o texto não se preocupou em preencher.

Para escrever o seu capítulo fantasma (ou seja, para delinear o próprio mundo possível que antecipa aquele real da fábula), o leitor tem à disposição certos traços textuais. A carta a Raoul diz que Marguerite irá ao baile para divertir-se: não há dúvidas, se vai divertir-se significa que vai divertir-se com alguém. Se vai divertir-se com alguém, esse alguém existe. E eis que está introduzido o amante de Marguerite como elemento do mobiliamento do mundo dos capítulos fantasma. Naturalmente, o texto não diz que Marguerite irá divertir-se com alguém. Diz apenas que alguém diz que. Mas o leitor ingênuo não se preocupa com estas sutilezas. Assim como procede com a carta de Raoul, procede com a de Marguerite. Também porque vem em auxílio a intertextualidade: as coisas costumam correr desta maneira.

Depois, quando Raoul e Marguerite se dizem que se ausentarão na noite da fatal quinta-feira, agem "dissimulando admiravelmente os seus projetos". |Dissimular| por explicitação semântica pressupõe a existência de algo de dissimulado. A partir do momento em que ambas as personagens dissimulam um plano e manifestam outro, é claro que o plano manifestado é falso. Qual será o verdadeiro? Também aqui vem em socorro o universo das encenações intertextuais: desde Boccaccio até os dias de Allais, que faz um cônjuge suspeitoso? Vai espiar o cônjuge suspeitado. A este ponto a previsão é fatal: cada um dos dois irá ao baile mascarado como o amante do outro; e viu-se que neste ponto o leitor não tem mais condições de perceber com lucidez que nenhum dos dois pode saber como estará fantasiado o presumido amante do outro, porque a carta só diz a cada um como estará disfarçado o seu próprio cônjuge. Trata-se aqui de um caso bastante interessante de identificação dos conhecimentos do leitor com os da personagem: o leitor atribui às personagens uma competência que é somente sua. Ou pensa que o $W_{Nc}s_i$ de uma personagem deve ser mobiliado como o $W_N s_i$ da fábula de que ele, leitor, está a par, mas não a personagem. As informações foram fornecidas pelo texto com tal intensidade e de maneira tão encruzada que se torna difícil para um leitor principiante desenredá-las.

Uma vez incitado no seu gosto cooperativo, o leitor não se limita a *fazer que* Raoul e Marguerite *pensem* em querer ir ao baile: mas os *faz ir*, sem mais nem menos. Quando, depois, topa com um Templário e uma Piroga na festa, não tem dúvidas e os identifica com as personagens que *ele* fez ir. Agindo assim, o leitor não pratica apenas uma inferência arrojada, mas constrói um sorites de paralogismos. A carta de Marguerite diz que Raoul estará no baile vestido de Templário, e o leitor esquece que esta informação continua sendo assunto um tanto opaco e o assume como assunto de fato: Raoul irá ao baile vestido de Templário. Por conseguinte, o leitor transforma uma proposição contingente (há um Templário, que é Raoul) numa proposição necessária (para todo indivíduo em qualquer mundo possível, se Templário então Raoul). Finalmente, no Capítulo V o leitor usa a afirmativa particular sustentada pelo texto (existe aqui um Templário) a fim de validar um silogismo em *Modus Ponens*: se Templário, então Raoul; mas Templário, então Raoul.

Como proeza lógica é bastante pobre. Mas como proeza cooperativa é pelo menos justificável: a enciclopédia intertextual obseda o leitor com a imagem do *cocu magnifique*. E, por outro lado, nossos dois heróis não vão ver as comédias do Mr. de Porto-Riche (e aqui fala a *Enciclopedia Britannica*) que sempre realizou nas suas comédias "contínuas variações sobre o mesmo tema, o eterno triângulo de mulher, marido e amante"? Assim o leitor imagina dois triângulos com a base em comum, de modo a formar uma segunda figura cornuda

quando, para frustrar as suas expectativas, o duplo triângulo é destinado a revelar-se um par de paralelas que, como é postulado pelo quinto postulado, jamais se encontrarão:

Templário ———— Piroga

Raoul ———— Marguerite

Acontece que *Drame* é um estranho jogo de azar. Até o Capítulo IV parece funcionar, digamos, como uma roleta, onde se pôs o máximo no vermelho e saiu preto, mas jogo é jogo. O leitor se ajusta às regras da roleta e descobre, no Capítulo IV, que ele havia posto no vermelho e o crupiê anuncia Escala Real. E, se o leitor protesta, o crupiê com a maior candura diz: "Vermelho? Mas em que jogo pensava jogar?" Os dois jogos não são acessíveis um ao outro. Como o mundo dos capítulos fantasma e aquele da fábula.

Releiamos *Drame* à luz das regras para a construção de mundos, que são oferecidas no Cap. 8 deste livro. O que, porém, salta aos olhos (mas salta aos olhos só depois que se discutiu durante muito tempo sobre as estruturas de mundos, e não é tão intuitivo como agora aparece com o juízo feito depois dos fatos) é que:

(1) No Capítulo V aparecem dois indivíduos no baile — Templário e Piroga — identificados mediante a propriedade S-necessária que os coloca em relação simétrica. No Capítulo VI nos é dito que eles não são Raoul e Marguerite. Sem dúvida o leitor errou, se por acaso havia construído um mundo possível em que Raoul possuía a propriedade S-necessária de estar em relação simétrica com a Piroga e Marguerite tinha a propriedade S-necessária de estar em relação simétrica com o Templário. O seu mundo W_R não é acessível ao mundo da

APLICAÇÕES: *UN DRAME BIEN PARISIEN* 183

fábula que é delineado no Capítulo VI. Se o leitor havia identificado Raoul com o Templário e Marguerite com a Piroga, pior a emenda do que o soneto. Como Édipo, pode remoer-se de raiva, se propriamente não quer furar-se os olhos com uma fivela (e não é o caso para tanto). Conforme dissemos, neste jogo a banca sempre vence. No W_N, Raoul e Marguerite nunca foram ao baile e nele nunca encontraram alguém. E caso se tenha imaginado que o Templário e a Piroga houvessem se caracterizado cada qual pela propriedade S-necessária de estar em relação de amor adulterino com o herói de sexo oposto, também neste caso o W_R não teria relações de espécie com o W_N.

(2) Mas a fábula, depois de opor o seu W_N ao W_R, continua misturando as cartas. Fazendo com que o Templário e a Piroga se pasmem por não se reconhecerem e fazendo também com que no Capítulo VII Raoul e Marguerite tirem uma lição daquilo que não aconteceu com eles próprios e do qual eles mesmos não podem ser informados, eis que a fábula reintroduz no próprio W_N, no estádio final, propriedades S-necessárias que só valiam nos anteriores (e contraditados) W_R formulados erroneamente pelo leitor.

Por conseguinte: o leitor produziu mundos possíveis, delineando as próprias expectativas e descobriu que estes mundos possíveis, delineando as próprias expectativas e descobriu que estes mundos são inacessíveis ao mundo da fábula; mas a fábula, depois de ter julgado estes mundos inacessíveis, deles de certo modo se reapropriará. Como? Certamente não reconstruindo uma estrutura de mundo que leve em conta propriedades contraditórias, porque não poderia fazê-lo. Simplesmente, a nível de estruturas discursivas, deixa pensar que estes mundos inacessíveis *poderiam* entrar em mútuo contato. Dizemos que nomeia o contato, mas que não lhe descreve as modalidades estruturais. Mas também aqui, por questão de efeito "óptico", o leitor pensa que a fábula se reapropria de pleno direito também do próprio mundo já repudiado. Trata-se de um admirável jogo de espelhos entre estruturas discursivas e estruturas de fábula. Mas, para compreendê-lo melhor, deveremos seguir, passo a passo, as operações de cooperação que o texto estimula a nível de macroproposições narrativas.

11.7. O ESQUEMA DA FÁBULA E DOS CAPÍTULOS FANTASMA

Nesta representação esquemática da fábula e dos seus capítulos fantasma consideraremos somente os eventos e as atitudes proposicionais indispensáveis ao desenvolvimento da máquina narrativo-previsional de *Drame*. Ao invés de construir as estruturas de mundos segundo as modalidades expostas no nosso Cap. 8, as resumiremos sob forma de macroproposições, onde:

P   são as proposições que descrevem estados de W_N.
Q   são as proposições que descrevem os vários W_{Nc}.
R   são as proposições que descrevem as previsões W_R.
Z   são as proposições, normalmente encaixadas nas proposições R, que descrevem atitudes proposicionais W_{Rc} e W_{Rcc}.

184 LECTOR IN FABULA

A sucessão de proposições $P_1 \dots P_n$ e $Q_1 \dots Q_n$ representa uma sucessão unívoca e temporalmente ordenada de estados da fábula; ao contrário, as proposições $R_1 \dots R_n$ e as dependentes $Z_1 \dots Z_n$ podem representar também *hipóteses alternativas* que o leitor arrisca ao mesmo tempo.

A fábula de *Drame* pode ser sintetizada nas seguintes macroproposições:

P_1 = há dois indivíduos identificados pela propriedade S-necessária de serem casados um com o outro, de amar-se reciprocamente e de serem reciprocamente ciumentos.

P_2 = num dado estado há um x que afirma Q_1.

P_3 = num dado estado há um x que afirma Q_2.

Q_1 = Marguerite num estado sucessivo irá ao baile e será idêntica a uma Piroga.

Q_2 = Raoul num estado sucessivo irá ao baile e será idêntico a um Templário.

P_4 = Raoul afirma que quer Q_3, o que é falso.

P_5 = Marguerite afirma que ela quer Q_4, o que é falso.

Q_3 = Raoul irá a Dunquerque.

Q_4 = Marguerite irá à casa de sua tia Aspasie.

P_6 = há dois indivíduos caracterizados pela propriedade S-necessária de encontrarem-se no mesmo baile.

P_7 = o Templário e a Piroga gritam surpresos.

P_8 = eles não se reconhecem um ao outro.

P_9 = o Templário não é Raoul.

P_{10} = a Piroga não é Marguerite.

P_{11} = Raoul tira uma lição das proposições $P_6 \dots P_{10}$.

P_{12} = Marguerite tira uma lição das proposições $P_6 \dots P_{10}$.

Todavia, as macroproposições $P_7 \dots P_{10}$ não teriam sentido se a fábula não tomasse a seu próprio cargo três capítulos fantasma escritos pelo leitor e resumidos pelas seguintes proposições:

R_1 = há dois indivíduos ligados a Raoul e Marguerite pela relação S-necessária de serem seus respectivos amantes.

R_2 = Raoul projeta Z_1.

Z_1 = Raoul irá ao baile vestido de Templário (vê-se como a Z_1 formulada por Raoul coincide com a Q_2).

R_3 = Marguerite projeta Z_2.

Z_2 = Marguerite irá ao baile vestida de Piroga ($Z_2 = Q_1$).

R_4 = Raoul conhece o possível curso de eventos expresso por Q_2.

R_5 = Marguerite conhece o possível curso de eventos expresso por Q_1.

R_6 = há dois indivíduos, Raoul e a própria amante, ligados pela relação S-necessária de encontrarem-se no baile. Raoul é o Templário mas acredita em Z_3.

Z_3 = a Piroga é Marguerite (proposição, no entanto, falsa).

R_7 = há dois indivíduos, Marguerite e o próprio amante, ligados pela relação S-necessária de encontrarem-se no baile. Marguerite é a Piroga, mas crê em Z_4.

Z_4 = Raoul é o Templário (proposição, no entanto, falsa).

R_8 = há dois indivíduos, Raoul e Marguerite, ligados pela relação S-necessária de encontrarem-se no baile. Eles são idênticos ao Templário e à Piroga. Raoul acredita em Z_5 e Marguerite crê em Z_7.

Z_5 = Marguerite é a Piroga e acredita em Z_6.

APLICAÇÕES: *UN DRAME BIEN PARISIEN* 185

Z_6 = o Templário é o amante de Marguerite.

Z_7 = o Templário é Raoul e crê em Z_8.

Z_8 = a Piroga é a amante de Raoul.

R_9 = se o Templário sabe que a Piroga não é Marguerite e solta um grito de espanto, então num estado precedente cria que a Piroga fosse Marguerite.

R_{10} = se a Piroga sabe que o Templário não é Raoul e solta um grito de espanto, então num estado precedente acreditava que o Templário fosse Raoul.

R_{11} = R_9 é impossível porque a identidade entre Marguerite e Piroga era um elemento do mobiliamento de W_{Rc}, enquanto sua diferença irredutível é um elemento do mobiliamento de W_N. Visto que estes dois mundos são mutuamente inacessíveis, R_9 não cabe.

R_{12} = R_{10} é impossível porque a identidade entre o Templário e Raoul era um elemento do mobiliamento de W_{Rc}, ao passo que a diferença irredutível entre eles é um elemento do mobiliamento de W_N. Visto que estes dois mundos são mutuamente inacessíveis, R_{10} não cabe.

R_{13} = os capítulos fantasma devem ser reescritos, assumindo-se que neles havia dois indivíduos, diferentes de Raoul e Marguerite, ligados pela relação S-necessária de encontrarem-se no baile, respectivamente fantasiados de Templário e Piroga, e o Templário acreditava em Z_3, enquanto a Piroga cria em Z_4.

Símbolos para os indivíduos

r = Raoul

m = Marguerite

t = Templário

p = Piroga

b = local do baile (Moulin Rouge)

x_1 = suposto amante de Marguerite

x_2 = suposta amante de Raoul.

Operadores doxásticos e epistêmicos

B = crer ($B_x P_i$ = x crê que P_i seja o caso)

K = saber

W = querer

A = asseverar.

Estruturas de mundos

$W_N s_i$ = estados da fábula

$W_{N\dot{c}} s_i$ = mundos possíveis construídos por personagens

$W_R s_i$ = mundos possíveis construídos pelo Leitor-Modelo

$W_{Rc} s_i$ = mundos possíveis que o Leitor-Modelo imagina que as personagens constroem.

$W_{Rcc} s_i$ = mundos possíveis que o Leitor-Modelo imagina que uma personagem imagina que uma segunda personagem constrói.

Propriedades S-necessárias

M = ser identificados por uma relação simétrica de matrimônio

L = ser identificados por uma relação simétrica de paixão amorosa

J = ser identificados por uma relação simétrica de ciúme

E = ser identificados por uma relação recíproca de encontro num dado lugar.

Outros predicados

G = ir ao baile

D = ir a Dunquerque

H = ir procurar a tia Aspasie

S = exprimir espanto

~K = não reconhecer.

186 LECTOR IN FABULA

Conforme se verá pela seguinte representação simbólica da fábula, as proposições aqui apresentadas assumem por dadas todas as explicitações semânticas atualizadas a nível das estruturas discursivas.

O Capítulo II, conforme já foi dito, não pertence ao desenvolvimento da fábula, e assim obviamente também o Capítulo III.

Cap. I

$W_N s_1$

P_1 : rMm, rLm, rJm

Cap. IV

$W_N s_2$ $W_{Nc} s_2$

         $P_2 : \exists x A_x Q_1$ $Q_1 : Gm, s_3 \cdot m = p$

         $P_3 : \exists x A_x Q_2$ $Q_2 : Gr, s_3 \cdot r = t$

$W_N s_3$ $W_{Nc} s_3$

         $P_4 : A_r W_r Q_3$ $Q_3 : Dr \cdot$

         $P_5 : A_m W_m Q_4$ $Q_4 : Hm$

. . . .

Primeiro capítulo fantasma

$W_R s_3$ $W_{Rc} s_3$

         $R_1 : rLx_2 \cdot mLx_1$

         $R_2 : W_r Z_1$ $Z_1 = Q_2$

         $R_3 : W_m Z_2$ $Z_2 = Q_1$

         $R_4 : K_r Q_2$

         $R_5 : K_m Q_1$

Cap. V

$W_N s_4$

         $P_6 : tEp$

. . . .

Segundo capítulo fantasma

$W_R s_4$ $W_{Rc} s_4$ $W_{Rcc} s_4$

     $R_6 : rEx_2$

         $t = r \cdot B_r Z_3 \cdot \sim Z_3$ $Z_3 : p = m$

     $R_7 : mEx_1$

         $p = m \cdot B_m Z_4 \cdot \sim Z_4$ $Z_4 : t = r$

     $R_8 : rEm$

         $t = r \cdot B_r Z_5$ $Z_5 : p = m \cdot B_m Z_6$ $Z_6 : t = x_1$

         $p = m \cdot B_m Z_7$ $Z_7 : r = t \cdot B_r Z_8$ $Z_8 : p = x_2$

Cap. VI

$W_N s_5$

           $P_7 : St \cdot Sp$

           $P_8 : \ulcorner Kt, p \cdot \sim Kp, t$

           $P_9 : \sim t = r$

           $P_{10} : \sim p = m$

APLICAÇÕES: *UN DRAME BIEN PARISIEN* 187

Terceiro capítulo fantasma

$W_R s_5$

R_9 : $(K_t P_{10} \cdot P_7) \supset B_t Z_3 s_4$

R_{10}: $(K_p P_9 \cdot P_7) \supset B_p Z_4 s_4$

ma

R_{11} : $[(Z \in W_{Rc} \cdot P \in W_N) \cdot \sim W_N R W_R] \supset$ impossível R_9

R_{12} : $[(Z \in W_{Rc} \cdot P \in W_N) \cdot \sim W_N R W_R] \supset$ impossível R_{10}

Tentativa de reescrever o segundo capítulo fantasma

$W_R s_4$

R_{13}: $x_1 E x_2$

$t = x_1 \cdot B_{x_1} Z_3$

$p = x_2 \cdot B_{x_2} Z_4$

Cap. VII

$W_N s_6$

P_{11} : $K_r Q_5$

P_{12} : $k_m Q_5$

$W_{Nc} s_6$

Q_5 : $(P_6 \dots P_{10}) \cdot R \dots R_8$

11.8. O DRAMA DOS CAPÍTULOS FANTASMA

A representação esquemática anterior procurou demonstrar como os capítulos fantasma se inserem na tessitura da fábula e como os estados finais da fábula parecem tomar a seu cargo as proposições que a própria fábula tinha anteriormente contraditado. Vale a pena reler por extenso estes capítulos para ver que esforços desesperados faz o leitor para desenvolver uma cooperação destinada a algum êxito.

Primeiro capítulo fantasma. O leitor imagina dois indivíduos imprecisos ligados respectivamente por relação S-necessária a Raoul e a. Marguerite. Por conseguinte, atribui a Raoul e a Marguerite o projeto de ir ao baile. Não concluem se eles planejaram ir ao baile com os seus respectivos amantes ou se para surpreender o cônjuge. Digamos que também o leitor mais cooperativo deixe em suspenso este ponto.

No caso de os protagonistas irem para surpreenderem-se mutuamente, o leitor é obrigado a presumir que cada um conhece o conteúdo da carta do outro e, portanto, a admitir como matéria de fato aquilo que em $W_N s_2$ era referencialmente opaco. No caso de os protagonistas irem para se encontrar com o respectivo amante — e de existirem, por isso, dois conluios, Raoul/amante e Marguerite/amante —, o leitor deverá implicitamente supor que os dois casais idealizaram o mesmo par de máscaras, sem conhecimento mútuo um do outro.

Como se vê, em ambos os casos o leitor assume, embora sem aperceber-se da coisa, algo de errado. No primeiro caso a falha é lógica,

LECTOR IN FABULA

no segundo, e intertextual (tais coincidências são improváveis). Mas ambas as hipóteses foram aventadas sob a pressão da intertextualidade. Podemos supor que o leitor oscile entre as duas hipóteses sem decidir-se por uma ou pela outra: o primeiro capítulo fantasma é "aberto" e o texto calculou esta incerteza.

Em todo caso, Raoul e Marguerite estiveram ligados pela relação S-necessária com dois indivíduos que o texto jamais nomeou nem descreveu e que a fábula desconhece. A fábula só conhece no Capítulo V dois indivíduos ligados por mútua relação: Templário e Piroga; não assume que sejam os dois amantes, dos quais ela nada sabe, nem naturalmente assume que Raoul e Marguerite estejam presentes no baile.

Todas as inferências deste capítulo fantasma acham-se, por conseguinte, desprovidas de suporte.

Segundo capítulo fantasma. O leitor é forçado a acreditar (ou a crer que é possível crer) que são alternativamente possíveis os seguintes casos:

(i) Raoul é o Templário e acredita falsamente que Marguerite seja a Piroga;

(ii) Marguerite é a Piroga e acredita falsamente que Raoul seja o Templário;

(iii) Raoul é o Templário e crê corretamente que Marguerite seja a Piroga, mas crê também que Marguerite crê falsamente que ele seja seu amante;

(iv) Marguerite é a Piroga e crê corretamente que Raoul seja o Templário, mas crê também que Raoul acredita falsamente que ela seja a sua amante.

Se as suposições do primeiro capítulo fantasma fossem verdadeiras, cada uma das suposições do segundo capítulo fantasma poderia caber, independentemente das outras. Mas todas juntas são mutuamente contraditórias.

Parece que o leitor deu excessivo crédito a Hintikka (1967: 42) quando este diz que "o fato de que uma personagem num 'romance completo' reage e se comporta precisamente como o membro de outro mundo possível, representa uma prova bastante forte para a sua identificação". O que o leitor não parece ter apreendido de Hintikka (1962) são todas as precauções que são tomadas quando se quer quantificar em contextos opacos governados por um operador epistêmico.

Em todo caso, o leitor passa a efetuar falsas identificações, manobrando ilicitamente propriedades S-necessárias. Pode-se supor que, como no primeiro capítulo fantasma, o leitor adiante a um só tempo as várias hipóteses, embora percebendo que são incompatíveis entre si, mantendo a sua história "aberta" e aguardando confirmações oriundas da fábula, num ou noutro sentido. Esteja claro que um leitor empírico poderia fazer muitos outros tipos de suposição, mas as que registramos são aquelas que os estados sucessivos da fábula parecem levar em consideração.

APLICAÇÕES: *UN DRAME BIEN PARISIEN* 189

Terceiro capítulo fantasma. A esta altura a fábula disse com clareza que o Templário e a Piroga não são Raoul e Marguerite. Porém, acrescentou malignamente que eles ficaram pasmos por não se reconhecerem. Transtornado, o leitor procura desesperadamente escrever um terceiro capítulo fantasma a fim de racionalizar a situação. Por exemplo: se os dois não se reconhecem, mas pasmam-se por não se reconhecerem, quer dizer que antes de desmascarar-se acreditavam encontrar respectivamente sob o disfarce indumentário Raoul e Marguerite. Mas, tão logo esta racionalização foi levantada, o leitor deve (ou deveria) dar-se conta de que esta crença nunca foi atribuída ao Templário e à Piroga pelo W_N da fábula, mas no W_R do próprio leitor. Como agem duas personagens da fábula para comportar-se como se a fábula desaprovasse uma crença que eles teriam nutrido não no mundo "real" da fábula, mas sim naquele possível (e inacessível) do leitor? Embora o leitor não tenha lido o Cap. 8 deste livro, percebe mais ou menos confusamente que aqui existe algo que não funciona. É obrigado a formular de modo obscuro e "selvagem" uma observação que Leibniz havia formulado bem melhor na carta a Arnauld de 14 de julho de 1686: "Se na vida de alguém ou também em todo o universo toda coisa tivesse ocorrido de maneira diferente de como aconteceu, nada poderia impedir-nos de dizer que foi outra pessoa ou outro universo que Deus escolheu". Agora o leitor deve decidir quem é Deus: ou ele ou o próprio Autor-Modelo. Ou joga fora a fábula ou joga fora os mundos das próprias expectativas frustradas. Mas, como fazer para mantê-los juntos? E por que o texto o convida a fazê-lo?

O fato é que a fábula, a este ponto, assume por si o espanto do leitor: no Capítulo VI é a fábula em pessoa que fica estrutural e pragmaticamente pasmada porque reconhece que é o resultado infeliz de uma cooperação pragmática coroada pelo insucesso (cf. Panizon, Giovannoli, Barbieri, 1976).

Para não aceitar esta idéia, demasiado metatextual, o leitor tenta outras racionalizações (advertimos também os nossos leitores: ficarão a discutir sem fim com os amigos para encontrar outras explicações racionais; e, agindo assim, continuarão sendo vítimas do texto). Por exemplo, pode-se imaginar que Templário e Piroga fossem realmente os amantes dos dois cônjuges e que cada um aguardasse por conta própria o parceiro adulterino. E a suposição seria também admissível se nos referíssemos ao mundo da experiência cotidiana onde tudo pode acontecer e os indivíduos são inumeráveis: mas numa fábula existem somente os indivíduos nomeados e descritos, o mundo da fábula é reduzido, se nela se começa a introduzir outros indivíduos então se deveria de verdade considerar também que as ilhas Havaí se acham no Pacífico e que 17 é um número primo... Na fábula de *Drame* os dois amantes não existem e decidir que eles se identificam com o Templário e a Piroga seria como decidir que o Mr. de Porto-Riche é o amante de Marguerite (ou, para trocar de fábula, que Renzo Tramaglino é um espião a soldo de Ferrer).

190 LECTOR IN FABULA

Ademais, recair-se-ia em todo caso na incongruência intertextual já citada: se as duas máscaras são os dois amantes, então dois casais resolveram, com desconhecimento recíproco, ir ao mesmo baile com a mesma dupla de máscaras. Se o texto quisesse quebrar a etiqueta narrativa até este ponto, seria obrigado a dizer algo mais para encorajar a própria e incrível presunção. A esta altura vale para qualquer leitor razoável uma espécie de enredo narrativo, pelo que é impossível que um texto tenha violado de maneira tão despudorada a regra intertextual: e se o fez foi para sugerir qualquer outra coisa. Esta outra coisa era justamente o teorema metatextual que estamos atribuindo a Allais.

Também porque qualquer tentativa de racionalização é posta em crise pelo Capítulo VII. Se Raoul e Marguerite tiram uma severa lição de tudo quanto aconteceu, isto quer dizer que eles não só não estão a par do que está narrado no capítulo, mas deveriam estar inteirados também de tudo o que o leitor escreveu por iniciativa própria nos capítulos fantasma, porque deveriam estar cientes das atitudes proposicionais atribuídas ao Templário e à Piroga, de modo a poder explicar a sua desilusão. E depois, há regras de hipercodificação estilística que não são subestimadas: quando o texto diz que |cette petite mésaventure servit de leçon a Roul et Marguerite| (esta pequena desventura serviu de lição a Raoul e a Marguerite), dá a compreender que se está falando da desventura *deles* e do erro deles. O que não pode ser.

Mas, se houvesse uma explicação racional, por que então o título do último capítulo — "Desfecho feliz para todos salvo para os outros"?

Aqui — e magistralmente — a incoerência semântica reforça aquela narrativa. Nenhuma análise semântica de "todos" (ou de |tout le monde| (todo o mundo)) permite considerar os |outros| que foram deixados fora. Este título não representa apenas um desafio aos nossos bons hábitos intensionais, mas também à extensionalidade mais instintiva. E por isso é esplêndido epítome de toda a história, alegoria final da inconsistência e da incoerência.

A menos que |tout le monde| signifique todos os indivíduos de W_N e |os outros| se refira aos leitores, que têm a desdita de pertencer a um W_0 onde ainda valem as leis de uma lógica bem educada. O que parece constituir uma boa moral para a novela: não metam o bedelho no mundo privado de uma história, é um universo absurdo em que vocês poderiam sentir-se pouco à vontade.

Mas há também uma moral oposta: *Drame* queria mostrar o quanto as narrações requerem a intromissão do seu Leitor-Modelo e não podem viver sem substanciar-se com seu fantasma. Mesmo sob pena de morrer, por excesso de cooperação.

APLICAÇÕES: *UN DRAME BIEN PARISIEN*   191

11.9. CONCLUSÃO

A esta altura abandonamos a fábula e retornamos ao texto em toda a sua complexidade. A desgraça desta fábula serve para lembrar ao leitor que existem diversos tipos de textos. Alguns exigem um máximo de intromissão, não só a nível de fábula, e são textos "abertos". Outros, pelo contrário, fingem que requerem a nossa cooperação, mas sorrateiramente continuam pensando de maneira própria, e são "fechados" e repressivos.

Drame parece achar-se a meio caminho: seduz o próprio Leitor--Modelo, deixando-o entrever os paraísos liberais da cooperação e depois o pune porque fez mais do que convinha. Neste sentido *Drame* não seria nem aberto nem fechado: falaria de ambas as possibilidades, exibindo-as. Na realidade, pertence a um clube refinado de textos que é presidido, acreditamos nós, por Tristram Shandy: o clube dos textos que narram histórias em torno do modo pelo qual as histórias são feitas. Ao assim proceder, são muito menos inofensivos do que parecem: o seu objeto crítico é a máquina da cultura, aquela mesma que permite a manipulação das crenças, que produz ideologias e titila a falsa consciência, permitindo nutrir opiniões contraditórias sem disso aperceber-se. É a máquina que produz e faz circular os *endoxa*, que permite os discursos persuasivos manobrarem, por exemplo, o *topos* da qualidade junto com o *topos* da quantidade, sem nunca deixarem entrever a contraditoriedade do próprio procedimento.

Os textos como *Drame* muito nos falam da circulação da semiose, da modalidade do *fazer crer* e do *fazer fazer*. Por isso, verificamos sobre *Drame* nossas hipóteses teóricas a respeito da cooperação textual, a fim de que, provando-as num objeto de preocupante complexidade lógica e semiótica, mostrassem a sua aplicabilidade a outros objetos mais simples: ao discurso persuasivo em todas as suas formas, aos mecanismos de produção ideológica.

Drame nos diz também algo sobre a natureza estética de um texto. Aparentemente, a nossa indagação não se preocupou em discernir os valores estéticos. Mas, ter mostrado como um texto funciona e em virtude de que estratégias funciona tão bem (nas suas disfunções pretendidas) a ponto de obrigar-nos a considerar sua estrutura nos vários níveis, desde a superfície lexemática até os níveis mais profundos, isto nos diz mais uma vez que a mensagem estética possui a dupla qualidade da ambigüidade e da auto-reflexividade e que, ao tabalhar a nível da expressão, produz alterações na ordem do conteúdo e nos força rever todo o universo da enciclopédia que ela põe em crise[4].

---

4. Por conseguinte, julgamos que *Drame* preenche todas as condições que no *Tratado*, 3.7 são arroladas como típicas de um texto estético. Além disso, como conclusão do livro inteiro, é legítimo perguntar-se até que ponto todas as leis de cooperação textual se adequam à tipologia dos modos de produção sígnica proposta no *Tratado*, 3.6. Quando se lê um texto se tem em princípio que haver-se com *réplicas* e *unidades pseudocombinatórias*, quer a nível gramatológico quer a nível de atualização fonética. Quando se procuram pala-

192 LECTOR IN FABULA

Drame é um metatexto, não é um discurso teórico sobre textos. Por isso, ao invés de fazer as próprias afirmações do alto do pódio incontaminado da lucidez crítica, exibe diretamente o processo das próprias contradições. Torna-se a primeira vítima de si mesmo para convidar-nos a não nos tornarmos vítimas dos objetos textuais cuja trama desvela implicitamente. Para voltar a uma nossa velha (e metafórica) definição, poderíamos dizer que *Drame* é deveras uma obra aberta porque representa uma "metáfora epistemológica".

Mas talvez tenhamos avançado demais. *Drame* é apenas um metatexto que desenvolve um pacato discurso de maneira direta sobre o princípio da cooperação interpretativa na narrativa; e, agindo desta maneira, desafia o nosso desejo de cooperação e pune com graça a nossa intromissão.

Para demonstrar o nosso arrependimento, pede-nos que extrapolemos da própria história as regras da disciplina textual que sugere e postula.

Foi o que humildemente tentamos fazer. E é o que recomendamos a ti, gentil Leitor.

---

vras-chave para individuar o *topic*, identificam-se *sintomas e traços*. As encenações intertextuais constituem casos evidentes de *estilizações*, ao passo que as citações explícitas (como nos exergos de *Drame*) são casos de ostentação. A sucessão temporal ordenada a partir das macroproposições narrativas é um caso de *vetorialização*. Quando um texto – como *Drame* – mima na própria estrutura textual uma ambigüidade que em definitivo se quer atribuir à enciclopédia (metáfora epistemológica), temos *projeções* e *grafos* regidos por *ratio difficilis* – assim como quando se estabelecem homologias entre níveis do mesmo texto.

APÊNDICES

1. Un Drame Bien Parisien[1]*

ALPHONSE ALLAIS

Chapitre I

Où l'on fait connaissance avec un Monsieur et une Dame qui auraient pu être heureux, sans leurs éternels malentendus.

> *O qu'il ha bien sceu*
> *choisir, le challan!*
>
> Rabelais.

A l'époque où commence cette histoire, Raoul et Marguerite (un joli nom pour les amours) étaient mariés depuis cinq mois environ.

Mariage d'inclination, bien entendu.

Raoul, un beau soir, en entendant Marguerite chanter la jolie romance du colonel Henry d'Erville:

> L'averse, chère à la grenouille,
> Parfume le bois rajeuni.
> ... Le bois, il est comme Nini.
> Y sent bon quand y s'débarbouille.

Raoul, dis-je, s'était juré que la divine Marguerite (*diva Margarita*) n'appartiendrait jamais à un autre homme qu'à lui-même.

Le ménage eût été le plus heureux de tous le ménages, sans le fichu caractère des deux conjoints.

1. *Le chat noir*, 26 abril 1890.
* Ver tradução nas pp. 199-202.

196 LECTOR IN FABULA

Pour un oui, por un non, crac! une assiette cassée, une gifle, un coup de pied dans le cul.

A ces bruits, Amour fuyait éploré, attendant, au coin d'un grand parc, l'heure toujours proche de la réconciliation.

Alors, des baisers sans nombre, des caresses sans fin, tendres et bien informées, des ardeurs d'enfer.

C'était à croire que ces deux cochons-là se disputaient pour s'offrir l'occasion de se raccommoder.

Chapitre II

Simple épisode qui, sans se rattacher directement à l'action, donnera à la clientèle une idée sur la façon de vivre de nos héros.

> *Amour en latin faict amor.*
> *Or donc provient d'amour la mort*
> *Et, par avant, soulcy qui mord,*
> *Deuils, plours, pièges, forfaitz, remord...*
>
> (Blason d'amour)

Un jour, pourtant, ce fut plus grave que d'habitude.

Un soir plutôt.

Ils étaient allés au Théâtre d'Application, où l'on jouait, entre autres pièces, *L'Infidèle*, de M. de Porto-Riche.

Quand tu auras assez vu Grosclaude, grincha Raoul, tu me le diras.

Et toi, vitupéra Marguerite, quand tu connaîtras Mademoiselle Moreno par coeur, tu me passeras la lorgnette.

Inaugurée sur ce ton, la conversation ne pouvait se terminer que par les plus regrettables violences réciproques.

Dans le coupé qui les ramenait, Marguerite prit plaisir à gratter sur l'amour--propre de Raoul comme sur une vieille mandoline hors d'usage.

Aussi, pas plutôt rentrés chez eux, les belligérants prirent leurs positions respectives.

La main levée, l'oeil dur, la moustache telle celle des chats furibonds, Raoul marcha sur Marguerite, qui commança dès lors, à n'en pas mener large.

La pauvrette s'enfuit, furtive et rapide, comme fait la biche en les grands bois.

Raoul allait la rattraper.

Alors, l'éclair génial de la suprême angoisse fulgura le petit cerveau de Marguerite.

Se retournant brusquement, elle se jeta dans les bras de Raoul en s'écriant:

Je t'en prie, mon petit Raoul, défends-moi!

Chapitre III

Où nos amis se réconcilient comme je vous souhaite de vous réconcilier souvent, vous qui faites vos malins.

> *Hold your tongue,*
> *please!"*

. . . .
. . . . ; . . . . .
. . . .
. . . .

APÊNDICE

Chapitre IV

Comment l'on pourra constater que les gens se mêlent de ce qui ne les regarde pas feraient beaucoup mieux de rester tranquilles.

> *C'est épatant ce que le monde deviennent rosse dépuis quelque temps!*
> (Paroles de ma concierge dans la matinée de lundi dernier.)

Un matin, Raoul reçut le mot suivant:

"Si vous voulez, une fois par hasard, voir votre femme en belle humeur, allez donc, jeudi, au bal des Incohérents, au Moulin-Rouge. Elle y sera masquée et déguisée en pirogue congolaise. A bon entendeur, salut!

Un ami"

Le même matin, Marguerite reçut le mot suivant:

"Si vous voulez, une fois par hasard, voir votre mari en belle humeur, allez donc, jeudi, au bal des Incohérents, au Moulin-Rouge. Il y sera, masqué et déguisé en templier fin de siècle. A bonne entendeuse, salut!

Une amie"

Ces billets ne tombèrent pas dans l'oreille de deux sourds.

Dissimulant admirablement leurs desseins, quand arriva le fatal jour:

Ma chère amie, fit Raoul de son air le plus innocent, je vais être forcé de vous quitter jusqu'à demain. Des intérêts de la plus haute importance m'appellent à Dunkerque.

Ça tombe bien, répondit Marguerite, délicieusement candide, je viens de recevoir un télégramme de ma tante Aspasie, laquelle, fort souffrante, me mande à son chevet.

Chapitre V

Où l'on voit la folle jeunesse d'aujourd'hui tournoyer dans les plus chimériques et passagers plaisirs, au lieu de songer à l'éternité.

> *Mai vouéli vièure pamens:*
> *La vido es tant bello!*
> Auguste Marin

Les échos du *Diable boiteux* ont été unanimes à proclamer que le bal des Incohérents revêtit cette année un éclat inaccoutumé.

Beaucoup d'épaules et pas mal de jambes, sans compter les accessoires.

Deux assistants semblaient ne pas prendre part à la folie générale: un Templier fin de siècle et une Pirogue congolaise, tous deux hermétiquement masqués.

Sur le coup de trois heures du matin, le Templier s'approcha de la Pirogue et l'invita à venir souper avec lui.

Pour toute réponse, la Pirogue appuya sa petite main sur le·robuste bras du Templier, et le couple s'éloigna.

LECTOR IN FABULA

Chapitre VI

Où la situations s'embrouille.

> — *I say, don't you think
> the rajah laughs at us?*
> — *Perhaps, sir.*
>
> Henry O'Mercier

— Laissez-nous un instant, fit le Templier au garçon de restaurant, nous allons faire notre menu et nous vous sonnerons.

Le garçon se retira et le Templier verrouilla soigneusement la porte du cabinet.

Pouis, d'un mouvement brusque, après s'être débarrassé de son casque, il arracha de loup de la Pirogue.

Tous les deux poussèrent, en même temps, un cri de stupeur, en ne se reconnaissant ni l'un ni l'autre.

Lui, ce n'était pas Raoul.

Elle, ce n'était pas Marguerite.

Ils se présentèrent mutuellement leurs excuses, et ne tardèrent pas à lier connaissance à la faveur d'un petit souper, je ne vous dis que ça.

Chapitre VII

Dénouement heureux pour tout le monde, sauf pour les autres.

> *Buvons le vermouth grenadine,
> Espoir de nos vieux bataillons.*
>
> George Auriol

Cette petite mésaventure servit de leçon à Raoul et à Marguerite.

A partir de ce moment, ils ne se disputèrent plus jamais et furent parfaitement heureux.

Ils n'ont pas encore beaucoup d'enfants, mais ça viendra.

Um Drama Bem Parisiense

Alphonse Allais

Capítulo I

Fica-se conhecendo um senhor e uma senhora que poderiam ter sido felizes, sem seus eternos mal-entendidos.

> *Oh! Como esse cliente soube escolher tão bem!*
> Rabelais.

Na época em que começa esta história, Raoul e Marguerite (um lindo nome para os amores) já estavam casados há mais ou menos cinco meses.

Casamento por amor, naturalmente.

Uma bela tarde Raoul ouviu Marguerite cantando a linda romança do Coronel Henry d'Erville:

> O aguaceiro, caro à rã,
> Perfuma o bosque rejuvenescido.
> ... O bosque é como Nini.
> Exala cheiro gostoso quando
> nele se lava o rosto e as mãos.

Raoul, digo eu, tinha jurado que a divina Marguerite (*diva Margarita*) jamais pertenceria a outro homem senão a ele.

O casal teria sido o mais feliz de todos os casais, não fosse o caráter detestável dos dois cônjuges.

Por um sim por um não, trac! um prato quebrado, uma bofetada e um ponta-pé na bunda.

Com estes ruídos, o Amor fugia choroso e ficava esperando, na esquina de um grande parque, a hora sempre próxima da reconciliação.

200   LECTOR IN FABULA

Então beijos sem conta, carícias sem fim, ternas e bem instruídas, ardores infernais.

Era de se crer que esses dois porcalhões brigavam para dar um ao outro ocasião de se reconciliarem.

Capítulo II

Simples episódio que, sem se ligar diretamente à ação, oferecerá à clientela uma idéia sobre a maneira de viver de nossos heróis.

Amor em latim faz amor.
Ou então provém de amor a morte
E, antecipadamente, cuidado que morde,
Lutos, choros, ciladas, malvadeza, remorso...

(Brasão de amor)

Um dia, porém, a coisa foi mais grave do que de costume.

Melhor: uma noite.

Eles tinham ido ao Théâtre d'Application onde se representava, entre outras peças, *A Infiel* de M. de Porto-Riche.

— Quando você tiver visto bastante Grosclaude, você me dirá — resmungou Raoul.

— E você, vituperou Marguerite, quando tiver conhecido Mlle Moreno de cor, você me passará o binóculo.

Iniciada neste tom, a conversa só podia terminar nas mais lastimáveis violências recíprocas.

No *coupé* que os trazia de volta, Marguerite deu-se ao prazer de ficar arranhando o amor-próprio de Raoul, como se fosse um velho bandolim fora de uso.

Por isso, foi só entrarem em casa, que os beligerantes tomaram suas respectivas posições.

Mão erguida e olhar duro, bigode como o de gatos furibundos, Raoul lançou-se sobre Marguerite, que começou a esquivar-se das investidas.

A coitadinha fugia, furtiva e rápida, como faz a corça nos grandes bosques.

Mas Raoul ia apanhá-la de novo.

Então o relâmpago e genial da suprema angústia fulgurou o pequeno cérebro de Marguerite.

Virando-se bruscamente ela se jogou nos braços de Raoul, gritando:

— Por favor, meu querido Raoul, defenda-me!

Capítulo III

Onde amigos se reconciliam como desejo que vocês se reconciliem com freqüência, vós que praticais vossas malandragens.

"Cala a boca, por favor!"

. . . .
. . . .
. . . .
. . . .

APÊNDICE

Capítulo IV

Como se poderá constatar que as pessoas qué se metem naquilo que não lhes diz respeito, fariam muito melhor se permanecessem quietas.

> *É espantoso como as coisas no mundo ficaram ruins há algum tempo!*
> (Palavras de minha porteira na manhã da última segunda-feira.)

Certa manhã, Raoul recebeu o seguinte bilhete:

"Se você quiser, uma vez por acaso, ver sua mulher bem-humorada, então vá, quinta-feira, ao Baile dos Incoerentes, no Moulin-Rouge. Ela estará aí mascarada e fantasiada de piroga congolesa. A um bom entendedor, meia palavra!
> Um amigo".

Na mesma manhã, Marguerite recebeu o seguinte bilhete:

"Se você quiser, uma vez por acaso, ver seu marido bem-humorado, então vá, quinta-feira, ao Baile dos Incoerentes, no Moulin-Rouge. Ele estará aí mascarado e fantasiado de templário fim-de-século. A uma boa entendedora, meia palavra!
> Uma amiga".

Os dois surdos fizeram ouvidos moucos a estes bilhetes.

Dissimulando admiravelmente suas intenções, eis que chegou o dia fatal:

— Minha querida amiga, serei forçado a deixá-la até amanhã — falou Raoul com um ar da maior inocência. — É que interesses da mais alta importância me chamam a Dunquerque.

— Até que isto vem a calhar — respondeu Marguerite, com uma candura deliciosa. — Eu acabo de receber um telegrama de minha tia Aspasie, que está muito doente e me pede que a visite.

Capítulo V

Onde se vê a louca juventude de hoje rodopiar nos mais quiméricos e passageiros prazeres, em vez de pensar na eternidade.

> *Mai vouéli vièure pamens:*
> *La vido es ta⁀t bello!*
> Auguste Marin

Os ecos do *Diabo cambaio* foram unânimes em proclamar que o Baile dos Incoerentes se revestiu, este ano, de um brilho fora do comum.

Muitas espáduas e não pouca pernas, sem contar os acessórios.

Dois presentes pareciam não participar da loucura geral: um Templário fim-de-século e uma Piroga congolesa, os dois hermeticamente mascarados.

Ao bater das três horas da madrugada, o Templário se aproximou da Piroga e a convidou a cear com ele.

Incontinenti, a Piroga apoiou sua mãozinha no robusto braço do Templário, e lá se foi o casal.

Capítulo VI

Onde a situação se embrulha.

> – *Eu digo: você não acha que*
> *o rajá está rindo de nós?*
> – *Talvez, meu senhor.*
>
> Henry O'Mercier

– Deixe-nos um instante a sós – falou o Templário ao garção do restaurante. – Nós vamos escolher nosso menu e tocaremos a campainha.

O garção retirou-se e o Templário aferrolhou cuidadosamente a porta do reservado.

Em seguida, com um movimento brusco, depois de livrar-se de seu capacete, arrancou o lobo da Piroga.

Todos os dois, ao mesmo tempo, soltaram um grito de estupor, não se reconhecendo um ao outro.

Ele não era Raoul!

Ela não era Marguerite!

Apresentaram-se reciprocamente as desculpas e não demoraram a travar relações graças a uma pequena ceia; só lhes digo isso.

Capítulo VII

Desenlace feliz para todo o mundo, menos para os outros.

> *Bebamos o vermute granadino,*
> *Esperança de nossos velhos batalhões.*
>
> George Auriol

Esta pequena desventura serviu de lição a Raoul e a Marguerite.

A partir deste momento, nunca mais brigaram e foram perfeitamente felizes.

Ainda não têm muitos filhos, mas isto virá!

2. Les Templiers[1]*

ALPHONSE ALLAIS

En voilà un qui était un type, et un rude type, et d'attaque! Vingt fois je l'ai vu, rien qu'en serrant son cheval entre ses cuisses, arrêter tout l'escadron, net.

Il était brigadier à ce moment-là. Un peu rosse dans le service, mais charmant, en ville.

Comment diable s'appelait-il? Un sacré nom alsacien qui ne peut pas me revenir, comme Wurtz ou Schwartz... Oui, ça doit être ça, Schwartz. Du reste, le nom ne fait rien à la chose. Natif de Neufbrisach, pas de Neufbrisach même, mais des environs.

Quel type, ce Schwartz!

Un dimanche (nous étions en garnison à Oran), le matin, Schwartz me dit: "Qu'est-ce que nous allons faire aujourd'hui?" Moi, je lui réponds: "Ce que tu voudras, mon vieux Schwartz."

Alors nous tombons d'accord sur une partie en mer.

Nous prenons un bateau, *souque dur, garçon*! et nous voilà au large.

Il faisait beau temps, un peu de vent, mais beau temps tout de même.

Nous filions comme des dards, heureux de voir disparaître à l'horizon la côte d'Afrique.

Ça creuse, l'aviron! Nom d'un chien, quel déjeuner!

Je me rappelle notamment un certain jambonneau qui fut ratissé jusqu'à l'indécence.

Pendant ce temps-là, nous ne nous apercevions pas que la brise fraîchissait et que la mer se mettait à clapoter d'une façon inquiétante.

1. *Le chat noir*, 1.º de outubro de 1887.

* Ver tradução nas pp. 207-209.

204 LECTOR IN FABULA

— Diable! dit Schwartz, il faudrait...

Au fait, non, ce n'est pas Schwartz qu'il s'appelait.

Il avait un nom plus long que ça, comme qui dirait Schwartzbach. Va pour Schwartzbach!

Alors Schwartzbach me dit: "Mon petit, il faut songer à rallier."

Mais je t'en fiche, de rallier. Le vent soufflait en tempête.

La voile-est enlevée par une bourrasque, un aviron fiche le camp, emporté par une lame. Nous voilà à la merci des flots.

Nous gagnions le large avec une vitesse déplorable et un cahotement terrible.

Prêts à tout événement, nous avions enlevé nos bottes et notre veste.

La nuit tombait, l'ouragan faisait rage.

Ah! une jolie idée que nous avions eu là, d'aller contempler ton azur, ô Méditerranée!

Et puis, l'obscurité arrive complètement. Il n'était pas loin de minuit.

Où étions-nous?

Schwartzbach, ou plutôt Schwartzbacher, car je me rappelle maintenant, c'est Schwartzbacher: Schwartzbacher, dis-je, qui connaissait sa géographie sur le bi du bout du doigt (les Alsaciens sont très instruits), me dit:

— Nous sommes dans l'île de Rhodes, mon vieux.

Est-ce que l'administration, entre nous, ne devrait pas mettre des plaques indicatrices sur toutes les îles de la Méditerranée, car c'est le diable pour s'y reconnaître, quand on n'a pas l'habitude?

Il faisait noir comme dans un four. Trempés comme des soupes, nous grimpâmes les rochers de la falaise.

Pas une lumière à l'horizon. C'était gai.

— Nous allons manquer l'appel de demain matin, dis-je, pour dire quelque chose.

— Et même celle du soir, répondit sombrement Schwartzbacher.

Et nous marchions dans les petits ajoncs maigres et dans les genêts piquants. Nous marchions sans savoir où, uniquement pour nous réchauffer.

— Ah! s'écria Schwartzbacher, j'aperçois une lueur, vois-tu, là-bas?

Je suivis la direction du doigt de Schwartzbacher, et effectivement une lueur brillait, mais très loin, une drôle de lueur.

Ce n'était pas une simple lumière de maison, ce n'étaient pas des feux de village, non, c'était une drôle de lueur.

Et nous reprîmes notre marche en l'accélérant.

Nous arrivâmes, enfin.

Sur ces rochers se dressait un château d'aspect imposant, un haut château de pierre, où l'on n'avait pas l'air de rigoler tout le temps.

Une des tours de ce château servait de chapelle, et la lueur que nous avions aperçue n'était autre que l'éclairage sacré tamisé par les hauts vitraux gothiques.

Des chants nous arrivaient, des chants graves et mâles, des chants qui vous mettaient des frissons dans le dos.

— Entrons, fit Schwartzbacher, résolu.

— Par où?

— Ah! voilá... cherchons une issue.

Schwartzbacher disait: "Cherchons une issue", mais il voulait dire: "Cherchons une entrée". D'ailleurs, comme c'est la même chose, je ne crus pas devoir lui faire observer son erreur relative, qui peutêtre n'était qu'un lapsus causé par le froid.

Il y avait bien des entrées, mais elles étaient toutes closes, et pas de sonnettes. Alors c'est comme s'il n'y avait pas eu d'entrées.

A la fin, à force de tourner autour du château, nous découvrîmes un petit mur que nous pûmes escalader.

APÊNDICE 205

— Maintenant, fit Schwartzbacher, cherchons la cuisine.

Probablement qu'il n'y avait pas de cuisine dans l'immeuble, car aucune odeur de fricot ne vint chatouiller nos narines.

Nous nous promenions par des couloirs interminables et enchevêtrés.

Parfois, une chauve-souris voletait et frôlait nos visages de sa sale peluche.

Au détour d'un corridor, les chants que nous avions entendus vinrent frapper nos oreilles, arrivant de tout près.

Nous étions dans une grande pièce qui devait communiquer avec la chapelle.

— Je vois ce que c'est, fit Schwartzbacher (ou plutôt Schwartzbachermann, je me souviens maintenant), nous nous trouvons dans le château des Templiers.

Il n'avait pas terminé ces mots, qu'une immense porte de fer s'ouvrit toute grande.

Nous fûmes inondés de lumière.

Des hommes étaient là, à genoux, quelques centaines, bardés de fer, casque en tête, et de haute stature.

Ils se relevèrent avec un long tumulte de ferraille, se retournèrent et nous virent.

Alors, du même geste, ils firent *Sabre-main*! et marchèrent sur nous, la latte haute.

J'aurais bien voulu être ailleurs.

Sans se déconcerter, Schwartzbachermann retroussa ses manches, se mit en posture de défense et s'écria d'une voix forte:

— Ah! nom de Dieu! messieurs les Templiers, quand vous seriez cent mille... aussi vrai que je m'appelle Durand...!

Ah! je me rappelle maintenant, c'est Durand qu'il s'appelait. Son père était tailleur à Aubervilliers. Durand, oui, c'est bien ça...

Sacré Durand, va! Quel type!

Os Templários

Alphonse Allais

Eis aí um sujeito que era bem um tipo, um tipo rude e agressivo! Eu o vi vinte vezes, apenas apertando o cavalo com as coxas, deter todo um esquadrão, sem mais.

Na ocasião ele era brigadeiro. Um pouco exigente no serviço, mas agradável na convivência social.

Ora bolas, como é que ele se chamava? Um danado nome alsaciano, que não consigo me lembrar, algo como Wurtz (Lingüiça) ou Schwartz (Preto)... Sim deve ser isso Schwartz. Aliás, o nome nada acrescenta à coisa. Natural de Neufbrisach, não propriamente de Neufbrisach, mas dos arredores.

Que tipão, esse Schwartz!

Um domingo (estávamos aquartelados em Oran) de manhã, Schwartz me perguntou:

— Que vamos fazer hoje?

— E eu, de minha parte respondi: O que você quiser, meu velho Schwartz. Então concordamos em dar um passeio no mar.

Pegamos um barco, *ferra as amarras, rapaz!*, e eis que estamos ao largo. ao largo.

O tempo estava bonito, ventava um pouco, mas, afinal, bom tempo.

Singrávamos como dardos, felizes em ver a costa da África desaparecer no horizonte.

Como puxa este remo! Com os diabos, que almoço!

Lembro-me especialmente de um certo pernil que foi rapado indecentemente até o osso.

Durante esse tempo todo não chegamos a perceber que a brisa aumentava e que o mar se punha a marulhar de maneira inquietante.

— Bolas! — disse Schwartz — seria preciso...

Realmente não, não é Schwartz que ele se chamava.

208 LECTOR IN FABULA

Tinha um nome mais comprido que isto, como quem dissesse Schwartz-bach. Vá lá, que seja Schwartzbach!

Então Schwartzbach me disse:

— Meu garoto, está na hora da gente se reapresentar.

Mas, reapresentar-se de que jeito. O vento soprava feito tempestade.

A vela foi arrancada por uma rajada de vento, um remo se manda, carregado por uma onda forte. Eis-nos à mercê dos vagalhões.

Nós ganhávamos o mar numa velocidade deplorável e um sacolejar terrível.

Prontos para o que desse e viesse, tiramos as botas e as nossas túnicas.

A noite caía e o furacão se enraivecia.

Ah! Que bela idéia tivemos de ir contemplar teu azul, ó Mediterrâneo!

Depois a escuridão nos envolve completamente. Já era quase meia-noite.

Onde estávamos?

Schwartzbach, ou melhor, Schwartzbacher — pois agora me lembro é Schwartzbacher. Schwartzbacher, como eu ia dezendo, que conhecia geografia na ponta da ponta dos dedos (os alsacianos são muito instruídos), me disse:

— Estamos na ilha de Rodes, meu velho.

Mas cá entre nós, será que a administração não deveria pôr placas indicativas em todas as ilhas do Mediterrâneo, pois é um inferno para a gente se guiar no meio delas, quando não se está acostumado.

Estava preto que nem breu. Nós, molhados como pintos, escalamos a custo pelos rochedos da falésia.

Nenhuma luz no horizonte. Que gozado!

— Vamos faltar ao toque da alvorada — disse eu, para dizer alguma coisa.

— E até mesmo o da noite — respondeu soturnamente Schwartzbacher.

E nós marchávamos pelos pequenos juncos ralos e pelas giestas picantes. Andávamos sem saber por onde, unicamente para nos aquecer.

— Ah! gritou Schwartzbacher —, estou vendo um clarão! Está vendo lá embaixo?

Segui a direção do dedo de Schwartzbacher e realmente um clarão brilhava, mas muito longe, um clarão esquisito.

Não era uma simples luz de casa, não eram luzes de um povoado, não, era um clarão esquisito.

E nós retomamos nossa caminhada, acelerando-a.

Finalmente chegamos.

Em cima daqueles rochedos se erguia um castelo de aspecto imponente, um alto castelo de pedras, onde não parecia que se pudesse ficar gracejando o tempo todo.

Uma das torres deste castelo servia de capela, e o clarão que tínhamos percebido não era senão a iluminação sagrada que se filtrava pelos altos vitrais góticos.

Cânticos nos chegavam aos ouvidos, cânticos graves e másculos, cânticos que davam arrepio na espinha.

— Entremos — disse Schwartzbacher resoluto.

— Por onde?

— Ah! Sim... procuremos uma saída.

Schwartzbacher dizia: "Procuremos uma saída", mas ele queria dizer: "Procuremos uma entrada". Aliás, como é a mesma coisa, não julguei que devesse observar seu erro relativo, que talvez não passasse de um lapso causado pelo frio.

Havia muitas entradas, mas todas fechadas, e não havia campainhas. Então era como se não existissem entradas.

Por fim, de tanto rodar em torno do castelo, descobrimos um pequeno muro que passamos a escalar.

— Agora — observou Schwartzbacher — procuremos a cozinha.

Era provável que no imóvel não existisse cozinha, pois nenhum cheiro de bóia vinha coçar nossas narinas.

APÊNDICE

Nós nos metíamos por corredores intermináveis e emaranhados. Às vezes, um morcego voejava e roçava nossos rostos com sua imunda pelúcia.

Na curva de um corredor, os cânticos que tínhamos ouvido, vieram ferir nossas orelhas, vindos de bem perto.

Estávamos num grande recinto que devia comunicar-se com a capela.

— Agora vejo o que é — observou Schwartzbacher (ou melhor, Schwartzbachermann, agora me lembro). — Nos encontramos no castelo dos Templários.

Nem acabara de falar, quando uma porta de ferro se escancarou.

Fomos inundados de luz.

Lá dentro, havia uma porção de homens, ajoelhados, algumas centenas com armadura, capacete na cabeça, de alta estatura.

Ergueram-se com um longo ruído de ferragem, viraram-se e nos viram.

Então, com o mesmo gesto, eles gritaram: *Sabre em punho*! e marcharam contra nós, espada em riste.

Eu bem que gostaria de estar em outro lugar.

Sem se perturbar, Schwartzbachermann arregaçou as mangas, colocou-se em posição de defesa e gritou com voz possante:

— Ah! em nome de Deus! Senhores Templários, ainda que fossem cem mil... tão verdade como eu me chamo Durand...!

Ah! Agora me lembro... ele se chamava Durand. Seu pai era alfaiate em Aubervilliers. Durand, sim, é isso mesmo...

Danado Durand, pois é! Que tipo!

3. O Leitor-Modelo de *Drame:* Um Teste Empírico

No decurso do último capítulo, o perfil do Leitor-Modelo de *Drame* foi extrapolado pela estratégia textual, de acordo com as posições expressas neste livro. É, todavia, interessante perguntar (sem invalidar a pureza do método) se uma abordagem mais empírica levaria aos mesmos resultados. O experimento que segue, conquanto de formato modesto, induz a pensar que o perfil teórico é congruente com o que foi extraído se submeter a um teste um grupo de leitores.

A amostragem de leitores foi constituída em 1977, inicialmente no Instituto de Disciplinas da Comunicação e do Espetáculo da Universidade de Bolonha e depois no Centro Internacional de Semiótica e Lingüística da Universidade de Urbino. Os sujeitos foram submetidos à leitura oral dos Capítulos I-V e a seguir foram solicitados a resumi-los. Numa fase sucessiva foram submetidos à leitura oral dos Capítulos VI e VII e depois solicitados a resumi-los. A leitura oral servia para manter a velocidade de leitura na média de uma primeira abordagem do texto, dado que nos servíamos de indicações sobre o comportamento do leitor ingênuo.

Ao analisar os sumários da primeira fase se procurou encontrar neles a resposta às seguintes perguntas, que, no entanto, não haviam sido feitas aos sujeitos: (1) Se nos lembramos de que Raoul e Marguerite são marido e mulher e têm ciúmes um do outro? (2) Ficou entendido de maneira apropriada o conteúdo das cartas do Capítulo IV? (3) Se faz a suposição de que Raoul e/ou Marguerite formulam o plano de ir ao baile? (4) Se faz a suposição de que um deles ou ambos planejam assumir a máscara do presumido rival? (5) O Templário e a Piroga são identificados com Raoul e Marguerite no decurso do Capítulo V? (6) Alguém suspeita que os indivíduos em jogo no Capítulo V são mais que dois? (7) Se espera de nós que Raoul descubra, no Capítulo VI, que a Piroga é Marguerite e vice-versa? (8) Se espera de nós que Raoul descubra que a Piroga não é Marguerite e vice-versa? (9) O Leitor antecipa de algum modo a solução do Capítulo VI?

LECTOR IN FABULA

Na segunda fase se procurou compreender se os sumários revelavam que o mútuo não-reconhecimento dos dois fora entendido literalmente e se se revelava a ilogicidade da situação; se os sujeitos haviam compreendido que o Capítulo VII é inconsistente com as conclusões do Capítulo VI; que tipo de reação o sujeito mostraria com relação ao duplo final da história: perplexidade, tentativa de dar explicações racionais, consciência crítica da estratégia textual, total incapacidade de captar o aspecto paradoxal da ocorrência.

A amostragem abrangia estudantes universitários. Julgou-se que, dadas as condições sociais de circulação da literatura em 1890 e o caráter sofisticado de *Drame*, a história se dirigia sempre a um público de cultura média alta. Por outro lado, os nossos sujeitos demonstraram que à primeira leitura também um leitor culto se comporta como Leitor-Modelo ingênuo. Um dos sujeitos se lembrava de já ter lido a história na *Anthologie de l'humour noir*, de Breton, mas reagiu como os outros, caindo em todas as armadilhas que o texto lhe preparava.

Em suma, uma esmagadora maioria de sujeitos identificou muito bem as duas personagens (90%) e julgou que eles planejavam ir ao baile (82%). 72% resumiram corretamente o conteúdo das cartas. 42% estavam convencidos de que Raoul e Marguerite eram respectivamente o Templário e a Piroga. Somente 25% fizeram antecipações sobre um possível desfecho e só 15% procuraram antecipar o resultado final.

Na segunda fase, 70% lembraram corretamente a cena do não-reconhecimento e o fato de que Raoul e Marguerite tinham tirado uma lição do episódio. Quanto à atitude crítica, a amostragem fracionou-se curiosamente: só 4% se revelaram incapazes de captar as contradições da história; 40% procuraram especificar o mecanismo semiótico; 20% procuraram racionalizar em vários modos (exemplo: talvez o Templário fosse aquele que escreveu a carta a Marguerite e foi à festa, convicto de aí encontrá-la, e por isso depois ficou estupefato). Menos dè 20% se declararam completamente confusos. Quanto ao resto, sínteses imprecisas e cheias de lacunas. Todavia, se um bom resumo demonstra que houve boa compreensão, o contrário não é verdadeiro, porquanto se pode ter cooperado com o texto, formulando expectativas e previsões, e ser incapazes, depois, de verbalizar o processo, mesmo por causa da tensão devida ao "exame" a que se foi submetido.

Em todo caso, é quanto basta para julgar que os leitores empíricos se comportaram mais ou menos como Leitor-Modelo ingênuo. Interessantes sugestões para a organização do teste são devidas a van Dijk, 1975.

Referências Bibliográficas

AUSTIN, J. L.
1962   *How to do Things with Words,* Oxford, Clarendon (trad. para o italiano sob o título *Quando Dire è Fare*, 2. ed., Turim, Marietti, 1975).
AVALLE D'ARCO, Silvio
1975   *Modelli Semiologici nella Commedia di Dante*, Milão, Bompiani.
1977   "Da Santa Uliva a Justine", introdução a Veselóvski, 1866.

BARBIERI, D., GIOVANNOLI, R. e PANISON, E.
1975   *Como Castrarsi col Rasoio di Ockham* (ou Produzione di drammi per mezzo di drammi, ou Elementi di tautoeterologia), Universidade de Bolonha, manuscrito.
BAR-HILLEL, Yehoshua
1968   "Communication and Argumentation in Pragmatic Languages", em VVAA, *Linguaggi nella Società e nella Tecnica*, Milão, Comunità, 1970.
BARTHES, Roland
1966   "Introduction à l'Analyse Structurale des Réctis", *Communications 68* (trad. it. in VVAA, *L'Analisi del Racconto*, Milão, Bompiani, 1969).
1970   *S/Z*, Paris, Seuil (trad. it., *Il Piacere del Testo*, Turim, Einaudi, 1975. [Trad. bras., *O Prazer do Texto*, São Paulo, Editora Perspectiva, 1977, Elos 2.]
BATESON, Gregory
1955   "A Theory of Play and Phantasy", *Psychiatric Research Report 2* (trad. it. em *Verso una Ecologia della Mente*, Milão, Adelphi, 1977).
BIERWISCH, Manfred
1970   "Semantics", em LYONS, J. (ed.) *New Horizons in Linguistics*, Harmondsworth, Penguin.
BONFANTINI, Massimo A. e GRAZIA, Roberto
1976   "Teoria della Conoscenza e Funzione dell'Icona in Peirce", *VS* 15.
BONOMI, Andrea
1975   *Le Vie del Riferimento*, Milão, Bompiani.
BREMOND, Claude
1977   *Logique du Récit*, Paris, Seuil (trad. it. *Logica del Racconto*, Milão, Bompiani, 1977).
BROOKE-ROSE, Christine
1977   "Surface Structure in Narrative", *PTL 2, 3*.

214 LECTOR IN FABULA

BURKE, Kenneth
1969 *A Grammar of Motives*, Berkeley e Los Angeles, University of California Press.
BUYSSENS, Eric
1943 *Les Langages et les Discours*, Bruxelas, Officine de publicité.

CAPRETTINI, Gian Paolo
1976 "Sulla Semiotica de Ch. S. S. Peirce: il 'Nuovo Elenco di Categorie'", *VS 15.*
CARNAP, Rudolf
1947 *Meaning and Necessity*, Chicago, University of Chicago Press (trad. it., *Significato e Necessità*, Florença, Nuova Italia, 1976).
1952 "Meaning Postulates", *Philosophical Studies* 3, 5 (agora em CARNAP, 1947).
CHABROL, Claude (ed.)
1973 *Sémiotique Narrative et Textuelle*, Paris, Larousse.
CHARNIAK, Eugene
1975 "A Partial Taxonomy of Knowledge About Actions", Institute for Semantic and Cognitive Studies, Castagnola, Working paper 13.
CHRISHOLM, Roderick M.
1967 "Identity Through Possible Worlds: Some Questions", *Noûs* 1,1.
COLE, Peter e MORGAN, JERRY, L. (eds.)
1975 *Syntax and Semantics, 3, Speech Acts*, New York, Academic Press.
CONTE, Maria-Elisabeth (ed.)
1977 *La Linguistica Testuale*, Milão, Feltrinelli.
CORTI, Maria
1976 *Principi della Comunicazione Letteraria*, Milão, Bompiani.
CULLER, Jonathan
1975 *Structuralist Poetics*, Ithaca, Cornell University Press.

DAVIDSON, D. e HARMAN, G. (eds.)
1972 *Semantics of Natural Languages*, Dordrecht, Reidel.
DE MAURO, Tullio
1971 *Senso e Significato*, Bari, Adriatica.
DIJK, Teun A. van
1972a *Some Aspects of Text Grammars*, Haia, Mouton.
1972b *Beiträge zur generativen Poetik*, Munique, Bayerischer Schulbuch-Verlag, 1972.
1974a "Models of Macro-structures", mimeografado.
1974b "Action, Action Descriptions and Narrative", *New Literary History*, V/I 1974-1975.
1975 "Recalling and Summarizing Complex Discourses", mimeografado.
1976a *Complex Semantic Information Processing*, mimeografado (Workshop on Linguistic and Information Science, Estocolmo, maio 1976).
1976b "Macro-structures and Cognition", mimeografado. (12.º Simpósio Anual de Carnegie sobre Cognição, Carnegie Mellon University, Pittsburgh, maio de 1976).
1976c "Pragmatics and Poetics", em DIJK, T. A. van, ed. 1976.
1976d *Per una Poetica Generativa*, Bolonha, Mulino.
1977 *Text and Context*, New York, Longman.
DIJK, Teun A. van (ed.)
1976 *Pragmatics of Language and Literature*, Amsterdam-Oxford, North Holland & American Elsevier Publishing Co.
DRESLER, Wolfgand
1972 *Einführung in die Textlinguistik*, Tübingen, Niemeyer, 1972 (trad. it., *Introduzione alla Linguistica del Testo*, Roma, Officina, 1974).
DUCROT, Oswald
1972 *Dire et ne pas Dire*, Paris, Hermann.

REFERÊNCIAS BIBLIOGRÁFICAS 215

ECO, Umberto
1962   *Opera Aperta – Forma e indeterminazione nelle poetiche contempo-*
       ranee, Milão, Bompiani (ed. revista e ampliada, Tascabili Bompiani,
       1976). [Trad. bras., *Obra Aberta*, São Paulo, Perspectiva, 1967, Deba-
       tes 4.]
1964   *Apocalittici e Integrati*, Milão, Bompiani. [Trad. bras., *Apocalípiticos*
       e Integrados, São Paulo, Perspectiva, 1979, Debates 19.]
1965a "Le Strutture Narrative in Fleming", em ORESTE DEL BUONO e
       UMBERTO ECO, *Il Caso Bond*, Milão, Bompiani (agora em ECO, *Il*
       Superuomo di Massa, Tascabili Bompiani, 1978).
1965b "Eugène Sue: il Socialismo e la Consolazione", introdução a *I Misteri*
       di Parigi, Milão, Sugar, agora em *Il Superuomo di Massa*, cit.).
1966   *Le Poetiche di Joyce*, Milão, Bompiani.
1968   *La Struttura Assente*, Milão, Bompiani. [Trad. bras., *A Estrutura Ausen-*
       te, São Paulo, Perspectiva, 1976, Estudos 6.]
1971   *Le Forme del Contenuto*, Milão, Bompiani. [Trad. bras., *As Formas do*
       Conteúdo, São Paulo, Perspectiva, 1974, Estudos 25.]
1975   *Trattato di Semiotica Generale*, Milão, Bompiani. [Trad. bras., *Tratado*
       Geral de Semiótica, Perspectiva, São Paulo, 1976, Estudos 73.]
1976   "Codice", *VS* 14 (também em *Enciclopedia Einaudi*, 3, 1978).
1977   "Della Difficoltà di Essere Marco Polo" e "I Bambini Fanno Male alla
       Televisione?" em *Dalla Periferia dell'Impero*, Milão, Bompiani.
ECO, Umberto e FABRI, Paolo
1978   *Progetto di Ricerca sull'Utilizzazione dell'Informazione Ambientale da*
       Parte del Pubblico, plano elaborado para a Unesco (em vias de publi-
       cação em *Problemi dell'Informazione*).
ERLICH, Victor
1954   *Russian Formalism*, Haia, Mouton (trad. it., *Il Formalismo Russo*, Milão,
       Bompiani, 1966).

FABRI, Paolo
1973   "Le Comunicazioni di Massa in Italia: Sguardo Semiotico e Malocchio
       della Sociologia", *VS 5.*
FEIBLEMAN, James K.
1946   *An Introduction to Peirce's Philosophy*, Cambridge, M.I.T. Press (2. ed.,
       1970).
FILLMORE, Charles
1968   "The Case for Case", em BACH, E. e HARMS, R. (eds.), *Universals in*
       Linguistic Theory, New York, Holt.
FOKKEMA, D. W. e KUNNE-IBSCH, Elrud
1977   *Theories of Literature in the Twentieth Century*, Londres, Hurst.
FRYE, Northorp
1957   *Anatomy of Criticism*, Princeton University Press (trad. it., *Anatomia*
       della Critica, Turim, Einaudi, 1969).

GARAVELLI MORTARA, Bice
1974   *Aspetti e Problemi della Linguistica Testuale*, Turim, Giappichelli.
GOFFMAN, Erving
1974   *Frame Analysis*, New York, Harper.
GOUDGE, Thomas A.
1950   *The Thought of C. S. Peirce*, Toronto, University of Toronto Press.
GREIMAS, Algirdas J.
1966   *Sémantique Structurelle*, Paris, Larousse (trad. it., *Semantica Strutturale*,
       Milão, Rizzoli, 1969).
1970   *Du Sens*, Paris, Seuil (trad. it., *Sul Senso*, Milão, Bompiani, 1974).
1973   "Les Actants, les Acteurs et les Figures", em CHABROL, Claude (ed.),
       1973.
1975   "Des Accidents dans les Sciences Dites Humaines", *VS* 12.
1976   *Maupassant – La Sémiotique du Texte: Exercices Pratiques*, Paris,
       Seuil.

216 LECTOR IN FABULA

GREIMAS, A. J. e RASTIER, François
1968   "The Interaction of Semiotic Constraints", *Yale French Studies* 41.
GRICE, H. P.
1967   "Logic and Conversation", William James Lectures, Harvard University (agora em COLE e-MORGAN (eds.), 1975) (trad. it. em MARINA SBISÀ, aos cuidados de, *Gli Atti Linguistici*, Milão, Feltrinelli, 1978).
GROUPE D'ENTREVERNES
1977   *Signes et Paraboles: Sémiotique et Texte Évangélique*, Paris, Seuil.
GROUPE μ
1970   *Rhétorique Générale*, Paris, Larousse (trad. it., *Retorica Generale*, Milão, Bompiani, 1976).
1977   *Rhétorique de la Poésie*, Bruxelas, Complexe.

HAWKES, Terence
1977   *Structuralism and Semiotics*, Berkeley e Los Angeles, University of California Press.
HINTIKKA, Jaakko
1962   *Knowledge and Belief*, Ithaca, Cornell University Press.
1967   "Individuals, Possible Worlds and Epistemic Logic", *Noûs* 1,1.
1969a   "Semantics for Propositional Attituted", em J. DAVIS *et al.* (eds.), *Philosophical Logic*, Dordrecht, Reidel (agora em LINSKY, 1971).
1969b   "On the Logic of Perception", em *Models for Modalities*, Dordrecht, Reidel.
1970   "Knowledge, Belief and Logical Consequence", *Ajatus* 32 (revisto em J. M. E. MORAVCSIK (ed.), *Logic and Philosophy for Linguists*, Haia, Mouton e Atlantic Highlands, Humanities Press, 1974).
1973   *Logic, Language Games and Information*, Londres, Oxford University Press (trad. it., *Logica, Giochi Linguistici e Informazione*, Milão, Saggiatore, 1975).
1974   *Induzione, Accettazione, Informazione*, Bolonha, Mulino.
1978   "Degrees and Dimensions of Intentionality", *VS* 19/20.
HIRSCH, Eric D. Jr.,
1967   *Validity in Interpretation*, New Haven, Yale University Press (trad. it., *Teoria dell'Interpretazione e Critica Letteraria*, Bolonha, Mulino, 1973).
HUGHES, G. E. e CRESSWELL, M. J.
1968   *An Introduction to Modal Logic*, Londres, Methuen (trad. it., *Introduzione alla Logica Modale*, Milão, Saggiatore, 1973).

IHWE, Jens
1973   "Text-grammars in the 'Study of Literature' ", em PETOEFI e RIESER (eds.), 1973.

JAKOBSON, Roman
1957   *Shifters, Verbal Categories, and the Russian Verb*, Russian Language Project, Dpt. of Slavic Languages and Literatures, Harvard University (trad. it., em *Saggi di Linguistica Generale*, Milão, Feltrinelli, 1966).
1958   "Closing Statements: Linguistics and Poetics", em SEBEOK, T. A., *Style in Language*, Cambridge, M.I.T. Press, 1960 (trad. it., em *Saggi di Linguistica Generale*, cit.)

KARTTUNEN, Lauri
1969   "Discourse Referents", Preprint 70, International Conference on Computational Linguistics (COLING), Sånga-Säbry/Estocolmo, 1969.
KEMPSON, Ruth M.
1975   *Presupposition and the Delimitation of Semantics*, Cambridge, Cambridge University Press.
KERBRAT-ORECCHIONI, C.
1976   "Problematique de l'Isotopie", *Linguistique et Sémiologie* 1.

REFERÊNCIAS BIBLIOGRÁFICAS 217

KOCH, Walter A.
1969 *Vom Morphem zum Textem*, Hildesheim, Olms.

KRIPKE, Saul
1971a "Identity and Necessity", em MUNITZ, M. K. (ed.), *Identity and Individuation*, New York, NYU Press.
1971b "Semantical Considerations in Modal Logic", em LINSKY, L. (ed.), 1971.
1972 "Naming and Necessity", em DAVIDSON e HARMANN (eds.), 1972.

KRISTEVA, Julia
1967 "Bakhtine, le mot, le dialogue, le roman", *Critique*, abril (agora em KRISTEVA, 1969).
1969 Σημειωτιχή – *Recherches pour une Sémanalyse*, Paris, Seuil (trad. it., Milão, Feltrinelli, 1978). [Trad. bras.. *Introdução à Semanálise*, São Paulo, Perspectiva. 1974, Debates 84.]
1970 *Le Texte du Roman*, Haia, Mouton.

LEECH, Geoffrey
1974 *Semantics*, Harmondsworth, Penguin.

LEWIS, David K.
1968 "Counterpart Theory and Quantified Modal Logic", *The Journal of Philosophy 65,5*.
1970 "General Semantics" *Synthese* 22 (agora em DAVIDSON e HARMAN, 1972).
1973 *Counterfactuals*, Oxford, Blackwell.

LINSKY, Leonard (ed.)
1971 *Reference and Modality*, Londres, Oxford University Press (trad. it., *Riferimento e Modalità*, Milão, Bompiani, 1974).

LOTMAN, Ju. M.
1970 *Struktura chudozestvennogo teksta*, Moscou (trad. it., *Struttura del Testo Poetico*, Milão, Mursia, 1972).

LYONS, John
1977 *Semantics*, 2 v., Cambridge, Cambridge University Press.

MANETTI, Giovanni e VIOLI, Patrizia
1977 *Grammatica dell'Arguzia*, número especial de *VS* 18.

MINSKY, Marvin M.
1974 "A Framework for Representing Knowledge", AI Memo 306, *MIT* Artificial Intelligence Laboratory (em WINSTON (ed.), 1975).

MONTAGUE, Richard
1968 "Pragmatics" em KLIBANSKY, Raymond (ed.), *Contemporary Philosophy – A Survey*, Florença, Nuova Italia.
1974 *Formal Philosophy*, New Haven, Yale University Press.

NIDA, Eugene A.
1975 *Componential Analysis of Meaning*, Haia, Mouton.

PAVEL, Thomas
1975 "Possible Worlds in Literary Semantics", *Journal of Aesthetics and Art Criticism* 34,2.

PEIRCE, Charles S.
1931... *Collected Papers*, Cambridge, Harvard University Press (trad. bras., *Semiótica*, São Paulo, Perspectiva, 1977, Estudos 46).

PETOEFI, Janos S.
1969 "On the Problem of Coptextual Analysis of Texts", International Conference of Computational Linguistics, Sånga-Säbry.
1974a *Semantics, Pragmatics, Text Theory*, Urbino, Centro Internacional de Semiótica e Lingüística, Working paper S, 36.

218 LECTOR IN FABULA

1974b "Nuovi Orientamenti nella Tipologia dei Testi e delle Grammatiche Testuali" (informe ao Primeiro Congresso Iass-Aiss), *Uomo e Cultura* 11-12.
1975 *Vers une Théorie Partielle du Texte*, Hamburgo, Buske.
1976a "Lexicology, Encyclopaedic Knowledge, Theory of Text", *Cahiers de Lexicologie* 29, 11 (aos cuidados de A. ZAMPOLLI).
1976b "A Frame for Frames", em *Proceedings of the Second Annual Meeting of the Berkeley Linguistic Society*, Berkeley, University of California.
1976c "Structure and Function of the Grammatical Component of the Text--Structure World-Structure Theory", mimeografado, Workshop on the Formal Analysis of Natural Languages, Bad Homburg.
1976d *Some Remarks on the Grammatical Component of an Integrated Semiotic Theory of Texts*, University of Bielefeld, mimeografado.
s.d. "A Formal Semiotic Text-Theory as an Integrated Theory of Natural Language", mimeografado.
PETOEFI, J. S. e RIERSER, H. (eds.)
1973 *Studies in Text-grammar*, Dordrecht, Reidel.
PIKE, Kenneth
1964 "Discourse Analysis and Tagmeme Matrices", *Oceanic Linguistics* 3.
PLANTINGA, Alvin
1974 *The Nature of Necessity*, Londres, Oxford University Press.
PRIETO, Luis
1964 *Principles de Noologie*, Haia, Mouton (trad. it., *Principi di Noologia*, Roma, Ubaldini, 1967).
PRIOR, A. N.
1962 "Possible Worlds", *Philosophical Quarterly* 12, 46.
PUTNAM, Hillary
1970 "Is Semantics Possible?", em KIEFER, H. E. e MUNITZ, M. K. (eds.), *Language, Beliefs, and Metaphysics*, Albany, State University of New York Press.

QUINE, W. V. O.
1951 "Two Dogmas of Empiricism", *Philosophical Rev.* 60 (em *From a Logical Point of View*, Cambridge, Harvard Univ. Press, 1953; trad. it., *Il Problema del Significato*, Roma, Ubaldini, 1966).

RESCHER, Nicholas
1973 "Possible Individuals, Trans-world Identity, and Quantified Modal Logic", *Noûs* VII, 4.
1974 "Leibniz and the Evaluation of Possible Worlds", in *Studies in Modality – American Philosophical Quarterly* – Monograph Series, 8.
RIFFATERRE, Michael
1971 *Essais de Stylistique Structurale*, Paris, Flammarion.
1973 "The Self-Sufficient Text", *Diacritics*, fall.
1974 "The Poetic Function of Intertextual Humour", *Romanic Review*, 65, 4.

SCHANK, Roger
1975 *Conceptual Information Processing*, Amsterdam-New York, North Holland and American Elsevier.
SCHMIDT, Siegfred J.
1973 "Texttheorie/Pragmalinguistik", em ALTHAUS, H. P., HEUNE, H., WIEGAND, H. E. (eds.), *Lexicon der germanistischen Linguistik*, Tübingen, Niemayer.
1976a "Towards a Pragmatic Interpretation of Fictionally", em van DIJK (ed.), 1976.
1976b *Texttheorie*, Munique, Fink.
SCHOLES, Robert e KELLOG, Robert
1966 *The Nature of Narrative*, New York, Oxford Univ. Press (trad. it., *La Natura della Narrativa*, Bolonha, Mulino, 1970).

REFERÊNCIAS BIBLIOGRÁFICAS

ŠČEGLOV, Yu. K. e ŽCLKOVSKI, A. K.
1971   "Kopisaniyu smisla svyaznogo teksta" (Institut russkogo yazyka
        ANNSSSR, predvaritel'nye publikatsii. Vypusk 22. (trad. ing., "Towards
        a 'Theme – (Expression Devices) – Text' Model of Literary Structure",
        Russian Poetics in Translation 1, 1975 ("Generating the Literary Text").
SEARLE, John R.
1958   "Proper Names", *Mind* 67.
1969   *Speech acts*, Londres-New York, Cambridge Univ. Press (trad. it., *Atti
        Linguistici*, Turim, Boringhieri, 1976).
1975   "The Logical Status of Fictional Discourse", *New Literary History* 14
        (trad. it., em *VS* 19-20, 1978).
SEGRE, Cesare
1974   "Analisi del Racconto, Logica Narrativa e Tempo", em *Le Strutture
        e il Tempo*, Turim, Einaudi. [Trad. bras., "Análise do Raconto, Lógica
        Narrativa e Tempo" em *As Estruturas e o Tempo*, São Paulo, Perspec-
        tiva, 1986, pp. 11-88, Debates 150.]
STALNAKER, Robert C.
1970   "Pragmatics", *Synthese* 22.
1976   "Possible Worlds", *Noûs* 10.

THOMASON, Richmond
1974   "Introduction", em MONTAGUE, 1974.
TITZMANN, Manfred
1977   *Strukturale Textanalyse*, Munique, Fink.
TODOROV, Tzvetan
1966   "Les Catégories du Récit Littéraire", *Communications* 8.
1969   *Grammaire du Décameron*, Haia, Mouton. [Trad. bras., *A Gramática do
        Decameron*, São Paulo, Perspectiva, 1982, Debates 145.]
TODOROV, T. (ed.)
1968   *I Formalisti Russi*, Turim, Einaudi.
TOMACHEVSKI, Boris
1928   "Siužetnoe postroenie" (trad. it., em TODOROV (ed.), 1968).

VAINA, Lucia
1976   *Lecture Logico-mathématique de la Narration*, Institut de Recherches
        Ethnologiques et Dialectales, Bucarest, mimeografado.
1977   "Les Mondes Possibles du Texte", *VS* 17.
VALESIO, Paolo
1978   *Novantiqua: Rhetorics as a Contemporary Theory*, manuscrito.
VESELOVSKI, Aleksandr N.
1886   "La Favola della Fanciulla Perseguitata", agora em VESELOVSKI-
        -SADE, *La Fanciulla Perseguitata*, Milão, Bompiani, 1977.
VOLLI, Ugo
1973   "Referential Semantics and Pragmatics of Natural Language", *VS* 4.
1978   "Mondi Possibili, Logica, Semiotica", *VS* 19/20.

WEINRICH, Harald
1976   *Metafora e Menzogna: la Serenità dell'Arte*, Bolonha, Mulino.
WINSTON, Patrick H.
1977   *Artificial Intelligence*, Reading, Mass., Addison-Wesley.
WINSTON, Patrick H. (ed.)
1975   *The Psychology of Computer Vision*, New York, McGraw-Hill.

SEMIOLOGIA E SEMIÓTICA NA PERSPECTIVA

O Sistema dos Objetos – Jean Baudrillard (D070)
Introdução à Semanálise – Julia Kristeva (D084)
Semiótica Russa – Boris Schnaiderman (D162)
Semiótica, Informação e Comunicação – J. Teixeira Coelho Netto (D168)
Morfologia e Estrutura no Conto Folclórico – Alan Dundes (D252)
Semiótica – Charles S. Peirce (E046)
Tratado Geral de Semiótica – Umberto Eco (E073)
A Estratégia dos Signos – Lucrécia D'Aléssio Ferrara (E079)
Lector in Fabula – Umberto Eco (E089)
Poética em Ação – Roman Jakobson (E092)
Tradução Intersemiótica – Julio Plaza (E093)
O Signo de Três – Umberto Eco e Thomas A. Sebeok (E121)
O Significado do Ídiche – Benjamin Harshav (E134)
Os Limites da Interpretação – Umberto Eco (E135)
A Teoria Geral dos Signos – Elisabeth Walther-Bense (E164)
Imaginários Urbanos – Armando Silva (E173)
Presenças do Outro – Eric Landowski (E183)
Autopoiesis. Semiótica. Escritura – Eduardo de Oliveira Elias (E253)
Poética e Estruturalismo em Israel – Ziva Ben-Porat e Benjamin Hrushovski (EL28)

Este livro foi impresso na cidade de Cotia,
nas oficinas da Meta Brasil
para a Editora Perspectiva.